교사 화법 교육론

윤영숙

지식과교양

머 리 말

 이 책은 국어과 수업 대화를 통해서 교사 화법을 연구한 연구서이다.
 각 교과의 특성에 따라 수업 대화는 다르게 전개되나, 공통적인 수업 대화 전략의 목적은 학생들로 하여금 수업목표에 도달하도록 유도하는 것이다.

 그렇다면 교사의 성공적인 수업 대화 전략은 어떤 것일까?

 이 책은 교사들의 국어과 수업 대화를 2년(2008년~2009년)에 걸쳐 분석한 연구서로 교사 화법 교육에 도움이 되고자 집필하였다.
 자료를 분석하면서 한 가지 놀라웠던 점은 동일 교사의 2008년 수업과 2009년 수업을 관찰해보니 다양한 학습활동과 많은 학습 자료, 그리고 적정한 시간 안배까지 객관적으로 부족함이 없었으나 실제로 학생들과의 수업 대화를 전개하는 기술은 크게 달라지지 않았다는 사실이다. 간단하게 몇 가지만 예를 들자면, 좋은 학습 자료를 가지고도 학습흥미를 유도하는데 어려워했으며, 학생들에게 칭찬을 했음에도 불구하고 칭찬이 주는 기쁨과 자신감 측면에서 그 효과가 미약함을 학생들의 말과 표정에서 확인할 수 있었다.

이는 무엇을 뜻하는 것인가?

객관적인 자료나 학습 활동도 중요하지만 무엇보다 그 좋은 교육적 자료들을 교사가 어떤 화법의 전략으로 전개해 나가느냐가 성공적인 수업을 좌우하는 관건이 된다고 하겠다. 여기서 교사 화법 교육의 필요성이 대두된다.

이 책은 필자의 박사학위 논문인 '국어과 수업 대화 전략 연구'를 수정·보완한 것으로 수업 대화의 개념, 수업의 단계와 유형, 국어 수업 대화 분류 기준, 심화 대화형 수업을 위한 수업 대화 전략의 전반적인 내용을 다루었다. 이 책의 제2장은 수업 대화의 개념, 수업에서의 지식, 질문, 정서의 정의, 수업의 단계와 유형을 다루었고, 제3장은 수업 대화의 분류 기준에 대해 다루고 있으며, 제4장은 심화 대화형 수업을 위한 국어과 수업 대화 전략을 다루었다. 그리고 마지막에 수업 대화 필사본 10편을 부록으로 처리하였다. 박사학위 논문을 전체적으로 수정·보완했으며, 특히 체계에서 크게 달라진 부분은 제4장 수업 대화 전략을 자세하게 보완하였다.

이 책은 교사 화법에 대해 관심을 가지고 있거나 교사 화법 쪽으로 학문적 깊이를 더하고 싶은 교사, 대학생, 대학원생들에게 조금이나마 도움이 되리라 생각한다.

교사 화법이 학문적으로 연구의 깊이가 깊지 않은 상태에서 '교사 화법 교육론'이란 책이 나오기까지 많은 분들이 도움을 주셨다. 항상 웃음으로 석사학위, 박사학위 등 각 단계마다 불편함 없이 친절하게 잘 이끌어주시고, 박사학위 논문을 책으로 나올 수 있도록 인도해 주신 남성우 선생님, 석사 과정 때부터 '학문'의 즐거움을 알게 해주신 허용 선생님, 수업 대화 전략 부분 논문으로 쓸 때 필자의 논문의 핵심 부분을 세밀하게 지도해주신 임경순 선생님, 그리고 불원천리 달려오셔서 교사 화법의 전반적인 개념 정립을 직접적으로 도와주신 전남대의 임칠성 선생님, 그리고 아이들을 가르치며 빠듯한 시간적 여건 속에서 항상 배려해주시고 아껴주셨던 고인이 되신 심제일 교장선생님, 늘 한결같은 마음으로 따뜻하게 친정어머니처럼 보살펴주시고 힘이 되어 주셨던 최종례·이승진·장정희 선생님, 또 수석교사로서 첫발을 내디디며 자긍심을 가지고 교육 활동하는 데 불편함이 없도록 항상 따뜻하게 배려해주신 이현순 교감선생님께 이 자리를 빌어 감사의 인사를 드린다.

그리고 항상 친절하게 웃는 얼굴로 원고가 늦음에도 탓하지 않으시고 이 저서의 출판을 맡아 주신 지식과 교양사 윤석원 사장님과 난잡한 글을 깔끔하게 다듬고 고치는데 큰 도움주신 편집위원님들께 감사의 뜻을 보낸다.

마지막으로 오늘이 있기까지 책 보따리를 싸들고 카페에 가서 함께 의논하며 개념 정립에 도움을 준 남편과 항상 바쁘다는 핑계로 무성의함을 서운하다 안하고 기다려준 나의 사랑하는 자녀 경현, 수지, 상현에게 고마움을 전한다.

2012년 3월 저자 윤영숙 씀

| 목차 |

- 제1장 • 국어과 수업대화 연구의 개관
  1. 연구의 필요성 및 목적 • **11**
  2. 연구사 • **14**
  3. 연구 방법 • **23**
     3.1. 연구 방법 / 23
     3.2. 연구 범위와 대상 / 28

- 제2장 • 국어과 수업 대화의 이론적 기초
  1. 수업 대화의 개념 • **33**
  2. 수업에서 지식, 질문, 정서 • **36**
     2.1. 지식에 대한 관점   36
     2.2. 교사의 질문과 지식   41
     2.3. 교사와 학생의 정서   48

- 제3장 • 국어과 수업 대화 분류 기준
  1. 단순 발화의 분류 • **56**
     1.1. 교사의 발화 / 56
     1.2. 학생의 발화 / 81
  2. 연계 대화의 분류 • **90**
     2.1. 단순 대화 / 90
     2.2. 나열 대화 / 93
     2.3. 심화 대화 / 95
  3. 교사와 학생의 정서 • **100**

       3.1. 교사의 정서 / 100
       3.2. 학생의 정서 / 105
   4. 수업의 단계와 유형 • 114
       4.1. 수업의 단계 / 114
       4.2. 수업의 유형 / 118

● 제4장 ● 국어과 심화 대화형 수업을 위한 국어 수업 대화 전략
   1. 학습 흥미 유도 대화 전략 • 146
       1.1. 성격 / 146
       1.2. 수업 대화 전략 / 146
   2. 집중 유도 대화 전략 • 167
       2.1. 성격 / 167
       2.2. 수업 대화 전략 / 168
   3. 몰입 유도 대화 전략 • 184
       3.1. 성격 / 184
       3.2. 수업 대화 전략 / 185
   4. 지식인지 유도 대화 전략 • 197
       4.1. 성격 / 197
       4.2. 수업 대화 전략 / 198
   5. 지식확산 유도 대화 전략 • 208
       5.1. 성격 / 208
       5.2. 수업 대화 전략 / 210

● 제5장 ● 결 론

참고 문헌 / 227
부 록 / 235

제1장

국어과 수업대화 연구의 개관

교사 화법 교육론

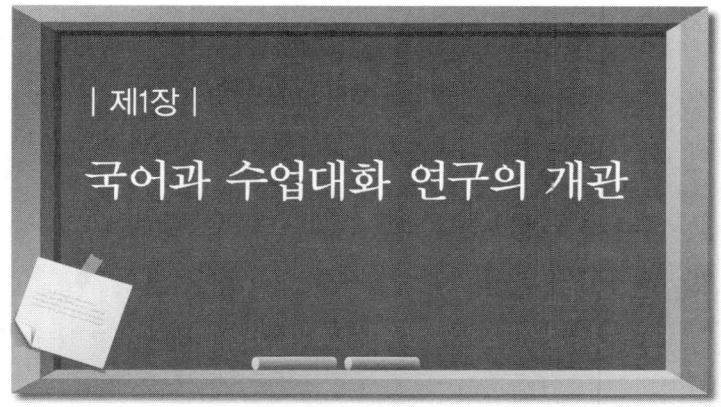

1. 연구의 필요성 및 목적

교실 수업 현장에서 교사들은 학생들로 하여금 학습 흥미를 지속적으로 유지시키고, 수업목표의 인지는 물론 폭넓은 지식 확산[1]의 성취를 위해 수업대화를 어떻게 이끌어 가야 하는가에 관심을 가진다.

따라서 교사는 세밀하게 교수-학습 과정 안을 작성하고 다양하고 독창적인 학습 자료를 제작하고 구성하며, 수업 시 행해지는 각종 형식적인 절차들을 학생들과 수신호나 몸동작으로 약속하여 시간을 절약하고, 집중을 유도하는 등, 다양한 전략을 시도한다.

---

1. 지식의 확산에서 '지식'이 의미하는 내용은 그 시간에 달성해야할 수업 목표 외에 학생이 얻게 되는 주변적 상식·지식 등을 모두 포함한다.

그러나 실제로 수업 대화를 분석해보면 상당수의 교사가 단절된 수업 대화의 전개로 학생들이 자유롭게 말할 수 있는 허용적인 분위기를 만들어 주지 못하고 있다. 교사가 전달하고자 하는 학습내용을 직접 주입식으로 전달하며, 또 학습에 지속적인 관심과 흥미가 유지되도록 하는 데도 실패하고 있음을 확인할 수 있다.

(1) 교사 : 그렇죠. 학생1은 '눈이 반짝반짝하면서' 보니까 아주 좋을 것이라 했어요. 또, 학생2가 무슨 생각을 했어? 어떻다고 그랬어요? 오, 학생3.
(2) 학생3 : 여행가면 재미있겠다.
(3) 교사 : 그렇지요. 여행가면 학생3은 또 막 제주도에, 너무 막 재미있고 즐거울 거잖아요. 또, 된 것 같아요? 좋아요. 학생3은 여행가면 너무 재미있고 즐거울 거 같고 그리고 낭만적일 거 같아요. 그렇지요. 그런데 같은 광고를 봤는데 여기서 어머니께서는 어떤 생각을 했는지 한번 보겠어요. 어머니, 어머니는 어떤 생각을 했을까?
(4) 학생들 : ······.

〈55-고 2009〉[2]

(1)에서 교사는 동영상을 보여주고 질문을 한다. (2)에서 학생3은 '여행가면 재미있겠다.'라는 단순한 대답을 한다. (3)에서 교사는 '어머니는 어떤 생각을 했을까?'라는 또 다른 질문을 하자 (4)에서 학생

---

2. 〈55-고 2009〉는 수업 대화 전사 자료를 코드화한 것으로 코드의 내용은 제1장의 연구 범위에 설명되어 있음.

들은 대답을 하지 못하고 침묵이 흐른다.

'무엇이 어디서 어떻게 잘못된 것일까?'

이렇게 수업 대화의 단절이 계속될 경우 학생들은 학습에 대한 의욕이 떨어지고 학습 흥미가 지속적으로 유지되지 않으며, 교사는 수업 목표 도달에 급급하여 학생들에게 생각할 시간주 여유를 주지 못하고 정답 가리기에 바쁜 상황으로 수업도 주입식으로 진행될 확률이 크다.

학생들은 위와 같은 교사의 단절된 수업대화의 전개로 좌절감을 느끼고 정답에 대한 긴장감으로 인해서 스스로 지식을 인지하고 지식의 확산 단계까지 이어지는데 실패하게 되는 우를 범하게 되는 것이다. 또 스스로 자기의 의견을 발표하는 소수의 몇몇 학생들도 교사의 잘못된 수업 대화 전략으로 먼저 대답한 학생의 대답 내용이 나의 대답에 영향을 주지 않고 나의 생각만 잘 말하면 되기 때문에 다른 학생들의 말을 귀 기울여 들을 필요도, 이유도 없는 것이다. 그럼으로 해서 학생들은 타인의 다양한 개인적 경험과 상식, 지식 등의 수용 기회를 잃게 되어 자기의 생각을 수정하고 보완하게 되는 기회를 갖지 못하게 된다.

그러므로 단위 수업 동안 교사는 단절되지 않도록 유도하는 수업 대화 전략이 필요하며 이런 필요성을 충족시키기 위한 본격적인 연구가 필요하다.

따라서 이 책의 목적은 성공적인 수업을 〈학습 흥미—집중—몰입—지식 인지—지식 확산〉의 과정으로 정의하고 각 과정마다 수업 대화가 단절되지 않도록 효과적인 수업 대화 전략을 제시 하는 데 있다.

2. 연구사

본 책은 교사와 학생의 수업 대화 내용을 분석해서 교사의 화법 전략을 질적으로 개선하고자 하는데 목적이 있으므로 그와 관련한 수업 대화 분석 방법, 교수 방법 개선, 교사의 전략, 화법 교육의 내용 등만을 다루기로 한다.

임칠성 외역(2002)에서는 교수 방법 개선의 필요성에 대해 논의하여 수업의 질을 교수법에서 찾고자 하였다. 즉, 학습의 질은 배타적인 것은 아니지만, 교수의 질과 관계가 있으므로 학습을 개선하고자 하는 가장 좋은 방법은 교수 방법을 개선하는 것이라고 하여 교사의 교수 방법 개선을 논의하였다는 점이 필자의 뜻과 같이 한다. 따라서 본 책에서 교수법에 관한 내용을 제4장에서 다루기로 하겠다.

노명완 외(1988)는 교사의 화법에서 지식 전달의 직접적인 내용 전달 이외에 교수법 관련한 효과적인 표현의 전달 방법이 중요함을 피력하였다. 즉, 담화와 문장 수준에서의 계획하기에서 '청자에게 원하는 방향으로 영향을 미치기 위해 화자는 어떠한 언어적 장치를 선택할 것인가' 라는 해결할 문제를 고찰하였다. 교수법과 관련하여 효과적인 표현 및 전달을 위해서는 몸짓, 시선, 적절한 목소리, 정확한 발음, 전달 보조 자료의 효과적인 사용 등을 해야 한다고 주장한 데 시사점이 있다.

천호성(2008)은 좋은 수업의 요건에 대해 논하였는데, 수업의 성격을 학생들의 발표가 주가 되는 수업, 교사의 설명이 주가 되는 수업, 토론이 주가 되는 수업 등 수업의 진행 방법의 차이를 포함하여 교사의 성격, 학생의 수, 남녀 비율, 지역의 분위기, 학년, 그 외의 다른 차이를 포함하여 형성된 전체적 특징을 고려해야 한다고 보았다. 그리고 수업 관찰의 방법을 체계적 관찰법과 비체계적 관찰법으로 분류하였다. 이 연구는 교사에게 있어서 좋은 수업을 하기 위한 절대적인 요건 중의 하나가 수업에 대한 세심한 관찰과 체계적인 분석의 과정이라고 본 데 의미가 깊다.

양미경(2004)은 학습자의 질문의 중요성에 대해 주장하였는데, 단위 수업시간 동안 학습자가 질문을 한다는 것은 '학습 자체에 관심과 흥미, 호기심을 가지고 있다'라고 간접적으로 판단할 수 있다. 실제로 수업 대화 내용을 분석하다 보면 학생들의 질문은 거의 찾아볼 수 없고, 교사의 질문에 학생이 대답하는 수업 대화가 대부분을 차지한다. 그것은 학생들로 하여금 호기심과 궁금증을 불러 일으켜 주는 수업 대화를 전개하지 못했다고 간접적으로 판단할 수 있다. 양미경(2004)은 바로 자신이 무엇을 모르는지를 알 만큼은 알아야 질문을 할 수 있다는 생각을 근간으로 하여 학습자의 질문이 지닌 교육적 가치가 큼을 강조하며 교사가 학습자로 하여금 교육적으로 의미 있는 좋은 질문을 생성하도록 도울 수 있는가에 중점을 두고 교육적 노력을 할 것을 강조한 점에 큰 시사점이 있다.

노은희(1999)는 수업 대화 분석법에 대해 논의하였다. 이는 본 책의 연구 내용이 수업 대화 내용을 분석한 것에 근간을 둔 것으로 수업 대화의 분석이 교수법 개선 및 문제점 도출에 열쇠가 된다는 데에 뜻을 같이 한다.

수업 대화 내용을 전사하는 것은 매우 중요한데[3] 실제로 수업 대

---

3. 노은희(1999:278)는 대화 분석법의 장점에 대해 피력하였는데, 대화 분석법은 의사소통의 실제적인 양상들을 보여준다. 절차상 대화 분석법은 인위적 조작을 가하지 않은 자연 상태에서 자료를 수집하고 분석하기 때문에, 실제로 겪는 의사소통의 문제들을 잡아내고 따라서 그에 맞는 전략을 마련한다고 하여 대화 분석의 중요성을 시사하였다.

화 내용을 전사하여 문자화된 자료는 여러 차례 검토가 가능하며 다시 수업을 보고 또 다시 보면서 확인하고 교육적으로 문제점을 도출할 수도 있고 문제점에 대한 해결 방안을 찾아낼 수도 있으며 평가까지 가능하다. 이런 의미에서 노은희(1999)의 대화 분석법의 중요성에 대한 논의는 큰 의의가 있다.

김종두(2006)는 교수법과 관련하여 교사들이 인식하고 있어야 할 내용을 9가지로 분류하였다. 몇 가지만 본 책의 제4장과 관련지어 논의해보고자 한다. 김종두(2006)는 수업 준비가 체계적으로 되어 있을 때, 교사가 수업 과정에서 언어적 유창성을 발휘한다는 것이다. 이는 교수 전략을 철저히 계획 세우면 수업 중에 교사가 좀 더 창의성을 요구하는 질문을 할 확률이 높으며, 지식의 확산이 일어날 가능성 또한 높다고 판단할 수 있다. 특히 '수업 계획에 대한 학습자의 수용성은 파악하고 있는가?'에 대한 물음은 학생 대답에 대한 교사의 언어 평가 측면에서 시사하는 바가 많다. 열려있는 사고로 모든 학생들의 대답을 수용하고, 틀렸을 경우 '그렇게 생각하게 된 근거는 무엇인가?', '자신의 생각에 어떤 오류가 있었는가?'도 발전의 밑바탕이 되는 것이다. 또 '다른 교과의 내용을 관련지어 설명할 수 있는 준비가 되어 있는가?'의 물음은 한 가지 지식에 대한 주변 지식까지 타 교과와 관련하여 교사가 충분히 알고 있을 때 학생들이 학습 주제에 관한 자기의 생각을 종합 정리하는데 좀 더 확산적이고 포괄적으로 인지할 수 있는 것이다.

박종훈(2007)은 화법 교육 내용과 관련한 연구사로 화법 교육의 내용으로 제시되고 있는 것들이 지나치게 추상적이라는 데에 착안하여, 원천 텍스트와 환언 텍스트의 언어 형식이 맥락 내에서 수행하는 기능을 분석하여 언어 형식화 중심의 설명 화법 교육 내용을 추출함으로써 언어, 형식화하는 원리를 추출해낼 수 있었다는데 의의가 있다고 하였다. 즉 교사가 학생들에게 학습 주제 관련한 내용들을 스스로 발견할 수 있도록 전달하고자 하는 수업 내용의 오류나 왜곡됨이 없이 학생들에게 인식시키는 일은 상당히 고도의 전략이 필요한 것이다. 박종훈(2007)이 이런 부분을 형식화했다는 것은 이론적 내용을 전달할 때 전략으로 적용할 수 있는 지침을 마련했다는데 큰 의의가 있다.[4]

정상섭(2006) 역시 화법에 관련한 논의를 전개하였는데, 우수한 점은 현 교육과정에서 찾아볼 수 없는 공감적 화법의 교육 내용을 새로 설정해서 제시했다는 점을 들 수 있다. 예를 들면, 학습활동으로 상대방의 이야기를 잘 들어주고, 집중하여 듣기를 제시하고, 교육 내용 요소로 상대가 이야기하기 좋은 태도를 가지고 주의 깊게 들을 수 있으며, 학습활동의 예로 긍정적 행동을 유발할 수 있는 몸짓 언어 연습으로 '정면으로 바라보기(시선 접촉), 공감하며 듣고, 웃음을 짓고 고개를 끄덕이기, 눈을 크게 뜨고 바라보기, 앞으로 약간 숙이기, 긍정적인 표정 짓기[5] 등을 설정하여 제시하였다. 교실 수업에서 실제로 이러한 태도나 표정 등이 수업 집중에 큰 역할을 하는 것을 쉽게 확인할 수 있다.

이재승(2003)은[6] 구성주의적 학습관은 사회적 상호작용을 중시한

---

4. 환언 텍스트에서 화계의 선택에 변화를 주는 것은 화자와 청자 간의 심리적 거리에 변화를 줌으로써 학생들로 하여금 교사의 말에 더 집중할 수 있게 하기 위함이라는 논리도 이론적으로 체계화하였다고 본 측면에서 정확하게 교사와 학생 간의 화법을 이해했다고 평가한다.
5. 정상섭(2006:165). 공감적 화법 교육 연구, 한국교원대학교 박사학위 논문.
6. 이재승(2003:58). 말하기·듣기 교수 학습 방안: 자기 조정 전략을 중심으로, 서울대학교 교육종합연구원 국어교육연구소.

다는 점에서 말하기·듣기 교수 학습과 관련하여 특별히 중요성을 지닌다고 피력하였다. 구성주의적 관점에서 볼 때, 말하고 듣는 행위는 단순히 지식을 전달 또는 수용하는 행위가 아니라, 화자나 청자가 역동적으로 의미를 구성해 나가는 과정을 뜻한다. 의사소통은 화자와 청자가 '하나가 되고자'하는 행위를 뜻하며 말하기에서는 청자가, 듣기에서는 화자의 역할이 중요하게 작용한다는 생각은 이제 구시대적 말하기·듣기의 정의라는 것이다. 말하기나 듣기를 따로 떼어서 생각은 할 수도 없을 뿐 아니라, 화자와 청자는 상호작용을 통하여 담화가 이루어진다는 견해가 새로운 패러다임이라 생각되며 이 부분이 수업 대화와 의사소통이라는 측면에서 봤을 때 본 책에 주는 시사점이라 할 수 있다.

다음은 수업 대화 유형에 관한 연구로 수업과 관련한 의사소통의 유형을 다음과 같이 분류하였다. 먼저 Sinclair & Coulathard(1975)[7]의 모형을 들 수 있는데 이 수업 대화 분석의 중요한 목적은 결속성을 보이는 대화를 가능하게 하는 규칙을 발견하는 것이고 더욱 중요한 목적은 규칙을 통해서 대화 단위의 구조와 현상 및 그들의 배열성 등을 기술하는 것이다.

Sinclair & Coulathard(1975)는 발화의 기능과 대화의 구조를 밝히기 위해서 다음과 같은 질문을 가진다.

1. 서로 연속하는 발화들이 어떻게 관련성을 갖는가?

---

[7]. 박용익(2003:30)의 『수업 대화의 분석과 말하기 교육』에서 재인용한 것으로 Sinclair & Coulathard (1975)의 모형에서 수업 대화 분석의 중요한 목적은 결속성을 보이는 대화를 가능하게 하는 규칙을 발견하는 것이고 더욱 중요한 목적은 규칙을 통해서 대화 단위의 구조와 현상 및 그들의 배열성 등을 기술하는 것이라고 하였다.

2. 누가 대화를 조종하는가? 조정은 어떻게 이루어지는가?
3. 대화 참가자는 상대방을 어떻게 조종하는가?
4. 말하는 사람과 듣는 사람의 역할이 어떻게 교체하는가?
5. 대화의 주제들이 어떻게 도입되며 종료되는가?
6. 개별 발화보다 더 큰 대화의 단위에 대한 언어학적 증거는 어떤 것이 있는가?

이에 대한 답을 찾음으로써 수업 대화 분석의 완전한 구조를 구축하는 것이다. Sinclair & Coulathard의 연구가 이룬 업적은 각 담화를 이루는 단위들의 위계를 잘 설명했다는 사실을 발견할 수 있으며 일반 구어 대화의 기능적인 분석에 더 유용하게 이용되는 장점을 찾을 수 있고 교실 수업 대화 분석을 통해서 〈교사의 질문 - 학생의 반응 - 교사의 평가〉로 이루어진다는 체계를 객관적으로 기술하였다는 데 의의가 있다. 그러나 교육적인 차원에서의 수업 대화 분석을 통한 수업 대화 전략이라는 부분이 미약하다는 부분을 밝혀낼 수 있었다.

다음은 Flanders의 언어 상호작용 분석법에 의한 수업 대화 분석 내용을 고찰하고자 한다. Flanders의 언어 상호작용 분석법은 수업의 주요 변인인 교사와 학생의 언어적 행동에 초점을 맞추었다는 것과, 일정한 분류 체계에 따라 기록하고 분석하는 객관적 분석법이라는 점에서 과학적인 수업 분석 도구로 인정받고 있다.[8] 그러나 1990년대 중반을 넘어오면서 데이터 수집과 분석 및 통계 처리를 위한 교사 및 관찰자의 시간과 노력을 지나치게 많이 필요로 하며, 관찰 및 측정 과정의 불편이 제기되어 Flanders 분석법은 점차 쇠퇴하

---

8. 변영계·김경현 공저(2008:180). 수업장학과 수업분석. 학지사.

였다. 그러나 근래에 이러한 문제점을 개선한 컴퓨터 프로그램이 개발되면서 학교 현장의 수업 기술개선을 위한 도구로 주목받고 있다. Flanders의 언어 상호작용 분석법은 수업 시간에 이루어지는 교사와 학생 간 언어 상호작용의 내용을 10가지 분류 항목으로 구분하여 분석하는 방법으로, 수업 참관을 하면서 매 3초마다 수업에서 일어나는 상황을 10가지 분류 항목에 따라 해당 번호를 계속적으로 기록해 나가고, 수업이 끝난 후에 기록된 10가지 분류 항목 번호의 빈도와 비율 혹은 번호의 기재 유형 등을 분석한다. Flanders는 언어 상호작용 분석의 내용을 크게 교사와 학생의 발언과 기타로 나누었다.

교사의 발언에는 비지시적 발언에 감정의 수용, 칭찬이나 격려, 학생의 생각을 수용 또는 사용, 질문을 넣어 분류하였고, 지시적 발언으로 강의, 지시, 학생을 비평 또는 권위를 정당화 함 등의 3가지로 나누어 총 7가지로 분류하였다.

학생의 발언은 반응과 주도로 나누었으며, 기타로 침묵이나 혼란을 분류하여 실험, 실습, 토론, 책읽기, 머뭇거리는 것, 잠시 동안의 침묵 및 관찰자가 학생 간의 의사소통 과정을 이해할 수 없는 혼란, 침묵, 중단으로 분류하였다. 수업 대화를 분석하다 보면, 교사의 질문이나, 학생의 대답, 또 간혹 드물게 보이긴 하나 학생의 질문, 또 교사와 학생의 수업 흐름에 따른 정서 상태 등 구분 지어서 분류하기가 쉽지 않은 경우의 예가 많이 나타난다.

예를 들면 무지개는 여러 가지 색의 스펙트럼이라는 연속선상에 있는 구분하기 어려우나, 그래도 무지개는 일반적으로 7빛깔로 나누고 있으며, 사람들은 모두 무지개는 7빛깔로 분류된다고 알고 있다. 결국 수업 대화 내용을 분류한다는 것도 무지개처럼 관찰자에 따라 주관이 개입이 되지 않을 수가 없다.

여러 학자들의 수업 대화를 분석한 이론들을 고찰해보면, 모두 수업 대화의 내용을 어느 부분에 더 관심을 가지고 보느냐에 따라 다르게 해석된다. 따라서 여러 각도에서 수업 대화 내용을 분석해 보고 장점을 취하고, 단점을 보완해 나가는 작업을 계속해나간다면 교실 수업 현장에서 많은 발전을 기대할 수 있다.

Flanders 분석법 역시 언어 상호작용 분석 10가지의 범주로 나누고 보니, 실제 수업 대화 내용 분석에서 분류가 어려운 부분들이 나와서 예외 준칙으로 18가지를 제시한다. 이 준칙 18가지는 결국 수업 대화의 언어 상호작용을 10가지로 나누어 지지 않는 부분은 보완해야 할 연구 과제라 여겨진다. 본 책에서도 역시 Flanders의 언어 상호작용 분석법에 영향을 받아 교사의 발언을 비지시적, 지시적 발언으로 분류하였고, 학생의 발언은 정서위주로 분류하였다.

Flanders의 언어 상호작용 분석법이 가지고 있는 보완할 점 중의 하나가 과업집중도를 파악할 수 없다는 점인데 이를 보완하고자, 1960년대 스탠포드 대학의 Prank McGraw가 과업집중 방법을 개발하였다. 그는 원격 조정이 가능한 35㎜ 카메라를 이용한 수업 관찰 체제를 고안해냈다. 교실의 전방 코너에 설치된 카메라가 광각렌즈를 사용하여 매 90초마다 전 학급의 사진을 찍어서 관찰자는 그 사진을 보고 분석을 한다. 사진으로부터 얻은 자료는 교사가 각 학생을 이해하는 데 가치가 있으나, 경비가 비싸고 시간이 많이 소비되기 때문에 대안적 방법을 사용하게 되었다.

이에 대한 대안적 방법으로 과업 집중 분석법이라는 지필 분석법이 개발되었는데, 범례에는 A. 과업 중(혼자), B. 과업 중(교사와), C. 자리이탈, D. 잡담, E. 공상, F. 장난이 포함된다. 이 방법은 학생이 교사가 제시하는 과업에 주의를 많이 집중하면 할수록 더 많이 배울 것이라는 것을 전제로 한다.

　그러나 과업 집중 행동과 학습과의 상관관계가 완전하지는 않다. 예를 들면, 관찰자는 관찰한 학생들 대다수가 수업에 집중하며, 친구와 과업 혹은 교사와 과업을 수행하였으며 전체 활동 중에서 교사와 과업이 60.0%이고 친구와 과업이 23.5%, 혼자 과업이 13.5%의 비율을 차지하는 계량적 수치상으로 학생들은 과업에 집중도가 높다고 분석하고 있다. 그러나 실제 교사의 수업 대화와 위에서 제시한 과업 집중 분석표의 결과가 서로 다른 점을 발견할 수 있다. 과업에 집중하고 있는 분석 결과가 나왔다고 하더라도 더 많이 배우고 있다고 단언하기는 어렵다. 단순지식의 인지는 아닌지, 창의적 사고 활동을 하고 있는지, 스스로 즐기며 학습에 몰입을 하고 있는지 등의 내면적 활동들을 파악할 수가 없다. 구체적인 수업 대화 분석이 필요하다.

　변영계·김경현(2008)에서도 밝혔듯이 대개의 경우 학생이 과업에 집중하고 있으면 학습이 원활하게 일어나고 있다는 것을 일부분 인정하기에 또, 학생의 과업 집중 행위와 학습 사이에는 높은 상관관계가 있다고 할 수 있기 때문에 수업 대화를 이 과업 집중법에 적용해서 분석해 보는 것은 나름대로 의미는 있다. 그러나 이 또한 실제로 수업 대화를 면밀히 분석해보면 과업에 집중하고 있는 것과 학습의 효과가 일치하지는 않다는 것을 알 수 있다. 과업에 집중하고 있는 것처럼 보이는 경우로 과업 집중을 위해 들이는 시간에 비해 학습효과는 미미할 수 있는 것이다.

　이상에서 살펴본 바와 같이 수업 대화와 관련한 연구는 다방면으로 이루어져왔으나 실제 교사의 수업 대화를 대상으로 연구한 논문들이 많지 않고,[9] 일부 수업 대화를 이론적 연구자가 제작하여 주장을 피력한 내용들은 실제 일선 학교현장에서 이루어지는 교사와 학생의 수업 대화와는 현실적으로 괴리감이 있는 경우들이 있다.

특히 교사와 학생 간의 수업 대화와 관련한 전략의 연구 또한 저조하고 수업 대화를 분석하기 위한 기준에 교사와 학생의 정서 부분을 넣은 연구는 찾아볼 수가 없다는 점이 아쉽다. 학생의 정서에 해당하는 학습 관심과 흥미, 집중, 몰입은 정해진 단위 수업 동안 교사의 유도 하에 지속적으로 유지되어야만 지식 인지 및 지식 확산을 이룰 수가 있는 것이다.

따라서 본 책에서는 앞에서도 언급한 것처럼 이러한 한계점을 극복하기 위하여 실제 학교현장에서 교사의 수업 대화 내용을 전사하여 문제점을 도출하고 해결을 위해 수업 대화 분류 기준을 정립하고 학생들로 하여금 성공적인 수업 대화를 유도하는 전략을 확립하고자 한다.

3. 연구 방법

3.1. 연구 방법

수업 대화의 연구 방법론에는 질적 연구 방법론과 양적 연구 방법론이 있다. 기본적으로 본 책은 질적 연구 방법론을 지향한다.

---

9. 임칠성 외(2006)에서 교사가 학생을 가르치는 수업 현상은 늘 우리 사회에서 오래전부터 존재해와서 '너무나 익숙하고 잘 아는 것'으로 연구할 필요가 없는 것으로 간주되어왔다고 주장하였다. 또 교사가 사용하는 대화나 대화 능력은 수업의 성패에 중요한 영향을 끼치는 요소로 다루어지지 않는 경우가 많다고 하였다. 그리고 수업 대화를 대상으로 연구한 논문이 별로 없고, 사회학이나 언어학 논문 가운데서도 그 연구 비중이 미미하다고 피력하였다.

질적 연구 방법론은 상호 관련성을 가진 많은 철학적·이론적·사회학적 관점에 그 기반을 두고 있다.[10] 질적 연구 방법론의 이론적 배경이 되는 주된 사상이 현상학(phenomenology)이다. 현상학은 눈에 보이는 인간 행동에 집중하여 분석하는 것이 아니라 인간 행동의 이면에 숨어 있는 동기와 신념에 관심을 가진다.

예컨대,
(1) 교사 : "몇십 년 후에 너를 사랑해주는 36명의 사람이 나타나면 그때 네가 다시 너에게 그 능력을 주거라." 그러셨어요. 여러분, 선생님을 사랑해 줄 수 있나요?
(2) 학생 : 예.

〈38-중 2009〉

단순하게 해석하면 양적 방법 연구에 의해 (1)에서 교사가 '사랑해 줄 수 있는가?'라는 질문을 1회 던지고 (2)에서 학생들은 긍정의 대답으로 '예'하고 대답한, 〈교사의 질문 - 학생의 대답〉의 형식에 지나지 않는다. 그러나 질적 방법 측면에서 보면 (1)에서 교사가 그런 말을 한 동기와 그 말 속에 내포되어 있는 숨은 의미에 중점을 둔다. 그리고 이 교사의 질문과 학생의 대답으로 교사와 학생 간의 신뢰와 따뜻한 감정의 정서를 찾아내어 눈에 보이지 않는 것을 눈에 보이는 현상으로 드러내어 개념화하려고 노력한다.

이런 부분을 질적 연구 방법 연구자들은 중요시 여기는데 아이러니하게 이런 전개 방식 자체가 양적 연구 방법 연구자들에 의해 논의

---

10. 김병하 역(2003:11), 질적 연구의 이해와 실천, 한국학술정보.

의 대상이 된다. 그런 감정적인 부분을 객관화한다는 자체가 불가능하다는 것이다. 보는 사람마다 달라지는 그 이면에 숨은 의미들은 손에 잡히지 않는 구름과 같은 것으로 간주해버린다.

또 질적 연구 방법과 밀접한 관련성을 가진 또 다른 관점은 상징적 상호작용론(symbolic interactionism)이다. 이 이론은 여러 가지 사물, 사람, 상황과 사건들에 부여되어 있는 의미를 강조한다. 사물 그 자체에서 의미가 도출된다기보다는 인간이 그 사물에 브여한 해석에 의해 의미가 산출되는 것이다.

예컨대 현재 교육 현장에서 체벌은 금지 사항이나 과거에 교사가 가지고 다니는 지휘봉은 교사에게는 '학습용 도구요, 사랑의 매'라고 해석할 수 있지만 학생들에게는 그저 단순한 체벌이라는 의미의 도구로 받아들여질 수 있다. 그리고 학부모들에게는 교권을 의미하기도 한다는 것이다.

따라서 그 행동과 관련된 사물, 사람, 사태 및 상황에 부여된 의미를 상호적으로 이해해야만 한 인간의 행동을 진정으로 이해할 수 있다. 그 내면을 들여다 볼 때 진정 그 사람이 그때 왜 그런 행동을 했는지 왜 그런 말을 할 수밖에 없었는지를 이해할 수 있다. 이 상징적 상호작용론 역시 현상학과 마찬가지로 질적 연구 방법론을 이해시키기 위한 이론적 토대가 된다고 할 수 있다.

현상학과 상징적 상호작용론 이외에 질적 연구의 기초가 되는 이론과 관심사는 사회 조직론과 문화론이다. 이 이론은 인간들이 상대방을 어떻게 지각하고, 사회적 관계를 어떻게 조정하고 조직하며, 사회와 조직된 집단 내에서 어떻게 살아가느냐에 관심을 갖는다. 이 사회 조직론은 문화론에도 관심이 있는데 문화란 학습되고 서로가 공유된 지각과 행동, 활동의 표준이 된다는 것이다.

예컨대 교실에서 종종 볼 수 있는 교사와 학생의 대화 중에 그들만이 공유하는 교실 분위기에 대해서 엿볼 수 있는 부분이 있다. 다음의 수업 대화의 예를 통해 논의해 보면 다음과 같다.

(1) 교사 : 그렇죠. 여러분이 유치원 때나 읽어봤을 만한 이야기겠죠. 자, 한 번 이야기 해볼 사람. 어제 선생님이 약속했던 것 기억하죠?
(2) 학생 : 예.
(3) 교사 : 선생님은 아직 기억하고 있어요. 예, 학생1이 한번 이야기해 보세요.

〈51-고 2008〉

(1)에서 교사가 '어제 선생님이 약속했던 것 기억하죠?'의 말로 미루어 보아 학습 내용과는 관계없는 것으로 학생들과 미리 약속한 게 있다고 미루어 짐작할 수 있다. 이 학급에서의 분위기를 엿볼 수 있는 문장이라 하겠다. 교사가 의도하고자 하는 어떤 것을 얻기 위하여 보상을 해준다는 의미가 내포되어 있다. (3)에서 교사는 (1)에서 한 말을 다시 강조하며 되풀이 하는 전략을 사용한다. 그 보상이 학생들에게 효과적으로 작용할 것이라는 믿음을 가지고 전략으로 활용을 하는 것이다.

질적 연구자들은 눈에 보이는 현상, 숫자상으로 기록되는 객관적 사실에 현혹되지 않는다. 그렇다고 그 객관적 현상들이 아무 의미 없다는 뜻은 아니지만 어디에 더 관심을 두고 이야기를 전개해 가느냐의 차이라고 할 수 있다.

예를 들어 보자.

(1) 교사 : <u>선생님이 손 안 드는 친구를 시켜도 되지요? 알면서 부끄러워서 이야기 못하는 거지?</u> 학생1, 말해 볼까?
(2) 학생1 : 제가 발표하겠습니다. 왜냐하면 오늘 시험 점수가 나오기 때문입니다.

〈38-중 2009〉

  (1)에서 교사의 질문은 양적 연구 방법론에 의하면 단순하게 '교사의 질문'으로 정의하거나, '질문의 수' 2회로 기록하게 된다는 것이다. 즉 그 내면에 담겨있는 '손을 들고 발표하지 않는 학생 중에는 장난치는 학생이 있다, 골고루 학생들에게 발표의 기회를 주고자 한다, 학생 모두를 수업에 참여하도록 하겠다, 발표 안하고 소극적으로 앉아 있는 학생들로 하여금 긴장하고 발표를 하도록 하겠다' 등의 여러 가지로 내포되어 있는 깊은 의미를 파악하기가 어렵다는 것이다. 이 의미는 질적 연구 방법론이 양적 연구 방법론보다 우위의 위치에 있다는 의미와는 다른 이야기이다.
  두 연구 방법론 모두 각자의 의미가 있으며 질적 연구 방법론에서 양적 연구 방법론의 장점을 취할 수 있고 또 그 반대의 경우도 성립할 수 있다. 결국 수업 대화 분석의 궁극적인 목적은 더 창의적이고 효율적이며 더 효과적인 수업을 하기 위해서 두 연구 방법론은 모두 수업 대화 분석의 도구로 유용하게 쓰인다는 사실이다.
  이 책에서의 핵심 용어는 교사와 학생들이 수업에 대한 〈관심과 학습 흥미, 집중, 몰입, 지식 인지, 지식 확산〉이다. 학생들이 이렇게 수업에 관심과 학습 흥미를 갖게 되는 상황에서 교사 역시 학생들과 수업에 동화되었을 때 학생들이 진정으로 수업에 몰입하게 된다. 이런 용어들이 양적 연구 방법론으로는 설명하기 어려운 정서적인 부분들이어서 본 책에서는 질적 연구 방법론에 입각해서 수업 대화 내용의 심층 분석을 통해 현상에 대한 사실적이고 명확한 기술, 그리고 그 현상에 대한 수업 대화 전략을 전개하고자 한다.

3.2. 연구 범위와 대상

이 연구의 자료는 초등학교 국어과 수업을 2008년, 2009년 2년에 걸쳐 비디오 녹화하여 전사한 것을 분석한 것이다. 2008년에 녹화한 비디오는 14편, 2009년에 녹화한 비디오는 16편 총 30편의 수업 동영상 자료를 전사하였다.

학년별로 보면 1학년 수업 동영상 자료 7편, 2학년 수업 동영상 자료 1편, 3학년 수업 동영상 자료 9편, 4학년 자료 5편, 5학년 자료 5편, 6학년 수업 동영상 자료는 3편이다.

전사한 수업 자료의 파일명은 1, 2학년은 묶어서 저학년, 3, 4학년은 중학년, 5, 6학년은 고학년으로 분류해 일련번호를 부여하였다. 예를 들면 〈16- 저 2009〉면 1학년 수업 동영상 자료이고 6번째이며, 2009년도에 녹화하여 전사한 자료라는 의미이다.

비디오가 담을 수 있는 영역은 한정되어 있었기 때문에 교사와 학습자들의 움직임을 모두 담을 수는 없었지만 비디오에서 관찰할 수 있는 몸짓 등은 전사에 반영하였다.[11]

수업을 한 교사의 연령은 20대와 30대였다. 교사의 연령별 분포는 다음과 같다.

---

11. 전사 체계 및 전사 예는 부록 참조

〈표 1〉 교사 연령별 분포

구분＼년	2008년		2009년	
연령	20대	30대	20대	30대
인원	6	8	9	7

수업을 한 교사의 경력은 2008년, 2009년 모두 5년 미만의 교사였다. 교사 경력별 분포는 다음과 같다.

〈표 2〉 교사 경력별 분포

구분＼경력	0~1년		1.01년~2년		2.01년~3년		3.01년~4년		4.01년~5년	
경력	2008	2009	2008	2009	2008	2009	2008	2009	2008	2009
인원	0	5	1	0	7	5	6	5	0	1

교사의 성별 분포는 다음과 같다.

〈표 3〉 교사 성별 분포

구분＼년	2008년		2009년	
성별	남성	여성	남성	여성
인원	3	11	2	14

전사 기록에는 교사의 발언과 학생의 발언이 나타난다.[12] 따라서 본 책에서의 연구 대상은 경력이 5년 미만인 교사들의 국어과 수업

---

12. 천호성(2008)은 전사 기록이 수업에 대한 객관적인 사실과 현상을 문자 그대로 생생하게 재현하는 데 일차적인 목적을 두고 기록된다고 하였다.

을 30편 전사한 자료를 토대로 하였다. 이 수업 자료들은 공개수업의 특성상 교사들이 나름대로 학생들과 발표 훈련도 되어 있는 상태이고 교수 전략 또한 교사들이 철저하게 준비되어 있는 자료라 할 수 있다. 그리고 공개수업이라 교실 뒤에 다른 교사들이 참관하고 있어서 교사와 학생들은 약간의 긴장감을 가지고 임한 수업이라 한편으론 천호성(2008)처럼 '자연스런 수업을 분석하지 않았다'라는 지적을 할 수 있을 수 있다. 그러나 필자는 오히려 의도한 수업이라 교사의 역량을 파악할 수 있고 그 교사가 전략으로 활용한 교수법 중 어떤 점을 어떻게 유도해야 하는가를 방법적으로 제시할 수 있다고 판단된다. 이와 관련하여 의미 있는 사실은 앞에서도 언급한 것처럼 2008년에 공개한 교사의 수업을 분석해 본 결과 교사 평가 부분에서 전략의 미흡함을 발견할 수 있었는데, 2009년에 같은 교사의 수업에서 역시 교사 평가 부분에 똑같은 문제점을 발견할 수 있었다. 즉 그 교사는 1년이 지났어도 다른 동료 교사나 관리자, 또는 행정가로부터 또는 나름대로의 자율 연수를 통해서 수업 대화 부분에서 교육을 받지 못한 상태이며 앞으로도 그렇게 같은 수업의 오류를 범할 가능성이 크다는 점을 시사한다.

 교사가 나름대로 철저히 계획을 세워 교수 전략을 활용하더라도 그 교수 전략 자체가 방향성이 옳지 않을 때는 수업의 효과를 거두기 어려운 것이다. 따라서 본 책에서는 수업 대화의 현상에 대한 정확한 기술을 통해서 교사가 사용하는 교수 전략 자체의 올바른 방향성을 제시하는데 큰 의의를 둔다.

제2장

국어과 수업 대화의 이론적 기초

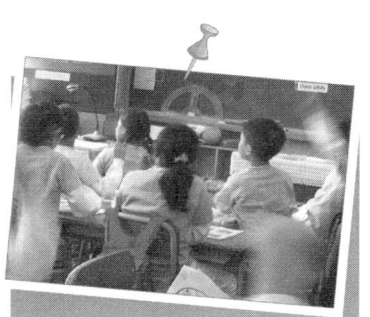

교사 화법 교육론

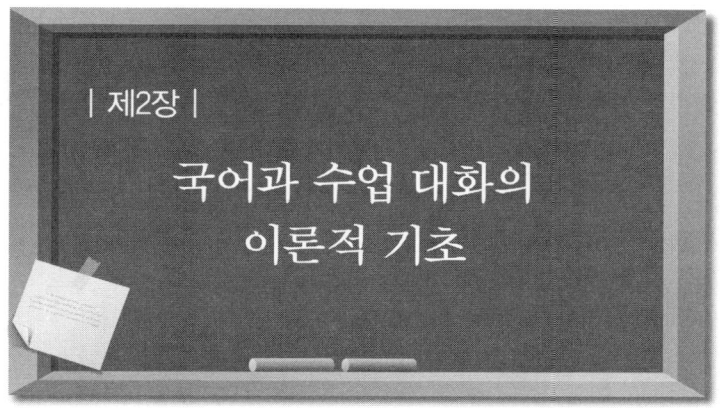

1. 수업 대화의 개념

　국어 교육학의 연구 영역은 크게 국어 이해활동에 관한 연구 영역과 국어의 표현활동에 관한 연구 영역 그리고 국어과 구조와 체계에 관한 연구 영역, 마지막으로 국어 활동의 교육에 관한 연구 영역으로 분류된다.[1] 이 중에서 수업 대화와 관련한 연구 영역은 표현활동에 관한 연구 영역인 의사소통적 목적으로의 연구 영역에 속한다고 할 수 있다.
　학교에서의 의사소통에는 교사와 교사, 교사와 학부모, 교사와 학생, 학생과 학생 등으로 나눌 수 있는데 본 책에서의 수업 대화란 교실에서 달성해야할 수업 목표란 과제를 가지고 교사의 계획 된 전략

---

1. 임경순(2003:29). 국어교육학과 서사교육론, 한국문화사에서 재인용.

아래 교사와 학생 간에 이루어지는 말이나 행동, 교사와 학생의 정서까지 모두 포함한 통합적인 개념이다.[2]

특히 본 책에서는 교실 안에서 학습 과제나 주제를 해결하기 위해 교사와 학생 사이에 일어나는 학습 제반 사항 중에서 학생의 쓰기, 읽기, 그리기 등을 통한 문자 언어 중심의 의사소통은 제외한다. 학습 과제나 주제를 해결하기 위해 하는 교사와 학생의 질문과 대답 그리고 수업 대화를 전개하면서 조성되는 교사와 학생의 정서를 교사나 학생의 말과 행동을 통해서 직·간접적으로 분석한다. 그래서 학생의 학습 흥미, 집중, 몰입 그리고 교사의 동화 등을 통해서 지식을 인지하고 지식의 확산까지 유도하는 수업 대화를 중점으로 다룬다. 또 수업 대화의 의미는 교사의 일방적인 질문과 학생들의 대답보다는, 자연스럽게 학생들의 말하기를 유도하고 집중해서 상대방의 말을 들어줄 수 있으며, 교사가 주로 질문하는 일반적인 교실의 모습과는 달리 학생들 스스로 궁금증을 가지고 질문하게 만드는 상황으로의 유도 또한 중요하게 다룬다.[3] 특히 수업 대화를 학습자가 아니라 교사의 측면에서 다루고자 한다.

임칠성 외(2006)에서 수업 대화의 성격을 학생의 측면과 교사의 측

---

2. 박용익(2003)은 학교 의사소통의 유형을 크게 공식적·비공식적으로 나누고, 공식적인 의사소통에는 교육중심·행정중심으로 또 세분한다. 교육중심에 교사-학생, 교사-교사, 학생-학생, 교사-학부모로 다시 나누고, 이 중에서 교사와 학생의 공동적인 의사소통을 수업 대화로 분류하였다.
3. 장상호 역(1990:63), 교수, 학습, 그리고 의사소통, 교육과학사.(Hills,P.J.(1976) *The Self Teaching Process in Higher Education*, Croom Helm, London)에서 교사와 학생들 사이에 대화가 제대로 진행되지 않을 때 교사는 대화가 단절되지 않기 위해 말을 계속하면서 학생들로 하여금 이야기를 하게 효과를 가져오라는 희망을 가지는데 그 반대의 효과를 가져오며 '네' 혹은 '아니오'라는 식의 단답식의 답을 요구하는 질문도 대화를 중단시키는 결과를 가져온다고 하였다.

면으로 나누어 분석을 하였다. 학생의 측면에서 수업 대화를 통해 학생들은 학습 과제나 주제와 관련한 제반 지식들을 스스로 이해하고 해석할 수 있으며, 지식을 확고히 하고 자신의 이해를 다른 사람과 공유하고 이해와 적용의 폭을 넓힌다고 정리하였다. 특히 이 부분은 본 책에서 주장하는 지식 확산의 의미와 맥락적으로 상통한다고 할 수 있다.

교사의 측면에서 수업 대화의 성격을 분석한 것 중에서 주목할 점은 '학생들의 교과 개념과 이해의 발전에 대한 시각을 얻는다'와 '학생들이 아는 것을 기반으로 지도를 함으로써 더 효과적으로 교수를 계획할 수 있다'는 것이다. 이는 학생의 대답을 근간으로 해서 교사가 연계 질문을 통해 수업 대화가 단절되지 않게 심화 대화의 전개로 유도했을 때 학생 스스로 지식 인지 및 지식 확산의 단계까지 이를 수 있다는 논지를 설득력 있게 뒷받침해주는 근거가 된다.

실제로 학생들은 학교에서 또는 학교 밖에서 다양한 경험을 통해서 지식과 경험의 세계를 넓힌다. 그러나 교사는 학생들의 지식과 경험의 세계가 의외로 넓다는 것을 인식하고 있지 못하다. 그래서 수업 대화는 단편적인 지식의 전달에 급급하여 확산적 지식의 습득을 방해하게 되는 경우가 많다.

따라서 수업 대화는 교사의 유도 하에 학생들이 알고 있는 다양한 지식과 경험의 세계를 다른 학생들에게 보여주고 다른 학생이 내보여준 지식과 경험의 세계를 듣는 대화를 통해서 나름대로 자기의 지식과 경험을 수정하고 보완하는 과정을 거쳤을 때 더 큰 효과를 얻을 수 있다.

특히 수업 대화가 진행되는 과정에서 조성되는 교사와 학생의 정서는 수업의 성패를 좌우한다고 할 수 있다. (여기서 '정서'는 '흥미', '집중',

'몰입', '동화' 등 교사와 학생의 심리적인 상태를 나타낸다.) 따라서 교사는 정해진 단위 수업시간 안에 학생들로 하여금 학습에 대한 관심과 흥미를 갖게 하고 집중하고 몰입할 수 있도록 계속적인 유도 전략이 필요하다.

결국 수업 대화는 교사의 계획된 수업 대화 전략 하에 학생 스스로 학습 과제나 주제와 관련한 지식을 인지하고 지식 확산[4]까지 성취할 수 있게 하기 위해 행해지는 교사와 학생의 언행, 정서 등을 모두 포함한다고 할 수 있다.

2. 수업에서 지식, 질문, 정서

2.1. 지식에 대한 관점

우선 '지식이란 무엇인가?'에 대한 개념 정리를 할 필요가 있다. 앞 장에서 본 연구에서 주로 사용하는 지식 인지 및 지식 확산 등에서 '지식'이란 낱말이 계속적으로 중요하게 다루게 되기 때문이다.

우선 지식의 종류에 대해 이론적으로 정리하고 나서 지식을 다루는 범위를 논의하고 지식에 대한 관점에 대해 구체적으로 다루고자 한다.

지식의 종류는 크게 과정으로서의 지식, 즉 방법적 지식과 결과 또는 내용적 지식 즉 명제적 지식으로 나누어진다.[5] 방법적 지식은 수

---

4. 지식 확산은 교사가 의도하지 않았지만 수업 대화의 전개를 통해서 수업 목표의 달성 외에 새로운 지식들을 교사를 통해, 또는 동료 학생들을 통해 얻는 것을 의미한다.
5. 한민석(2006:133),『교육학』, 형설출판사.

행 능력을 말하며 기능이라고도 불린다. 즉 한 과제의 절차와 방법에 대한 지식으로 "~할 줄 안다."와 같이 표현되며 과정으로서의 지식이라고도 하고 어떤 학습 과제나 주제를 해결하는데 지켜야 할 규칙이나 원리에 해당된다. 이 방법적 지식은 꼭 언어로 표현된 것은 아니다.

명제적 지식은 우리가 일반적으로 알고 있는 대체로 '참이냐?, 거짓이냐?'로 구별할 수 있는 문장으로 된 지식을 말한다. 사실상 지식하면 대부분 명제적 지식을 의미하는 경우가 많다. 명제적 지식은 다시 사실적 지식과 논리적 지식, 규범적 지식으로 구분되는데 사실적 지식은 '책은 종이로 되어 있다. 한국의 수도는 서울이다.' 등의 지식을 의미하는 사실 혹은 현상을 기술하거나 설명하는 지식이다. 논리적 지식은 새로운 사실을 알려주기 보다는 문장을 구성하는 요소들의 의미상의 관계를 나타내는 지식으로 '친구가 전학 가서 마음이 아프다. 책을 많이 읽으면 상식이 풍부해진다.' 등의 예로 설명할 수 있다. 그리고 마지막으로 규범적 지식은 '도둑질하면 벌을 받아야 한다. 민주주의는 선의의 경쟁의 개념을 도입한 사회적 제도이다.' 등의 평가적 문장으로 구성되는 것이고 가치판단, 도덕적 판단 지식[6] 등이 여기에 속한다고 하겠다.

본 책에서 다루는 '지식'의 한계는 학습 과제나 주제와 관련한 명제적 지식의 의미가 더 강하다고 할 수 있다. 수업 대화를 통해서 교사

---

6. 이돈희 외(2005:260)는 지식(knowledge)은 학생들이 교육적 경험을 통해서 획득한 사실, 아이디어나 현상을 기억했다가 재생할 수 있는 능력을 뜻한다고 하였다. 지식은 기억 혹은 상기하는 심리적 과정이 중요한 관건이 되나 단순한 맹목적 기억(rote memory)만을 뜻하는 것이 아니라 적절한 조직과 단서에 의해 활용할 수 있도록 저장된 기능적 기억을 더 중요시하며 이같은 정신능력에 의해 획득된 정보가 곧 지식이라고 하였다.

와 학생, 또는 학생과 학생 사이에서 수업목표 인지를 위한 교과지식 관련 내용을 언어로 전개하면서 얻게 되는 지식들이기 때문이다.

그렇다면 '이러한 지식들을 어떻게 학생들이 인지하게 되는 걸까?' 이런 물음에 대한 대답은 교사가 지식을 보는 관점에 따라 달라진다. 지식에 대한 관점은 지식은 전달하는 것이라는 관점 즉 객관적 관점과, 지식을 구성주의에 입각해서 만들어 가는 것이라는 재구성의 관점 주관점 관점, 그리고 전달과 재구성의 혼용된 관점으로 나눌 수 있다.

양미경(1992)의 연구에서 살펴본 지식을 보는 관점[7]의 논의는 본 책에 커다란 영향을 주었다. 지식을 보는 관점은 교사가 질문을 하는 이유가 '교사가 영구불변하는 지식의 정답을 학생들이 알게 하기 위함이다.'라는 관점을 비판하는 데서 출발한다. 양미경(1992)은 지식에 대한 관점을 교사의 질문과 연관지어서 '질문'을 중심으로 교육을 개념화하는 대안적인 관점을 제안하고, 그 관점에 부합하는 질문 연구의 방향과 과제를 탐색하는 것은 연구의 중점으로 다루었다. 이는 구성주의의 운동을 밑바탕으로 하고 있다.

박승배(2001)는 구성주의자들의 수업은 교사가 독단적으로 조직화한 형식에 학생들을 노출시켜서 의미를 이해하도록 하는 것이 아니라, 학습자들이 경험을 활용하여 역동적으로 의미를 구성해 가도록 수업을 설계하고 계열화하여 자신의 경험에 관한 의미를 파악하게

---

7. 이종희 · 김선희(2003:5)는 Gibson의 이론을 소개하였다. 즉 송신자와 수신자 간의 의미의 전달을 의사소통이라 정의하고 수학적 지식에 관한 관점을 교사가 알고 있는 지식을 학생에게 전달하는 의사소통만을 고려한 것과, 일방적인 메시지의 전달이 아니라 두 사람이 같은 의미를 공유할 수 있는 상황에서 서로의 의견을 주고받으면서 정보가 생겨나게 된다고 하였다.

하는 것이라고 주장한다[8] 이는 '지식은 교사와 학생이 함께 구성해 가는 것이다.'라는 관점을 뒷받침해준다.

이렇게 지식을 객관의 입장에서 보는 관점은 학습자를 수동적인 입장에서 보며, 교육을 결과 위주로 본다는 것, 지식은 확실성을 가지며 전수되어야 한다는 의미로 해석하는 관점이고 반대로 지식을 주관의 입장에서 보는 관점은 학습자를 능동적인 입장에서 교육을 만들어가는 과정 위주의 것으로 해석한다. 서현석(2004)도 역시 지식에 대한 관점 전환에 대해 언급하고 새로운 학문의 패러다임으로 이미 자리 잡은 구성주의를 '지식'과 '학습'에 관한 이론으로 규정하고 구성주의 이론에서는 '안다는 것'은 과연 무엇이며, '인간이 어떻게 알게 되는가?'에 관하여 설명하고 있다고 논의를 전개하였다. 구성주의 관점에 의해 교육의 목표는 물론, 내용과 방법, 평가에 이르기까지 많은 변화가 있었고 그 변화는 계속해서 진행되고 있다. 즉 교사의 일방적인 전달에 따른 교수·학습이 아니라 학습자 중심의 교수·학습으로의 변환이라는 사실이다. 즉 인식의 본질에서 주관과 객관이 차지하는 역할을 중심으로 논의할 때 대비되는 관점인 객관주의와 주관주의를 양극으로 하는 준거는 모두 인식의 대상을 객관 혹은 주관 중 어느 하나가 일방적으로 규정하는 것을 전제로 하고 있다는 것이다.

그러나 최근의 인식론적인 입장들은 실제의 인식작용은 주관과 객관의 상호작용을 통해 이루어진다는데 의견을 같이한다. 필자 역시 정해진 단위시간 안에 교사들이 학생들에게 전달해야 할 지식의 내용을 인정하고 그 지식을 교사가 주입식으로 전달하는 것이 아니라

---

8. 박승배 외(2001:217). 효과적인 교수법. 아카데미프레스.

학생들이 스스로 인지할 수 있도록 교수 전략을 철저히 계획하여 실행하는 것이 중요하다. 이재승(2006)[9]은 학습자 내부에서 언어가 발생될 수 있도록 자극해 주고 북돋아 주는 것을 강조한다. 또 언어가 발생될 수 있도록 '외부 환경을 풍부하게 만들어 주는 것도 한 방법이다.'라고 주장하며 필자 역시 이에 공감한다.

교사가 적절한 수업 대화 전략을 활용하고 교사와 학생 간에 수업 대화가 단절되지 않도록 심화 대화 유형[10]으로 이끌고 교사가 학생의 대답에 연계하여 다시 질문에 질문을 꼬리를 물고 이어지는 대화를 유도할 때 심화 대화는 성공적으로 전개될 수 있다.

그리고 학생들이 가지고 있는 배경 경험이나 지식, 문화를 바탕으로 언어활동을 구안, 적용하는 것이 좋다. 또 학습자가 주어진 것을 있는 그대로 받아들이는 것이 아니라 외부의 자극에 반응하면서 이것을 자기 나름대로 만들어 가며 스스로 교사가 의도하는 바를 인지할 수 있는 이른바 구성주의적 관점을 지녀야 한다는 데에 의견을 같이한다.

---

9. 이재승(2006:6-9)은 백지상태의 학습자에게 지식으로 꽉 채워진 교사가 써주어야 한다는 관점을 거부하고 '학습자는 비어 있지 않고 채워져 있다.'라고 정의한다. 언어는 학습자 내부에서 만들어진다는 관점을 가지고 학습자는 태어나면서부터 이미 언어를 배울 수 있는 상태에 있는데, 교육은 이것이 충분하게 발현될 수 있도록 도와주는 것이라는 관점을 취한다. 이런 관점이 이른바 발생적 문식성(emergent literacy)의 개념이다. 인간은 태어나면서부터 언어를 배울 수 있는 일종의 장치를 지니고 태어나는데 자라나는 과정에서 이 장치가 발휘될 수 있도록 해 주어야 한다는 것이다.
10. 심화 대화 유형은 교사와 학생의 대화가 단순하게 단절되지 않고 앞의 대답이 근간이 되어 다시 다음 대화에 끊임없이 이어지는 것을 의미한다. 제3장에서 구체적으로 다루도록 한다.

2.2. 교사의 질문과 지식

교사의 질문에 관한 연구 업적들은 이미 많이 축적된 상태이다. 교사의 질문은 수업을 이끌어가는 주요 행위이기 때문에 교사의 질문을 분석하는 것은 상당히 중요하다. 교사의 질문을 유형별로 분류한 연구는 많은데 교사의 연계 질문에 관한 연구는 별로 찾아볼 수가 없었다. 교사의 연계 질문이란 〈교사 질문 - 학생1 대답〉 후에 학생1이 대답한 내용이 그저 한 번 발표한 것으로 끝나는 것이 아니라 꼬리에 꼬리를 물듯이 교사가 다시 학생1이 대답한 내용과 관련된 내용을 학생1에게 다시 질문하거나 다른 학생들에게 질문을 하는 방식으로 전개된다.[11]

Hindering(1981)은 질문의 화행 유형을 대답의 유형에 따라서 보다 더 자세하게 분류하였다. 대답의 종류에 따라서 문제 중심적 질문과 관계 중심적 질문의 유형으로 대분류를 한다. 문제 중심적 질문은 대부분의 질문에 해당되는 것으로 문제의 해결을 위해서 지식과 정보를 얻으려고 하는 것이 의사소통 목적이다. 그러나 관계 중심적 질문은 대화 상대자에 대한 관심이나 상대자와의 의사소통적 관계를 창출하거나 회복하려는 소망 또는 상대방을 시험하고 조정하기 위한 의도로 사용된다고 하였다. 실제로 교실에서 수업 대화에서도 크게 교사의 질문은 문제 중심적 질문과 관계 중심적 질문으로 분류

---

11. 임칠성 외(2006:62-63)에 따르면 수업의 주도권은 비록 교사에게 있는 수업이지만 그럼에도 불구하고 교사는 끊임없이 학생의 의견을 묻고, 학생의 의견을 바탕으로 수업을 진행해 나간다는 점에서 수업 대화를 높이 평가하고 있다. 즉 중요한 것은 학생의 답이 맞았냐 틀렸냐가 아니라 학생의 '의견'이 수업의 근거와 출발점이 된다는 것이다. 즉 본 책의 중요 핵심 연계 질문과 관련이 있다 하겠다. 단지 본 책에서는 교사의 평가 후에 이어서 연계 질문을 한다는 점이 다르다.

된다는데 Hindering(1981) 연구의 의의가 있다.

Ronald T. Holman(1986) 역시 대답의 유형에 따라서 질문의 유형을 분류하였다. 실제로 수업 대화 분석을 하다보면 학생의 대답을 통해서 교사의 질문을 판단할 수 있다. 본 책에서 교사의 연계 질문 역시 학생의 대답을 기준으로 이어나가는 질문의 형태가 된다. Ronald T. Holman(1986)은 '지식을 보는 두 가지 관점' 즉 지식에 대한 주관과 객관에 대한 생각과 맥락을 같이 하는 '질문을 왜 하는가?'에 대한 의문점을 던진다.

교사 입장에서 질문은 교육 목적을 달성하기 위한 행위이며, 학생들의 사고를 자극하는 것이며, 학생들로 하여금 어떤 특수한 문제에 대하여 생각하게 하는 역할을 한다.

따라서 교사의 질문은 고도의 훈련이 필요하다. 교사가 질문법을 익히고 연습하고, 전략을 세우는 훈련을 하여 학생들에게 창의적인 답변은 물론 더 나아가 스스로 알고자 하는 욕구로 학생들의 질문까지 끌어낼 수 있는 단계에 이르렀을 때, 교사의 질문이 성공적인 수업 대화를 이끌었다고 할 수 있는 것이다. 즉 일방적인 교사의 지식 전달이 아니라 학생의 지식에 대한 궁금증으로 학생의 질문이나 요구를 유도하게 된다. 그것은 학습의 주체 전환을 의미하며 이는 곧 교사 질문의 궁극적 목적이라고 할 수 있다.

Ronald T. Hyman(1986)은 교사가 질문할 때 학생들이 답을 쉽게 찾을 수 있도록 단서를 제공하는 '반응 단서(response clues)'에 관해 제시하였다. 이러한 반응 단서는 질문 자체 내에 포함되어 있으며, 반응 단서에는 5가지 유형이 있으며, 한 가지 질문에 2개 이상의 반응 단서가 포함될 수도 있다.

그 첫 번째가 Wh-단어(wh-words)이다. 언제(when), 왜(why), 무엇

을(what), 누가(who), 얼마나 또는 어떻게(how)와 같은 단어들은 응답자로 하여금 시간, 이유, 사람 수나 방법 등의 용어를 써서 응답을 하게 한다. 두 번째로 동등 용어(parallel terms)이다. 응답자가 이전에 한 반응과 유사한 반응을 하게 하는 것으로, 이는 문맥상에서 확인해봐야 하는 질문이다. 예를 들면,「또 다른」,「그 외의」,「또 다른 어떤 것」 등의 용어를 사용하여, 이전의 응답 이외의 또 다른 것을 요구한다. 실제 수업 대화에서는 이와 동등한 용어를 사용할 경우, 학생들이 똑같은 대답을 할 확률이 줄어들고, 이 동등한 용어를 자주 사용하는 교사의 학급 같은 경우는 교사와 학생 간, 학생과 학생 간의 대화를 주의 깊게 귀를 기울여 들을 확률이 훨씬 높다고 할 수 있다. 세 번째는 예시 용어(cited terms)이다. 이러한 유형의 반응 단서를 지닌 질문은 응답자가 어떠한 틀 안에서 반응을 하게 한다. 이러한 단서는 더욱 구체화된 일반적 범주를 제시하거나, 응답자가 사용해야 할 정확한 용어를 구체적으로 제시한다. Ronald T. Hyman(1986)의 예를 직접 인용하면, '우리나라 최고의 추리 소설가는 누구입니까?'를 들 수 있다. 네 번째로 제외 용어(excluded terms)이다. 이 질문은 응답자가 응답을 할 때, 제외시켜야 할 내용을 제시한다. 제외시킬 것을 제시하는 질문은 기대되는 응답의 수준을 높이는 데 도움을 줄 수 있다는 Ronald T. Hyman(1986)의 주장이다. 이러한 용어로는 「~을 제외하고」 등이 사용된다. 마지막으로 응답자 유도(leading the respondent)가 있다. Ronald T. Hyman(1986)은 반응 단서의 중요한 의미를 질문이란 올바른 답을 얻기 위한 것이라는 기본적인 생각에서 도출되며, 질문의 목적이 응답을 얻기 위한 것이라는 점을 제공하는 일은 의미가 있다고 피력하고 있다. 그러나 이 반응 단서의 의미는 올바른 답을 빨리 찾기 위한 질문이라는 단편적인 이유만을 내포하고 있지 않다. 이 반응 단서로 인해서 정확한 답을 빨리 찾기도 하지만 그것 보다 더 중요한 점은 교사가 제시한 단서가 학생들의 사고를 더 확장시킬 수 있다는데 의의가 있다. 그 이유는 교사가 일반적으로 제시한 질문은 학생들이 이미 많이 알고 있는 내용들이 대부분이기 때문에 '반응 단서'의 제공은 많은 학생들이 가지고 있는 보편 타당한 정답 이외의 다른 것을 생각할 수 있는 기회를 부여한다는 것이다. 이런 의미에서 '반응 단서'는 교사들의 단순한 질문법을 개선할 수 있는 쉽고도 의미 있는 질문법이란 생각에는 확고하다.

Ronald T. Hyman은 교사는 질문을 위한 전략을 필요로 한다고 하였다. 전략은 교사가 어떠한 질문을 할 것인가를 결정하는 틀을 제공해 주기 때문이라는 것이다. 수업 대화 시 상황에 따라 질문을 하는 것이 아니라 교사는 질문을 미리 작성해보고, 예상되는 학생들의 답변과 사고과정을 예측하여야 수준 높은 성공적인 수업으로 이끌 수 있다. 철저히 준비를 한다고 해도 예상한 대로 수업이 진행되지 않는 경우가 많다. 그 이유는 교사와 학생 사이의 상호작용은 생각보다 복잡하고, 대개의 경우 예상치 못했던 답이 나올 경우가 많아서 교사는 수업이 진행되는 수업 상황을 계속적으로 조정한다. 이때 학생들의 다양한 대답을 예측하여 그에 맞는 다양한 질문에 대한 전략적인 치밀한 계획이 요구된다고 하겠다.

앞에서 지식을 보는 관점에서 양미경(2004)의 이론을 도입하였지만 궁극적으로 질문을 잘 하기 위한 이론의 전개였다. 양미경(2004)은 교사의 질문에 대한 실증적 연구 방식에서는 교실에서 이루어지는 특정 내용에 대한 수치로 환산된 검사로 교사의 질문의 효과를 설명한다는 사실을 비판하였다. 그러나 새로운 대안에 대한 제기는 현재 교실 상황에서 일어나고 있는 현상의 파악이 전제되지 않고는 탁상공론에 불과하다고 본다. 따라서 질문에 대해 실증주의적 관점에서 연구하는 학자들은 교실 수업현장에서 일어나는 현상 파악에 대한 정확한 문제점 기술을 위해 현상 파악의 모순됨을 최대한 줄이고 정확한 사실의 기술을 계속적으로 시도하고 있다.

교사의 질문은 궁극적으로 학생들로 하여금 질문을 하도록 유도하고자 하는 목적을 가지고 있다. 이는 수업의 주체를 교사에서 학생으로 전환시키는 교사 전략의 의미가 담겨있다. 이런 맥락에서 양미경(1995)의 연구는 시사하는 바가 크다. 질문의 생성을 촉진하는 교육적 조건에 대한 연구에서 학습자의 질문을 다루었는데 본 연구에서 중요시 여겼던 학습자의 질문 즉, 학습 주체 전환 질문이란 의미와 맥락을 같이한다. 양미경(1995)은 학습자의 질문은 그 과정에 원동력을 제공하는 핵심적인 역할을 하며 학습자의 질문이 지닌 교육적 가치를 인정하고 교사는 좋은 질문을 생성하도록 돕는 교육적 노력이 중요하다고 주장하였다.

이윤옥(1998)은 학습자 간 질문 생성 전략의 적용상의 과제를 네 가지로 나누어 논의하였다. 그 첫째가 다양한 학년의 학습자를 대상으로 학습자 간 질문 생성 전략의 효과를 검증하기 위해 학습자 연령에 적합한 학습자 간 질문 생성 전략 프로그램을 개발하여 전략의 효과를 검증하는 연구가 요구된다고 하였다. 둘째로 학습자 간에 질문 생성 전략을 익히는데 어려움이 있으므로 교사는 학습자의 전략 연습 활동에 대한 피이드백과 학습 전략의 효율성에 대한 안내와 신념을 가지고 학습자를 지도할 것을 강조하였다. 셋째로 학습자 간 질문 생성 전략을 학교 교실현장에서 적용하기 위해서 교사는 이론적 근거를 이해해야 하며 구성주의적 관점에 의한 학습 전략으로 학습자를 능동적인 존재로 파악해야 한다고 주장하였다. 이는 앞장에서 논술한 지식에 대한 관점과 맥락을 같이한다고 할 수 있다. 그리고 마지막으로 교실에서 사고 유발 질문을 교과목과 다른 활동에서도 활용, 적용하는 기회를 가지게 되면 학습자의 사고력과 문제 해결력이 증진된다고 주장하였다.

이 학습자 질문 생성 전략은 학습자 스스로 여러 가지 질문을 제기하고 대답하는 과정에서 학습자가 내용을 쉽게 이해하고, 추론하고, 그리고 통합하도록 유도하는 전략으로 이 연구에서의 시사점은 일반적으로 주로 교사의 질문에 대한 연구였으나 학생들 간의 질문을 다루었다는데 의의가 있다. 이상적이고 다양한 질문 전략의 개발은 현장의 학습을 촉진하게 되는 원동력이 되므로 큰 의의가 있다. 시급하게 교사의 질문, 학생들 간의 질문 생성을 촉진하는 재교육이 선결 문제라 하겠다.

박용익(2003)은 질문의 유형을 질문자가 정답을 모를 때와 질문자가 정답을 알고 있을 때로 분류하여 구분하였다. 질문자가 답변을 모를 때는 다시 지식 획득의 목적으로 질문을 하고 질문자가 답변을 알고 있을 때 하는 질문은 지식의 활성화와 지식의 검증을 위해서 한다고 논의하였다. 질문자가 답변을 모를 때 지식의 획득을 위해서 교사는 정보 질문, 되묻기 질문, 캐묻기 질문으로 구분하고, 질문자가 답변을 알고 있을 때 지식의 활성화를 위해서 교사는 자문 질문과 교사 질문으로 구분하고, 지식의 검증을 위해서는 과제 중심의 시험 질문과 면접 질문으로 구분하고 오락 중심의 퀴즈 질문으로 구분하였다. 이 박용익(2003)의 질문의 유형별 분류에서는 질문자가 답변을 모를 때와 알고 할 때의 질문을 구분하여 질문을 전략적인 차원에서 분류하였다는데 의의가 있다.

이렇게 여러 학자들의 질문에 관한 연구는 많은데 정작 본 책에서 논하고자 하는 교사의 연계 질문에 관련된 질문을 유형으로 분류한 학자는 찾아보기가 어려웠다. 교사의 연계 질문이란 〈교사 질문 - 학생1 대답〉 후에 학생1이 대답한 내용이 그저 한번 발표한 것으로 끝나는 것이 아니라 꼬리에 꼬리를 물듯이 교사가 다시 학생1이 대답한 내용과 관련된 내용을 학생1에게 다시 질문하거나 다른 학생들에게 질문을 하는 방식으로 다른 학생들은 앞에서 대답한 학생1의 내용과 관련지어 심화된 내용으로 대답할 수도 있고, 학생1의 의견과 자기의 의견을 비교, 대조하면서 대답할 수도 있다. 이렇게 교사가 학생과의 수업 대화에서 연계 질문을 연속적으로 전개해 갔을 경우 학생들은 수업에 더 집중을 할 수 있고 교사가 전달하고자 하는 지식을 학생들이 스스로 인지할 수 있으며 더 나아가 여러 학생들의 의견을 들어보고 몰랐던 새로운 사실을 받아들이고 자기가 생각했던 잘못된 지식을 계속적으로 재수정하며 종합적으로 대답을 할 때 지식의 확산 효과까지 얻을 수 있는 것이다.[12]

결론적으로 본 책에서는 교사가 학생들에게 관심과 학습 흥미를 가지게 하며 학습에 집중하고 몰입하여 스스로 인지할 수 있도록 하기 위해서는 교사의 연계 질문은 필수 요소라 본다.

교사의 연계 질문은 앞서 대답한 학생의 대답의 내용을 근간으로 교사가 하기 때문에 다음에 대답할 학생들은 앞서 대답한 학생의 말에 주의를 기울여 듣지 않으면 교사의 연계 질문에 대답을 할 수 없다. 따라서 교사의 연계 질문은 학생들로 하여금 주의 깊게 들어야

---

12. 이윤호(1994)는 '교사의 1문 1답은 전후 연결이 거의 없어 사고가 단절되기 때문에 발전적이고 유연한 사고를 기대하기 어렵다'고 하였다.

하는 긴장감과 함께 수업에 대한 집중과 몰입이라는 효과까지 얻게 된다.

2.3. 교사와 학생의 정서

앞의 제1장에서도 밝혔지만 학생들이 수업에 관심을 가지고 학습에 대한 학습 흥미를 나타내는 정서 상태가 단위수업 동안 계속 유지되었다면 이미 그 수업은 교사가 의도하고자 하는 바를 달성했다고 본다.[13] 학생들이 관심과 학습 흥미를 가지고 수업에 임하고 수업에 동화되어 몰입을 하게 되면 스스로 학습 관련한 지식을 인지하게 될 확률이 높다.

성공적인 수업 대화의 첫 출발점은 학생들의 학습 흥미이다.[14] 교사 전략에 의해 학습 흥미가 유발되고 나면 교사는 학습에 집중과 몰입의 상태가 되도록 유도한다. 집중과 몰입의 차이점을 몰입이 가지고 있는 특징을 통해 설명하자면 몰입은 스스로 재미를 느끼며 현재 활동에 빠지는 것이다. Mihaly Csikszentmihalyi(2003)는 '자기 목적적인 경험'이라고 했던 것을 좀 더 정확히 '몰입'이라는 용어로 정립을 하였다. 몰입하는 경우에는 주로 보상이 없는 활동에 많은 에너지를 쏟는다. 보상이 없다는 것이 보상 자체의 의미를 부정하는 것은 아니지만 활동으로부터 만족을 느끼며, 만족 자체가 보상으로 작

---

13. EBS 〈최고의 교수〉제작팀 저(2009:195)에서 Ramamurti Shanker(2009)는 좋은 수업을 위한 가장 중요한 요소로 학습 흥미를 꼽으며, 학생들이 학습 흥미를 느끼게 만들어 놓으면 그 다음부터는 어느 누구도 학생의 열의를 멈출 수 없다고 하였으며 학습의 열쇠는 학습 흥미이고, 그 열쇠는 교수들이 갖고 있다고 주장하였다.
14. 김용욱(2008:45)은 즐거움을 원동력으로 하는 능동적인 몰입은 두뇌 가동률을 극대화한다고 하였다.

용한다는 의미이다. 교사가 외적으로 학생들에게 수업에 집중시키기 위해서 사용하는 외적 보상은 정도에 따라 차이는 있지만, 교사가 활용하는 보상의 전략을 잘못 활용하면 학생들로 하여금 그 수업 활동에 빠져들게 하지 못하고 보상만을 위한 피상적인 수업 활동이 된다.[15] Mihaly Csikszentmihalyi(2003)는 화가가 그림을 그리는 자체에 대한 즐거움으로 몰입 상태의 정서가 형성이 되면 배고픔도 슬픔도 잊게 되며 다른 감정이 개입될 여지가 없다는 것이다. 그것이 바로 몰입의 상태이다. 실제 상황에서 내적인 보상과 외적인 보상이 갈등을 야기하는 것만은 아니다. 즉 외적 보상도 학생들의 학습 의욕을 불러 일으켜 분명히 직접적으로 파생되는 즐거움을 고양시킬 수 있지만 내적 보상은 또한 그 자체만으로, 혹은 외적인 보상과 연결되어 강력한 동기화의 자원이 될 수 있다.

플라톤은 건전한 교육이란 "올바른 대상으로부터 쾌락과 고통"을 찾아낼 수 있도록 사람들을 훈련시키는 것이라고 했으며, 〈바가바드기타〉에서 크리슈나는 "사람들이 자기가 하는 일에서 즐거움을 발견할 때 그들 모두 완벽함을 얻게 된다"고 말하였다. 즉 즐거워하고 재미있어하며 몰입의 경지에 이르렀을 때 학생들이 교사가 의도하고자 하는 내용들을 스스로 인지하게 될 확률이 높다.

---

15. 장상호 역(1987:41-42)에서 동기 유발이란 흥미를 일으키는 요인들과 그 흥미를 유지시키는 일에 해당하며, 만약 과제가 반복적이거나 지루할 때 흥미는 감소한다고 하였다. 흥미유발이 필요하다고 하는 것은 자료를 제시할 때 그 속에 학생이 과제에 매달리게 할 뿐만 아니라 더욱 중요하게는 도전감을 느끼게 하는 요소를 내포하도록 할 필요가 있음을 뜻한다고 하였다. 또 이렇게 학생들의 흥미를 유발시키고 유지하는 방식으로 학습 자료를 만들어 제시하고 학생들로 하여금 그 자료와 씨름하도록 방기하지 않았다는 느낌을 갖도록 하는 것이 중요하다고 하였는데 이는 흥미 유발을 위해서 학습 자료를 제시하고 교사는 의도하는 바를 학생들로 하여금 달성하게 하기 위해서 계속적인 전략을 활용함을 의미한다고 하겠다.

교사들은 정해진 단위 수업시간 안에 대부분 수업 목표와 관련된 학습 흥미 유발과 수업에 집중시키고 몰입의 단계까지 끌어올리기 위해서 학습 활동을 한다. 그러나 학습 활동에 게임 활동을 넣어서 학생들이 즐겁게 학습했다고 해서 그 학생이 교사가 의도하고자 하는 바에 반드시 몰입을 했다고는 단언하기 어렵다. 즉 그 게임 자체의 즐거움에만 빠져 수업 후 정리 단계에서 오늘 무엇을 배웠는가에 대한 물음에 대답을 학생들이 선뜻 못하고 '재미있었다'고만 표현하는 것을 보고 간접적으로 확인할 수 있다. 즉 교사가 의도하고자 하는 수업 목표에 도달하기 위해서 학습 활동을 계획할 때, 교사는 게임이라는 형식에만 치우쳐서 계획을 하면 정말 교사가 의도하고자 하는 수업의 본질을 퇴색시켜 버리는 결과를 초래하기가 쉽다고 해석할 수 있다.

학습 활동에 있어서 그 활동이 학습과 반드시 연계되는 유도전략이 필요하며, 근본적으로 학습 자체에 관심과 학습 흥미를 가질 수 있도록 하는 교사의 전략이 필요하다. 어떤 일을 계속하도록 하는 것은 외적 보상이나 흥미 위주의 게임 활동에 의한 것이 아니고 하는 일이나 학습 자체에서 즐거움을 찾았을 때 행해지는 몰입의 경험이라고 할 수 있다.

위의 이론을 배경으로 학교 수업 대화와 관련하여 논의해보면 몰입의 경지에 이르렀을 때 내적 보상 과정을 스스로 인지하게 된다. 몰입이라는 정신적 요인과 단순한 흥미 위주의 게임 활동 즉 행동이라는 요소가 겹쳐질 때 순수한 목적의 몰입은 깨지기 쉽다는 결론을 도출할 수 있다. 몰입은 학습 자체에 즐거움이나 재미를 느껴야 더 효과적으로 관심과 학습 흥미, 집중의 단계에 도달할 수 있으며 학습 자체에 재미와 즐거움이 전제되도록 교사가 수업 대화를 전략적으로 유도해야 한다.

 그리고 학생들로 하여금 관심과 학습 흥미를 가질 수 있도록 하는 데 기본이 되는 요소에는 여러 가지가 있지만 그 중에서도 학생들의 관심을 끌만한 학습 자료를 제시하고 학습 흥미를 유발할 수 있는 수업 대화를 전개할 때 더 용이해진다. 그리고 학생들의 정서 상태가 집중과 몰입이 되었을 때 학생들은 스스로 학습 관련한 지식 인지 및 지식 확산을 할 수 있는 상태로 될 확률이 높다. 이와 관련한 교사의 전략은 제4장에서 논의하기로 한다.

제3장

국어과 수업 대화 분류 기준

교사 화법 교육론

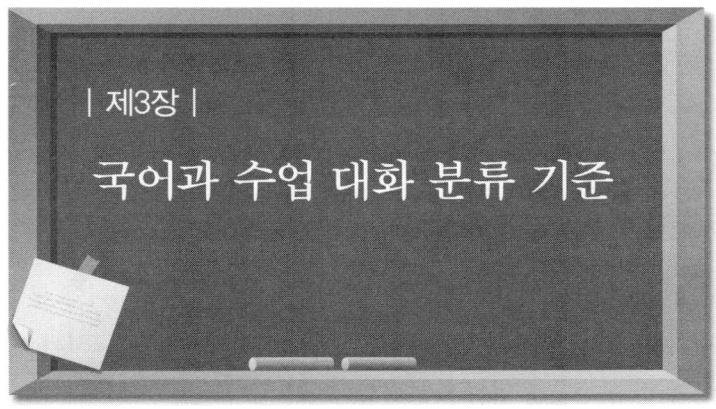

제3장 국어과 수업 대화 분류 기준

제3장에서는 제2장에서 다룬 이론적 배경을 근간으로 수업 대화에 나타나는 현상을 분석하기 위해 선행되어야 할 분류 기준을 설정한다.[1] 어떤 부분에 관심을 두고 분석할 것이냐에 따라서 분류 기준은 달라지게 된다. 본 책에서는 교사와 학생들이 수업중에 주고 받는 수업대화는 기본으로 다룬다. 그리고 학습에 대한 관심과 학습 흥미, 수업에 집중과 몰입, 지식인지, 지식 확산을 주요 핵심 내용이라 판단하여 수업 대화 분류 기준에 교사와 학생의 언행과 교사와 학생의 정서 상태를 분류한다. 특히 교사와 학생의 정서 상태를 분류 기준에 포함하지 않으면 본 책에서 주장하는 정서에 해당하는 부분을

---

1. 임칠성(2006:42)은 수업 연구가 중요하고 이를 효과적으로 수행하기 위해서 수업 대화를 연구하는 것이 아무리 중요하다고 해도 실제 분석에 적용할 이론이나 방법론 선택에 대한 확신이 없고, 연구자가 사용할 분석의 틀이 마련되지 않으면 제대로 된 수업 화법 연구는 불가능하기 때문이라고 피력하였다.

설명하기가 불가능하기 때문이다. 구체적인 수업 대화 분류 기준은 다음과 같다.

1. 단순 발화의 분류

단순 발화는 교사와 학생이 주고 받는 수업 대화의 의미와 구별되는 발화로 단편적인 발화라 할 수 있다. 단순 발화에는 교사의 단순 발화와 학생의 단순 발화로 분류할 수 있다.

1.1. 교사의 발화

교사는 학생들에게 다양한 방법 즉 언어, 행동, 표정, 정서 등을 활용하여 수업 목표에 도달하도록 유도한다. 이런 모든 것들을 교사의 발화에 포함한다. 교사의 발화에는 크게 지시적 발화와 비지시적 발화로 나눌 수 있다. 지시의 사전적 의미를 통해서 지시적 발화의 개념을 살펴보면 '윗사람이 아랫사람에게 무엇을 하라고 일러서 시키는 것'이다. 따라서 지시와 비지시의 차이점은 교사가 시키고 학생이 이행하는 지의 여부에 따라 지시와 비지시가 분류된다. 구체적인 대화의 예를 통해 논의하기로 한다.

1.1.1. 비지시적 발화

먼저 교사의 비지시적 발화에는 질문과 대답, 평가, 설명이 있다. 자세한 사항을 수업 대화의 예를 들어서 논의하고자 한다.

1.1.2. 질문

교사의 질문에는 유형별로 분석을 해놓은 연구들이 많으며, 확실히 교사의 창의적이고 확산적인 다양한 질문들은 학습의 효율성을 높이는데 중요한 역할을 하는 요소이다. 본 책에서는 질문의 유형 중 정의적 질문과 경험적 질문, 평가적 질문은 Hyman의 분류법에서 도입하였고 교사의 연계 질문, 인지 유도 질문, 학습흥미 유도 질문을 추가하여 분류하였다. 특히 Hyman은 질문의 유형을 응답의 종류에 따라 분류를 하였는데 실제로 교사의 질문을 가지고 유형별로 분석하는 것보다 학생의 대답을 통해 교사의 질문을 규정짓는 것이 더 용이하다.

구체적으로 교사의 질문을 유형별로 살펴보자.

A. 정의적 질문

정의적 질문은 학생들로 하여금 어떠한 단어, 용어, 또는 구에 대하여 정의를 내리는 것을 요구하는 질문으로 말의 의미를 기술적으로 설명하거나 명칭을 붙이거나, 말의 의미를 표현하기 위하여 그 말에 속하는 구체적 사례를 들게 하기도 한다.

(1) 교사 : 손들고 한 번 얘기해보자. 누가 한번 발표해 볼 사람? 그래, 학생1이 한번 얘기해볼까? 자, <u>뒷받침 문장이란?</u>
(2) 학생1 : <u>중심 문장을 뒷받침해 주는 문장.</u>
(3) 교사 : 그렇죠. 중심 문장을 뒷받침해 주는 문장이에요.

〈43-중 2009〉

(1)에서 교사는 '뒷받침 문장'의 정의를 요구하는 질문을 한다. 그러자 (2)에서 학생1은 '중심 문장을 뒷받침해 주는 문장'이라고 정의하는 대답을 한다.

B. 경험적 질문

경험적 질문 유형에 속하는 질문들은 응답자가 자신의 감각적 지각에 근거하여 응답을 하게 하는 질문이다. 이러한 질문들은 사실, 비교와 대조, 사건의 설명, 사실에 근거한 결론, 단순한 사실을 넘어선 추론 등을 요구한다.

수업 대화의 예를 통해 확인해 보도록 하겠다. 다음은 교사가 학생들에게 사실에 근거한 결론을 대답하도록 유도하는 경험적 질문의 예이다.

(1) 교사 : 음, 어머니가 설거지하시지 않고 뭔가 좀 편리하게 이용할 수 있어서 만든 것 같다. <u>우리한테 즉석 식품은 어떨 때 필요할까? 자기의 경험을 발표해볼까?</u>
(2) 학생 : 뭐 먹고 싶을 때, 간단하게 해먹을 수 있어요. 지난번 <u>엄마가 여행을 가셔서 다 만들어진 떡볶이 사다 먹었어요.</u>
(3) 교사 : 맞아, 뭐가 막 먹고 싶을 때, 엄마는 아이 귀찮아. 아, 그럼 내가 스스로 전자렌지를 살짝만 돌려서 먹을 수 있어요. 맞아. 여러분이 그럴 때, 유용하게 사용할 수 있습니다.

〈33-중-2008〉

(1)에서 교사는 '즉석 식품은 어떨 때 필요할까? 자기의 경험을 발

표해볼까?'라는 질문을 학생들이 개인의 경험적 사실에 근거해서 스스로 결론을 내려 대답을 할 수 있도록 유도한다. (2)에서 학생은 경험적 대답을 하고 (3)에서 교사는 긍정 평가를 내리고 학생 대답에 부연 설명을 하고 내용 정리를 한다.

C. 평가적 질문

평가적 질문은 응답자 자신의 개인적인 가치 판단을 요구한다. 가치 판단은 어떤 것에 대한 칭찬, 비난, 권장, 비판, 평가를 의미한다. 가치 판단은 개인의 태도, 느낌 도덕관, 신념, 정치관 등과 관계를 맺고 있다고 Hyman은 정의하고 있다. 또 응답자로 하여금 타인의 경험이나 가치 판단을 그대로 진술하거나 해석하게 하는 질문은 평가적 질문으로 분류하지 않았다. 왜냐하면 이러한 질문에 대한 응답 속에는 응답자 자신의 개인적인 가치 판단이 포함되어 있지 않기 때문이다.

(1) 교사 : 토론 주제가 뭐였어요?
(2) 학생들 : 초등학생에게 휴대폰 사용이 필요한가? 입니다.
(3) 교사 : 자, 그러면 <u>찬성 근거를 발표해 볼 친구?</u> 혹시 찬성, '저는 찬성인데, 찬성 이유를 발표해보겠습니다' 하는 친구 있나요? 학생1이 발표해 보자.
(4) 학생1 : 제가 발표하겠습니다. 여러 가지 취미를 즐길 수 있어서 초등학생의 휴대폰은 필요합니다.

〈63-고 2009〉

(1)에서 교사는 '토론 주제'에 관한 질문을 한다. (2)에서 학생들은 맞는 대답을 하고 (3)에서 교사는 자기가 그렇게 생각하는 근거에 대해 묻는 평가적 질문을 한다. 그러자 (4)에서 학생1은 '초등학생의 휴대폰 사용'에 대한 자기의 의견을 대답한다.

D. 규율적 질문

규율적 질문은 학생들을 훈육하고자 할 때, 주로 사용한다. 예를 들면 '너 혼나고 싶니?, 자꾸 그렇게 딴청을 부리면 어쩌니?' 등의 질문이 포함되며, 규율적 질문은 학생들에게 대답을 요구하지 않고 행동의 수정만을 요구하는 훈육적 질문이라고도 할 수 있다.

(1) 교사 : 아하! 그래요. 화가 날 수 있어요. 운동회 때 달리기를 했는데, 몇 등 했는데 도장을 안 찍어 줬을까?
(2) 학생1 : 3등,
(3) 교사 : 어머 너무 잘했는데 깜빡 하셨나보다.
<u>왜 장난치고 그러지?</u> 학생2!
(4) 학생2 : 네 제가 발표하겠습니다. 화가 난 일 중에서 혜종이에게 왕구슬을 잃었는데 따지 못하고 따먹혀서 제일 화가 납니다.

〈38-중-2009〉

(1)에서 교사는 학습활동의 전개 단계에서 질문을 한다. 그러자 (2)에서 학생1은 대답을 하고 (3)에서 수업을 전개하면서 장난치는 학생이 있자, 교사는 학생의 대답을 바라지 않는, 학습 태도의 정상화를 위한 규율적 질문을 한다. 그리고 이어서 다른 학생2에게 수업을 다

시 전개하는 대화를 시도한다. 그러자 (4)에서 학생2는 수업 대화를 계속해서 이어간다.

E. 청유형 질문

청유형 질문은 의문형의 물음표(?)가 없어도 학생들에게 대답을 요구하는 내용적 질문의 범주에 포함시킨다. 이 청유형 질문은 지시와는 좀 다른 의미를 포함하고 있는데, 지시보다 좀 더 부드러운 표현으로 요구하는 내용을 시행해 줄 것을 부탁하는 의미까지 넓게 해석할 수 있다.

 (1) 교사 : 어… 어머니께서, 이거는 음식이, 식단이, 다이어트 음식이니까 채소로서 너무 부실하지 않을까? 이런 걱정을 한 것 같아요. 여러분 148쪽에 있는 노란색, 노란색 글을 다시 한 번 큰 소리로 <u>같이 한 번 읽어볼까요?</u>
 (2) 학생들 : 예.

(1)에서 교사는 '한 번 읽어볼까요?' 라는 질문의 형식을 빌려 학생들에게 읽어줄 것을 권유한다. 이 때 교사의 질문은 학생들에게 대답을 요구하는 문제적 질문이 아니라 지시에 가까우나 지시보다는 조금 더 부드러운 표현이라 할 수 있다. (2)에서 학생들은 이행의 대답을 한다.

F. 연계 질문

교사의 연계 질문은 학생의 대답을 활용해 만든 질문인데, 이 연계 질문은 이 책의 구성에서 가장 핵심이 되는 용어라 할 수 있다. 연계 질문과 관련된 구체적인 내용은 제4장에서 다루기로 하고, 여기서는 연계질문에 대한 구체적인 수업 대화의 예를 통해 개념적인 이해를 돕도록 한다. 연계질문은 학생이 대답한 내용을 다음 대화에 활용하기 때문에 학생들로 하여금 수업에 집중하게 하는 질문이라 할 수 있다.

(1) 학생1 : 제가 발표해보겠습니다. 짝꿍이 전학을 갔다.
(2) 교사 : 짝꿍이 전학을 갔다. 자, 얘들아 짝꿍은 그러면 어떤 친구였을까? 학생2가 발표해 보겠습니다.
(3) 학생 2: 제가 발표해 보겠습니다. 왕방울 눈, 울보였습니다.
(4) 교사 : 어, 왕방울 눈, 울보예요. 울보는 무엇입니까? 어떤 사람을 울보라 그래요?
(5) 학생3 : 많이 우는 사람
(6) 교사 : 많이 우는 사람을 울보라고 그래. 내 짝은 많이 우는 울보예요.
〈54-고 2009〉

(1)에서 학생1은 교사의 질문에 '짝꿍이 전학을 갔다'라고 대답을 한다. 그러자 (2)에서 교사는 학생1의 대답에 연계해서 '짝꿍은 어떤 친구일까?'라는 질문을 다시 한다. (3)에서 학생2는 '왕방울 눈, 울보'라고 대답을 한다. 그리고 (4)에서 교사는 '어떤 사람을 울보라고 하나?'라는 연계 질문을 한다. 그러자 (5)에서 학생3은 '많이 우는 사람'

이라고 대답을 하자, (6)에서 교사는 (1)에서 얘기했던 '짝꿍', (4)에서 얘기한 '울보'를 연결 지어서 '내 짝은 울보'라고 종합하여 마무리 짓는다. 교사가 수업 대화를 연계 질문으로 이어가서 '울보는 많이 우는 사람'이란 사전적 의미까지 학생들은 습득하게 된 것이다.

G. 인지 유도 질문

인지 유도 질문은 학생들이 스스로 지식을 인지할 수 있도록 교사가 유도하는 질문을 의미한다. 다음의 수업 대화는 '원인과 결과가 드러나게 말하기'라는 학습 주제를 학생 스스로 인지하게 하기 위해서 교사가 인지 유도 질문을 하는 내용이다.

  (1) 학생1 : 그래서 친구들이 깜짝 놀랐습니다.
  (2) 교사 : 친구들이 깜짝 놀랐습니다. 자, <u>그래서?</u>
  (3) 학생2 : 친구들이 겁을 먹었습니다.
  (4) 교사 : <u>그래서?</u>
  (5) 학생3 : 그래서…
  (6) 교사 : <u>그래서?</u>
  (7) 학생4 : 겁이 나서 울었습니다.
  (8) 교사 : 겁이 나서 울었습니다. 겁이 나서 울었습니다. <u>그래서?</u>
  (9) 학생5 : 그래서 집으로 도망쳤습니다.

〈39-중 2009〉

(1)에서 학생1은 앞에서 교사의 질문에 대답을 하고 (2)에서 교사는 단순 반복 평가를 하고 '그래서 어떻게 되었나요?'라는 의미의 인

지 유도 질문을 한다. (3)에서 학생2는 결과에 해당하는 대답을 한다. 이렇게 교사는 (1)에서 (9)까지 인지 유도 질문을 하면서 학생들로 하여금 원인과 결과가 드러나게 말하는 방법을 스스로 터득하게 된다.

H. 학습 흥미 유도 질문

학습 흥미 유도 질문은 교사가 학생들로 하여금 심리적으로 학습 흥미를 가지도록 유도하는 교사의 질문에 해당된다.

(1) 교사 : 장화 좀 봐! 우리 저기 들어가면 빠지겠지?
(2) 학생들 : 네, 와아!
(3) 교사 : 여기, 여자 친구가 지금 컵을 들고 있는 모습 보세요. 무슨 컵이 이렇게 클까?
(4) 학생들 : 야! 와아!
(5) 교사 : 세상에 머리가 음료수 안에 들어가게 생겼지?

〈45-중 2009〉

(1)에서 교사는 동영상을 보고 학생들에게 커다란 장화를 보고 '그 안에 들어가면 빠지겠지?'라는 학습 흥미를 유도하는 질문을 한다. 그러자 (2)와 (4)에서 학생들은 동의를 하고 '와아!' 하는 감탄사를 통해 학생들이 심리적으로 학습에 대한 학습 흥미를 느끼고 있음을 확인할 수 있다. (3)과 (5)에서도 교사는 학생들에게 학습 흥미를 유도 질문을 한다.

I. 중복 질문

 교사의 중복 질문은 같은 질문을 되풀이해서 하는 질문으로 학생들에게 주의를 집중시키고, 확실하게 인지할 수 있도록 하기 위해서 중복 질문을 하기도 한다.

　(1) 교사 : 자, 여기까지! 자, 지금 선생님이 문제를 낼 거에요. 여러분 잘 들었는지. 자, <u>등장하는 사람이 있었는데 누구누구였을까? 자, 누가 누가 등장했을까?</u>
　(2) 교사 : 자, 해를 숨겨놨어요. 맞아요. 자, 3모둠에서 발표, 자, 해를 숨겨놨는데, <u>어디다 숨겨놨을까? 어디다 숨겨놨을까?</u>
　(3) 교사 : 바다 속 깊은 산골에다 바다 속 깊은 산골에다 해를 숨겨놨어요. 그래서 <u>해가 몇 개가 됐을까? 해가 몇 개가 됐을까?</u>
〈17-저 2009〉

 (1)에서 교사는 표현 형태만 다른 중복 질문을 한다. (2)와 (3)에서도 역시 교사는 '어디다 숨겨놨을까?' '해가 몇 개가 됐을까?'라는 중복 질문을 한다.

J. 긴장감 조성 질문

 교사의 질문에 학생들이 대답을 잘 못하는 경우, 그 원인에는 여러 가지가 있다. 즉, 교사 질문의 내용을 학생들이 어려워서 이해 못했거나, 학생들이 자기가 생각한 정답에 자신이 없거나, 학생의 성격이 워낙 내성적이거나, 또 교사가 쓰는 교육 용어가 학생들 수준에 맞지 않는다거나 등등 여러 측면에서 찾아볼 수 있다. 이때, 교사들은 학생들의 질문 활동에 참여시키고자 하는 의욕에 종종 긴장감 조성 질문을 할 때가 있다. 이때도 역시 훈육의 방법으로 사용할 때와 마찬가지로 긴장감이 조성이 되어서 창의성 신장이나 사고의 폭을 넓히는 활동 작용에는 도움이 되지 못한다고 볼 수 있다.

(1) 교사 : 아, 그렇죠? 자, 그러면 방금 은지가 이야기한 것 중에서 중심 문장은 무엇이에요?
(2) 학생1 : 링컨이 책임감 있는 것 같다.
(3) 교사 : '링컨은 책임감이 있다'가 바로 중심 문장이 되고 나머지 문장은 그것을 보충해주기 위한 뒷받침 문장이 되겠지요? <u>자, 또 자, 오늘 며칠이죠? (킥킥) 오늘 며칠이죠?</u>
(4) 학생2 : 5월 6일
(5) 교사 : <u>5월 6일이죠. 16번,</u> 다 못썼어? 46번, 선생님이 기억해 놓는다. 이제 46번. 그래 자, 학생4 일어나서 한번 발표해보시기 바랍니다.

〈43-중 2009〉

위 수업 대화 (3)에서 교사는 수업 중에 갑자기 날짜를 묻는다. 이 질문은 이 학급에서는 교사와 학생 사이에 늘 이용되어진 발표를 시키기 위해 지명할 때, 사용해오던 질문이라는 것을 알 수 있다. 학생들은 교사가 정답을 말해주지 않을 거라는 사실과 아무도 발표를 안 하기 때문에 반드시 지명을 해서 누군가 발표를 시킬 것이라는 사실, 또 오늘의 날짜와 나의 번호를 맞춰보며, 내가 지명을 받을 지도 모른다는 긴장감을 갖게 되는 것이다.

그럼 이때서부터 이 질문에 대한 대답을 생각해보고, 내 생각을 정리하는 창의적인 사고 작용은 멈춰버렸다고 봐도 과언이 아니다. 다음에도 교사는 계속해서 긴장감을 조성하며, 학생 번호를 부르며, 지명하여 발표할 것을 강요한다.

1.1.3. 교사 대답/설명

교사의 대답은 학생들의 질문에 응답하는 것으로서, 대부분 내용의 질문에 확인하여 대답하는 비지시적 발화에 속한다.

(1) 학생1 : 선생님! 자기 생각을 동그라미 쳐도 되요?
(2) 교사 : 네? 예, 상관없지요. <u>자기 생각이 '가장 괜찮다' 그러면 그 아이디에 치면 됩니다.</u> 자, 선생님을 보겠습니다.
(3) 학생2 : 처음부터 다 읽어야 해요? 선생님
(4) 교사 : 아니요. <u>이어지는 부분만 읽으세요.</u>

〈32-중 2008〉

(1)에서 학생1은 내용 확인의 질문을 하자 (2)에서 교사는 내용을 설명해주는 대답을 한다. 그리고 (3)에서 또 학생2가 내용 확인의 질문을 하자 (4)에서 역시 교사는 내용을 확인 설명해주는 대답을 한다.

1.1.4. 평가

본 책에서 다루는 평가는 교사가 학생들에게 질문을 하고 학생이 대답한 후에 이루어지는 교사의 언어 평가에 해당된다. 거시적으로 보면 교사의 대화 평가도 역시 평가에 해당되므로 학생들은 교사의 질문에 대답을 하고 교사의 평가에 따라 심리적인 학습 분위기가 긍정 혹은 부정으로 작용한다.

교사의 대화 평가는 구체적 긍정 평가, 단순 긍정 평가, 부정 평가, 단순 반복 평가, 비대답, 평가 이양으로 분류할 수 있다. 구체적인 내용을 확인해 보자.

A. 구체적 긍정 평가

교사의 구체적 긍정 평가는 학생 대답에 '어, 맞았어. 그래, 음' 등의 단순한 긍정 평가 대신에 즉 '적절한 예를 써 확인해 주어서 좋았다.', '이유를 구체적으로 말해 주어서 좋다.', '간단히 요약해 주어서 친구들이 알기 쉽게 말해주었다.', '질문을 정확히 파악했구나.' 등의 구체적으로 학생 대답의 어느 부분을 어떻게 잘했는가를 말해주는 평가 유형이다.

(1) 교사 : 얘기해 보세요. 학생1
(2) 학생1 : 제가 발표해 보겠습니다.(짝짝) 친구 소개를 잘 하는 것 같습니다.
(3) 교사 : 친구 소개를 아주 <u>여러 가지 항목으로 설명을 잘 했지요.</u> 또 있을까요? 학생2

〈52-고 2008〉

(1)에서 교사는 학생1에게 대답을 요구한다. (2)에서 학생1은 대답

을 하고 (3)에서 교사는 '여러 가지 항목으로 설명을 잘 했다' 는 구체적 긍정 평가를 한다.

B. 단순 긍정 평가

단순 긍정 평가는 교사가 질문을 하고 학생이 대답했을 경우, 교사가 긍정적으로 '좋았어, 참 잘했어, 어, 맞았어, 정확히 맞췄네.' 등의 긍정의 내용을 담아 학생들의 대답을 평가하는 것을 뜻한다. 아래의 수업 대화의 예를 통해 확인해 보자.

(1) 학생1 : 네(짝짝). 힘이 세기 때문입니다.
(2) 교사 : <u>그렇군요.</u> 그럼 고슴도치가 괜찮다고 말한 까닭은 무엇일까요? 어. 학생2
(3) 학생2 : 네(짝짝), 고슴도치가 있어서입니다.
(4) 교사 : <u>그렇군요.</u> 자, 그러면 중요한 질문, 그림동화를 어떻게 읽어야 하나요? 학생3
(5) 학생3 : 네(짝짝). 글과 그림을 같이 읽어야합니다.
(6) 교사 : <u>어.</u> 학생3 최고해 주자. 시작

〈16-저 2009〉

(1)에서 학생1은 문맥상 앞에서 교사의 질문에 대답을 하고 (2)에서 교사로부터 긍정적 평가를 받고 있다. 그리고 교사는 다시 질문을 하고 (3)에서 학생2는 대답을 함으로서 (4)에서 교사로부터 긍정 평가를 받고 있으며, 교사는 역시 질문을 또 하고, (5)에서 학생3이 대답을 하고 (6)에서 교사는 긍정 평가를 다시 하고 있다.

앞의 수업 대화 내용을 근간으로 단순 긍정 평가를 간단히 도식화하면 다음과 같다.

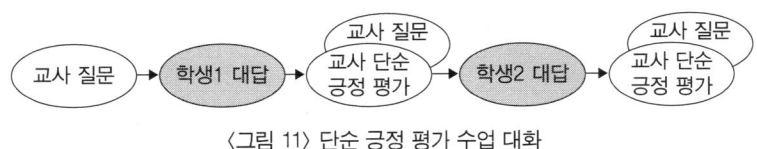

〈그림 11〉 단순 긍정 평가 수업 대화

C. 부정 평가

부정 평가는 교사가 질문을 하고 학생들이 대답을 했을 경우, 틀렸다는 내용의 부정적인 평가 내용을 학생들에게 직접 하는 평가이다. 다음의 예를 통해서 쉽게 확인할 수 있다.

(1) 교사 : 자, 여기까지 자, 지금 선생님이 문제를 낼 거예요. 여러분 잘 들었는지, 자 등장하는 사람이 있었는데 누구누구였을까? 자, 누구누구가 등장 했을까?
(2) 교사 : 자, 학생1이 한 번 얘기해볼까?
(3) 학생1 : 해치랑 괴물 삼형제랑요, 해요.
(4) 교사 : 자, 해치랑 괴물 삼형제라고 얘기 했는데, <u>자, 틀렸어요. 자 뭔가 하나 틀렸지?</u> 누가 얘기했어요?
(5) 학생2 : 학생2가 발표하겠습니다. (짝짝), 해치랑 괴물 사형제요.

〈21-저 2008〉

(1)에서 교사는 이야기를 듣고 내용을 묻는 질문을 한다. (2)에서

교사는 학생을 지명한다. (3)에서 학생1은 대답을 한다. (4)에서 교사는 학생 대답에 '틀렸다'라는 부정적 평가를 직접 한다. 그리고 다시 다른 학생에게 질문을 다시 한다. 그러자 (5)에서 학생2는 대답을 한다. 다음과 같이 대화의 연속체로 나타낼 수 있다.

부정 평가를 간단하게 도식화하면 다음과 같다.

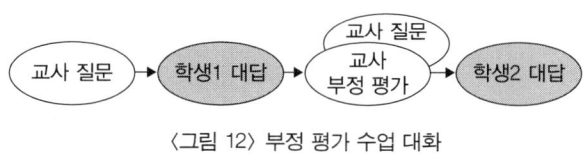

〈그림 12〉 부정 평가 수업 대화

D. 단순 반복 평가

단순 반복 평가는 교사가 질문을 하고 학생들이 대답한 내용을 '옳다, 그르다, 좀 더 생각해보자' 등의 어떤 평가를 해주지 않고, 학생들의 대답 내용을 그대로 반복하는 평가를 말한다. 이에 해당하는 수업 대화 내용을 통해 확인해보자.

(1) 학생1 : 계속 보면 주인이 나와서 가라고 해요.
(2) 교사 : 아, <u>가게 주인이 나와서 계속 왜 이렇게 멍하니 쳐다보고 있어. 어서 가세요. 이렇게 할 것 같다.</u> 또 학생2
(3) 학생2 : 동상이 걸려갖고 조금 못 움직여요.
(4) 교사 : 아, <u>동상이 걸려서 몸을 못 움직일 수가 있다.</u>

〈34-중 2009〉

(1)에서 학생은 문맥상 그 앞에서 교사의 질문을 받고 대답을 한 상황이다. (2)에서 교사는 학생이 대답한 말에 조금 더 부연 설명을 했지만 평가가 이루어지지는 않았다. (3)과 (4)에서 역시 같은 질문에 학생이 대답을 하고, (4)와 (6)에서 학생의 대답에 교사가 단순하게 반복하는 내용의 응답을 준 것이다.

단순 반복 평가를 간단하게 도식화하면 다음과 같다.

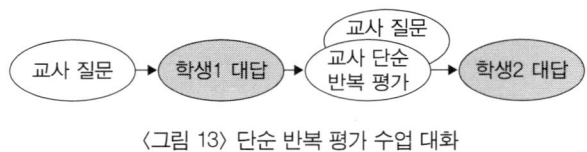

〈그림 13〉 단순 반복 평가 수업 대화

E. 비대답 평가

이 평가 방법은 교사와 학생의 수업 대화 내용에서 교사가 질문을 하고 학생이 대답을 했는데, 교사가 아무런 평가를 내리지 않았을 때 비대답 평가 유형으로 분류하였다. 다음 수업 대화의 내용의 예를 보면서 확인해보도록 하겠다.

(1) 교사 : 자, 우리 지난 시간에 무엇에 대해서 배웠나요? 기억나요? 무엇에 대해서 배웠어요?
(2) 학생1 : 제가 발표하겠습니다. (짝짝), <u>시에 대해서</u>……
(3) 교사 : <u>자, 아침이라고, 자 이럴 때에 아랫배에 힘을 주고</u>……

(1)에서 교사는 지난 시간에 배운 내용을 확인하는 질문을 한다.

(2)에서 학생은 작은 소리로 대답을 하자 (3)에서 교사는 학생1의 대답에 평가를 내리지 않고 다른 수업대화 내용을 전개한다.

비대답 평가를 간단하게 도식화하면 다음과 같다.

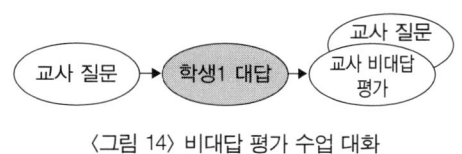

〈그림 14〉 비대답 평가 수업 대화

F. 평가 이양

일반적으로 수업 대화에서 교사가 질문을 하고 학생이 대답을 하며 다시 교사의 언어평가가 이루어지는데 평가 이양 방법은 교사가 평가를 하지 않고, 학생들에게 평가를 넘기는 수업 대화이다. 교사의 평가 이양은 학생들에게 평가를 하게 한 후 교사가 다시 재평가를 한다. 그러므로 한 학생의 대답에 평가가 두 번 이상 행해진다.

교사의 평가 이양은 학생의 대답이 정답일 때와 오답일 때 두 가지 경우로 나누어지는데 질문에 응답한 학생의 대답이 정답일 때는 평가 이양을 받은 다른 학생들로부터 긍정평가를 받고(이양을 받은 학생이 정답으로 알고 있을 경우에는 긍정평가, 그 반대의 경우에는 부정평가), 교사에게도 다시 긍정 평가를 받게 된다.

학생의 대답이 오답일 경우에는 평가를 이양 받은 학생들로부터 부정 평가를 받고 교사에게도 부정 평가를 받는다.

다음 수업 대화의 예는 학생1의 대답이 정답일 경우에 해당하는 교사의 평가 이양 방법이다.

(1) 교사 : 밤이 없어지고, 해가 4개가 떠가지고 밤이 없어질 거 같다. 여러분들 선생님이 오면서 보니까 ……(음성) 자, 그러면 지금 여러분이 공부한 내용과 관련해서 자, 오늘 수업에 ……오늘은 둘째 마당 '이야기가 재미있어요.'를 배우는 거예요. 자, 오늘 여러분이 공부를 열심히 하면 학습 목표를 달성하는 거예요. 도달할 수가 있는데, 이야기를 읽고 ~를 생각할 수 있다. 자, 첫 번째, 지금 활동이랑 다음에 보여줄 부분이랑 관련 있는 내용이에요. 자, ~를 누가 볼까? 누가 한 번 맞춰 볼 사람?
(2) 학생1 : 학생1이 발표하겠습니다. (짝짝) 이어질 내용.
(3) 교사 : <u>이어질 내용, 맞습니까?</u>
(4) 학생들 : 예.
(5) 교사 : 다른 거 생각한 사람 손들어 보세요. <u>자, 맞았어요.</u> 자, 그럼 다같이 한번 읽어봅시다.

〈21-저 2008〉

 (1)에서 교사는 오늘 배울 내용에 대한 강의를 하고 학생들에게 질문을 한다. (2)에서 학생이 대답을 하자 (3)에서 교사는 평가를 학생들에게 이양한다. 그러자 (4)에서 학생들은 긍정 평가를 한다. (5)에서 교사는 다시 평가 한 내용에 대한 긍정 평가를 다시 한다.
 교사의 평가 이양을 간단하게 도식화 하면 다음과 같다.

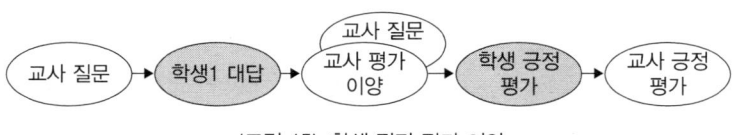

〈그림 15〉 학생 정답 평가 이양

다음은 교사가 학생의 대답이 틀렸는데 평가를 다른 학생에게 이양하는 수업 대화 내용이다. 예를 통해서 살펴보자.

 (1) 교사 : 그 다음에 쓴 날짜랑 보내는 사람, 선생님이 초대장 준 거 한 번 지금부터 적어보세요. 자기가 좋아하는 주인공에게 적어 주세요.
 (2) 학생1 : 다른 사람 만들어도 되요?
 (3) 교사 : <u>다른 사람 만들어도 될까요?</u>
 (4) 학생들 : <u>아니요?</u>
 (5) 교사 : <u>학생1은 공부를 제대로 안했나 봐요.</u> 해야 되겠지? 어제 했는데.

〈12-저 2008〉

 (1)에서 교사는 자기가 좋아하는 주인공에게 보낼 초대장을 만드는 학습활동을 제시하자 (2)에서 학생1은 다른 사람에게 줄 초대장을 만들어도 되냐고 질문을 하자 (3)에서 학생들 전체에게 평가를 이양한다. (4)에서 학생들은 '아니요'라고 부정 평가를 내린다. 그러자 (5)에서 교사는 다시 한번 우회적이지 않고 직접적인 부정 평가를 한다. 일반적으로 학생의 대답이 오답일 경우 평가를 다른 학생들에게 이양하는 교사의 의도는 학습 태도가 좋지 않은 학생에게 질책의 의미가 담겨있다.
 간단하게 학생 오답일 경우 평가 이양을 그림으로 나타내면 다음과 같다.

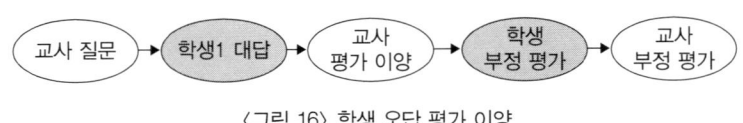

〈그림 16〉 학생 오답 평가 이양

1.1.5. 감정 유도 표현

교사의 감정 유도 표현은 학생들로 하여금 수업에 관심이나 흥미, 더 나아가 집중과 몰입의 단계에 이르게 하기 위해서 감정이나 흥을 의도적으로 돋우는 표현이다.

실제로 교사가 수업에 학생과 함께 몰입되고 동화되어 자연스런 감정 표현이 표출되면 더 좋겠지만 그렇지 않을 경우에라도 학생들로 하여금 수업에 관심과 학습 흥미, 집중, 몰입을 유도하기 위한 감정 유도 표현도 학생들에게는 효과가 있다. 다음 수업 대화의 예를 통해서 논의해보기로 하자.

(1) 학생1 : 제가 발표하겠습니다. 달리기를 했을 때, 운동회 때 달리기를 했을 때, 3등을 했는데, 도장을 안 찍어 주어서 화가 났습니다.
(2) 교사 : <u>아하!</u> 그래요. 화가 날 수 있어요. 운동회 때 달리기를 했는데, <u>몇 등 했는데 도장을 안 찍어 줬을까?</u>
(3) 학생 : 3등,
(4) 교사 : <u>어머, 너무 잘했는데 깜빡하셨나보다.</u>

〈38-중 2009〉

(1)에서 학생1은 자기의 생각을 대답한다. 그리고 (2)에서 교사는

'아하!, 몇 등을 했는데 도장을 안 찍어 줬을까?'라는 감정 유도 표현을 함으로써 '너의 그 때 마음을 이해한다. 속상했겠구나! 네 생각에 관심이 있다, 알고 싶다.'하는 마음을 간접적으로 전달하는 효과를 가져온다. 그리고 학생1과 교사 사이에는 교감이 형성되고 수업에 더욱 관심과 흥미를 가지고 집중을 하게 되는 계기가 되며 다른 학생들도 역시 선생님의 따뜻한 배려의 말을 듣고 싶고, 칭찬받고 싶은 마음에 자기의 경험을 떠올리며 발표를 하게 되는 계기가 된다.

다음 예에서도 감정 유도 표현 부분의 수업 대화 내용을 분석해서 논의해보기로 하자.

(5) 교사 : 선생님이 너무 궁금한 걸 여러분이 해결해 줄 수 있을 거 같아요. 짜잔!
(6) 학생들 : 하하.
(7) 교사 : 이 사진에서 학생1이 왜 이 표정을 짓고 있을까?
(8) 학생2 : 제가 발표하겠습니다. 경기를 했는데 우리 팀이 이겨서 기뻐서입니다.
(9) 교사 : 아, 기쁨의 표정. 이야!
(10) 학생들 : 하하.

〈38-중 2009〉

(5)에서 교사는 '짜잔'이란 감정 유도 표현을 씀으로서 학생들의 흥을 돋우게 하는 효과를 거둘 수 있으며 (6)에서 학생들은 교사의 감정 유도 표현과 교사가 제시하는 사진을 보면서 학생들은 학습에 관심과 흥미를 가지게 된다. (7)에서 교사는 자료에 대한 자기의 생각을 묻는 질문을 한다. (8)에서 학생2는 대답을 하고 (9)에서 교사는

'이야!'라는 감정 유도 표현을 다시 함으로써 (10)에서 학생들이 수업에 관심과 흥미를 가지고 집중해 있음을 간접적으로 알 수 있다.

감정 유도 표현 수업 대화를 그림으로 나타내면 다음과 같다.

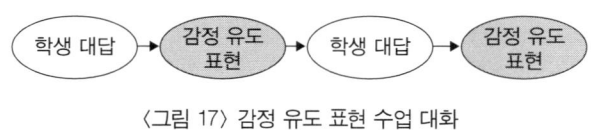

〈그림 17〉 감정 유도 표현 수업 대화

1.1.2. 지시적 발화

교사의 지시적 언행은 학생들에게 일방적으로 요구하거나 알리는 행위로 크게 지시와 통보가 있다. 지시는 교사가 학생들로 하여금 행동이나 대답을 요구하는 행위이고, 통보는 일방적인 알림의 행위로서 학생들로 하여금 행동이나 대답을 요구하지는 않는다.

1.1.2.1. 지시와 이행

교사의 지시는 앞에서 언급했듯이 학생들에게 어떤 행동이나 말을 요구하는 교사의 발언 중에 하나로 수업 대화의 예를 통해서 확인하도록 하자.

> (1) 교사 : 저 뒤에도 줘. 자, 이거 종이 접는 거야. 반장 선거 보면, 회장 선거할 때 했던 것처럼 접어. 반 접고, 반 접고, 또 이렇게 접고 그럼 몇 등분이 되요? 8등분 되지요? 두 장 두 장 나누면 되겠지? (웅성) <u>자, 빨리 잘라, 빨리 자르는 활동이 전부가 아</u>

니고 얼른 잘라. <u>어서 자르세요.</u> 빨리 잘라. 이렇게. 미술 시간이 아니야 빨리 잘라. 대충 잘라…….

(1)에서 교사는 학생들에게 '접어. 반 접고, 빨리 잘라, 얼른 잘라, 대충 잘라.' 등 학생들에게 지시를 내린다.

다음의 수업 대화 내용은 교사의 설명(강의)에 해당하는 지시적 발언이 포함되어 있는 수업 대화 내용이다. 예시를 통해 논의하고자 한다.

 (1) 교사 : 어, 선생님이 오늘 공부할 내용을 붙여 볼 테니까 <u>다 같이 한 번 읽어봅시다. 시작!</u>
 (2) 학생들 : 이야기를 극본으로 바꾸어 써봅시다.
 (3) 교사 : 예, 맞아요. 오늘 선생님이랑 이야기를 극본으로 바꾸어 써보는 공부를 해볼 거야.

               〈66-고2009〉

(1)에서 교사는 수업 목표를 학생들에게 읽어보도록 지시한다. (2)에서 학생들은 교사의 지시에 이행한다. 그리고 (3)에서 교사는 수업 목표를 학생들과 다시 한 번 확인한다.

1.1.2.2. 통보와 확인

통보는 교사가 일방적으로 수업 전개를 '어떻게 하겠다, ~ 할 것이다. ~ 하려고 한다. ~한다.' 등으로 교사의 지시와 같은 점은 학생들과 의견 교환이나 상호 작용에 의한 것이 아닌 일방적인 행동이나 발화라는 것이다. 지시와 다른 점은 학생들에게 어떤 행동이나 말을 요구하는 것이 없고 결정된 사항을 알리는 일방적인 발화이다. 교사가 통보를 하면 학생들은 확인을 한다.

다음의 수업 대화의 예를 통해서 알아보자.

> (1) 교사 : 자, 애들아 친구들이랑 돌려 읽고 나서, 어… <u>한 2분 정도 있다가 발표하는 시간을 갖겠어요.</u>(웅성웅성)
> (2) 교사 : <u>자, 여기까지 하고요.</u> 시간이 좀 짧은 관계로 못쓴 부분은 그<u>냥 말하면서 이야기를 발표하겠습니다.</u>
>
> 〈63-고 2009〉

(1)에서 교사는 다 못 채웠더라도 한 데까지만 읽을 것을 통보하고, 발표하는 시간을 갖겠다고 통보한다. 그리고 (2)에서 교사는 다시 시간이 모자라므로 못쓴 부분은 그냥 말로 하면서 발표하겠다고 통보한다.

1.2. 학생의 발화

학생의 발화에는 질문과 대답, 그리고 학생 상호 평가가 있다.

1.2.1. 질문

학생들의 질문은 교사가 학습 활동 중 설명을 했을 때 주로 내용 확인을 하는 질문이 주를 이루었고 드물게 학습의 주체가 교사에서 학생으로 옮겨가는 주체 전환의 질문도 수업 대화 분석을 통해 확인할 수 있었다. 학생들의 질문 분류는 크게 학습 내용 확인 질문과 주체 전환의 질문 두 가지로 나누어 고찰하고자 한다.

1.2.1.1. 학습 내용 확인 질문

앞에서도 언급했지만 학습 내용 확인 질문은 수업 도중에 나타나는 진행상의 의문점을 질문하는 것이다. 다음의 수업 대화는 교사가 학습 활동을 설명하고 학생이 학습 내용 확인의 질문을 하는 대화 내용이다. 예를 통해 확인해보자.

> (1) 교사 : 위에 있는 표에서 별표 한 친구들도 있죠? 한 가지 방법을 써도 되고 여러 가지 방법을 써도 되요. 그거 다한 사람은 활동 1번에서 두 번째 무엇을 할 거냐 하면 이야기 바꿔 쓰는 것 지금 같이 해보려구요. 위에 있는 표를 다한 사람은 아래에 이야기 바꿔 쓰는 것까지 지금 한번 해보는 거예요.
> (2) 학생1 : <u>선생님 쭉 이어지게 써도 되죠?</u>
> (3) 교사 : 예! 아니면 바꿀 부분만 여기다 짧게 적어도 되요. 너무 줄이 모자란 사람은 뒤에다 쓰면 되죠.

(1)에서 교사는 학습 활동을 설명하자 (2)에서 학생1은 학습 내용 확인 질문을 한다. 그리고 (3)에서 교사는 긍정 대답을 하고 다시 보충 설명을 한다.

> (4) 학생2 : <u>선생님 이거 평가하는 거죠?</u>
> (5) 교사 : 예

(6) 학생3 : <u>친구가 제 걸 보고 하는 거죠?</u>
(7) 교사 : 아니, 학생3 학습지다. 그러면 학생4가 읽었잖아요. 읽은 사람이 여기다가 학생4 이름 써 주고 별점을 매겨줘요.

〈53-고 2009〉

(4)에서 학생2는 앞에서 교사가 설명한 학습 내용 확인 질문을 한다. 그러자 (5)에서 교사는 긍정 대답을 해주고 (6)에서 학생3은 또 학습 내용 확인 질문을 하자 (7)에서 교사는 부정 평가를 내리고 다시 설명을 한다.

1.2.1.2. 학습 주체 전환 질문

학습 주체 전환 질문이란 교사가 질문을 하고 학생이 대답을 하는 것이 일반적인 교실에서 나타나는 현상이나 그 반대로 학생이 학습 주제와 관련해서 질문을 하는 것으로서 이때 학생이 하는 질문을 학습 주체 전환 질문으로 분류한다.

학습 주체 전환 질문은 단순한 학습 진행에 관한 질문이 아니고 학습 주제와 관련해서 학생들이 호기심과 궁금증을 가지고 하는 질문으로 일방적인 교사의 지식 전달의 수업의 의미가 아니라는 데 의의가 있다. 즉 학생이 주도가 되어 수업을 이끌어간다고 할 수 있는 질문이라 학생의 학습 주체 전환 질문은 수업이 교사 주도에서 학생 주도로 전환되었다고 볼 수 있는 중요한 척도가 된다.

(1) 교사 : 숟가락이 많죠? 숟가락이 여러 개인데 그것 중에서 한두개만 써요. 아, 숟가락이 여러 개 있을 때 다 쓰는 게 아니라 이것

도 써보고 저것도 써보고 욕심 부리지 말고 하나 두 개 정도 필요한 것만 쓰시는 그런 습관을 가져보세요. 학생3은 이렇게 어려운 이야기를 논리정연하게 잘 말해주었어요. 잘했습니다. 베리 굿 박수!
(2) 학생1 : <u>노래로 해도 되요?</u>
(3) 교사 : 음… 노래? 네, 어떤 걸로 해도 괜찮아요. 아! 멋지다.
〈35-중 2009〉

(1)에서 교사는 앞에서 대답한 학생의 말을 부연 설명하며 구체적인 긍정 평가를 내린다. 그러자 (2)에서 학생1은 '노래로 자기 생각을 표현해도 되겠느냐?'는 창의적인 내용의 학습주체 전환 질문을 한다. 그러자 (3)에서 교사는 생각지도 못한 새로운 생각에 놀라움을 금치 못하며 긍정 대답을 하고 칭찬을 한다.

1.2.2. 대답/설명

학생의 대답과 설명은 교사의 질문에 대답을 하거나 설명을 하는 것으로 교사 질문의 유형에 따라 학생의 대답도 달라진다. 즉 교사가 정의적 질문을 하면 학생은 어떠한 단어, 용어 또는 구에 대하여 정의를 내리는 대답을 하고, 경험적 질문을 하면 사실, 비교와 대조, 사건의 설명, 사실에 근거한 결론, 단순한 사실을 넘어선 추론 등 경험적 질문과 관련된 대답을 한다.

(1) 교사 : 어, 이야기는 사람들에게 이야기를 들려주거나 읽게 하기 위해서 만든 글이에요. 그러면 <u>극본은 무엇을 위한 글이었을</u>

까? 어, 학생1
(2) 학생1 : <u>연극을 하기 위한 글입니다.</u>

〈62-고 2009〉

(1)에서 교사는 극본의 정의를 묻는 질문을 하고 (2)에서 학생1은 극본의 정의를 내리는 대답을 한다.

1.2.3. 학생 상호 평가

학생의 상호 평가는 교사가 학생에게 평가를 이양했을 경우 학생 상호간에 평가를 내리는 것이다. 교사가 질문을 하고 대답한 학생1의 답에 학생 전체에게 평가를 이양하는 경우가 있고, 또 다른 학생2 즉 학생 1명에게 평가를 이양하는 경우가 있다. 이 때 학생은 긍정이나 부정 평가를 한다. 교사가 학생 전체에게 평가 이양을 할 경우에는 주로 학생들의 단순한 긍정 평가나 부정 평가가 이루어지고, 학생1의 대답에 학생2, 즉 학생 1명에게 평가를 이양했을 경우에는 주로 구체적인 긍정 평가나 구체적 부정 평가가 이루어진다.

1.2.3.1. 구체적 긍정 평가

교사의 평가 이양에 학생들도 상호간에 구체적으로 긍정 평가를 하기도 한다. 이 구체적 긍정 평가는 교사가 평가 이양을 했을 경우 구체적으로 평가를 하는데, 교사가 구체적인 평가를 하도록 유도했을 때 학생들이 구체적인 평가를 할 확률이 높다.

(1) 학생1 : 우리들이 좋아하는 퀴즈를 냈습니다.
(2) 교사 : 아, 우리 반은 퀴즈를 좋아 하지요? 그래서 재미가 있었다. 혹시 찾은사람 있습니까? 이 점은 특이하다. 재미있다. 신기하다. 어, 학생2가 한 번 얘기해 볼래?
(3) 학생2 : 제가 발표해 보겠습니다. 앞뒤가 안 맞는다고 얘기한 게 창의적이었습니다.
(4) 교사 ; 아, 앞뒤가 꽉꽉 막혔다고 그런 얘기를 한 게 창의적이었다.
〈52-고 2008〉

(1)에서 학생1은 학생6의 대답에 구체적인 긍정 평가를 내리고 (2)에서 교사는 또 다른 학생에게 구체적 긍정 평가를 유도하는 질문을 한다. 그러자 (3)에서 학생2는 구체적인 긍정 평가를 내리고 (4)에서 교사는 구체적인 긍정 평가를 한다.

다음의 수업 대화도 학생들의 상호 평가중 구체적 긍정평가의 예라 할 수 있다. 교사가 한 학생을 기자로 선정해서 다른 학생들과 인터뷰를 하여 학생들의 생각을 들어보는 활동으로 기자로 선정된 학생은 인터뷰를 하는 학생들의 대답이 정해져 있지 않기 때문에 기자로 선정된 학생이 하는 평가는 간접적으로 교사에게 영향을 받았거나 그 학생의 가치관을 엿볼 수 있다.

(1) 기자 : 예. 아직 병아리로 되고 싶으시군요. 만약에 들쥐 떼가 다시 한번 닭장을 습격한다면 그때는 어떻게 하실 겁니까?
(2) 학생1 : 저는 용기를 내어 들쥐와 싸우겠습니다.
(3) 기자 : 예. 감사합니다. 만약에 들쥐 떼가 다시 한 번 닭장을 습격 한

다면 그때는 어떻게 하실 겁니까?
(4) 학생2 : 저는 병아리들을 보호하겠습니다.
(5) 기자 : 왜 그러실 겁니까?
(6) 학생2 : 저는 이제 독수리가 된 것을 알기 때문에 저는 영웅이 되고 싶다고 생각하기 때문입니다.
(7) 기자 : 네. 참으로 멋진 생각입니다. 네, 하늘을 날고 있는 독수리를 보고 있는데 그렇게 되고 싶었을 텐데 그렇게 한번 해 보실 겁니까?

〈44-중 2009〉

(1)에서 기자로 선정된 학생은(교사의 역할을 하는 학생으로 이하 '기자로 표현한다.) 앞서 발표한 학생의 대답에 적극적이고 구체적인 긍정 평가를 내리고 질문을 한다. 그러자 (2)에서 학생1은 대답을 한다. 그리고 (3)에서 긍정 평가를 내리고 같은 주제의 질문을 다른 학생에게 한다. (4)에서 학생2는 대답을 하고 (5)에서 학생2의 대답에 연계 질문을 한다. (6)에서 학생2는 다시 자기의 생각을 대답한다. (7)에서 기자는 구체적 긍정 평가를 내리고 연계 질문을 한다.

1.2.3.2. 단순 긍정 평가

학생의 단순 긍정 평가는 수업 대화 분석 결과, 대답한 학생의 답이 정답인 것을 알고 평가를 이양하는 경우에 많이 나타난다.

(1) 교사 : 예, 최선을 다하면 보람과 기쁨을 느낄 수 있고 또 작은 일에 최선을 다할 때 큰일도 할 수 있기 때문에 우리는 언제나 모

든 일에 최선을?
(2) 학생들 : 다 한다.
(3) 교사 : '최선을 다하자'라고 글쓴이는 주장을 하고 있습니다. 맞나요?
(4) 학생 : 네

〈63-고 2009〉

(1)에서 앞서 다른 학생이 대답한 내용을 부연 설명하며 책의 핵심 내용을 절반만 제시하고 나머지는 학생들에게 넘기자 (2)에서 학생들은 이어서 대답을 한다. 그리고 (3)에서 교사는 부연 설명을 하고 평가를 이양한다. 그러자 (4)에서 학생들은 '네'라는 단순 긍정 평가를 한다.

1.2.3.3. 구체적 부정 평가

학생 상호간에 구체적 부정 평가는 교사가 평가를 학생 1명에게 이양했을 경우 많이 나타나는 유형이다. 단 구체적으로 평가를 요구하는 대화를 요구했을 때 나타난다.

(1) 교사 : 아! 조금 멍합니다. 이거 재미있다. 그러면 M한번 찾아볼까요? 형기가 재미있게 잘 말할 거 같은데 혹시 M이 있을까요? 말하기 상황에 조금 부족한 것이 있을까? 요거만, 요건만 잘하면 좋겠다. 학생1
(2) 학생1 : 제가 발표해 보겠습니다.(짝짝) 목소리는 크지만 조금 수줍어했던 것 같습니다.
(3) 교사 : 아, 학생2도 평소와 다르게 조금 긴장이 됐죠. 또 M 한명 더

찾아볼까요? 학생3

(4) 학생3 : 제가 발표해 보겠습니다.(짝짝) <u>말하면서 중간에 조금 웃은 것 같습니다.</u>

〈52-고 2008〉

  (1)에서 교사는 학생2의 대답에 다른 학생으로 하여금 '부족한 점'이란 부드러운 표현을 써서 학생 상호간에 평가를 하도록 한다. 즉 직접적인 부정 평가가 대답한 학생으로 하여금 상처받지 않도록 배려하면서 구체적 부정 평가를 유도한다. 그러자 (2)에서 학생1은 교사의 의도대로 부드러운 표현이긴 하나 구체적으로 어느 부분이 잘못되었다 하는 자기의 생각을 넣어 구체적 부정 평가를 한다. (3)에서 교사는 역시 따뜻하게 배려하는 말을 해주고 다시 구체적 부정 평가를 학생에게 이양을 한다. 그러자 (4)에서 학생3은 (2)에서 학생1과 마찬가지로 구체적 부정 평가를 한다.

1.2.3.4. 단순 부정 평가

  학생의 단순 부정 평가는 교사가 앞서 대답한 학생의 답이 오답일 경우 평가를 학생들에게 이양해서 학생들도 부정 평가를 하는 경우이다. 이때 교사는 이미 오답이라는 암시가 들어있는 수업대화의 내용으로 '예, 아니오'의 단순한 평가를 요구하는 대화를 전개한다.

(1) 교사 : 인스턴트 많이 먹으면 비만이 걸린다. 맞아, 거기에는 기름진 음식도 많고 이번에는 학생1이 한 번 얘기 해볼까요?
(2) 학생1 : 집에서 만든 식품보다 빨리 상해요

(3) 교사 : 집에서 만든 식품보다 빨리 상한다? 과연 빨리 상할까?
(4) 학생들 : 아닌데…(웅성), 늦게 상하는데

〈31-중 2008〉

(1)에서 교사는 학생1에게 질문을 한다. (2)에서 학생1은 틀린 답을 말하자 (3)에서 교사는 학생들에게 '빨리 상할까? 아닐까?'라는 '예, 아니오'의 평가를 요구하며 평가 이양을 하자, (4)에서 학생들은 단순 부정 평가를 한다.

1.2.4. 지시 이행

지시 이행은 교사의 지시에 학생들이 이행하는 것으로 교사가 행동을 요구하면 행동으로, 대답을 요구하면 대답으로 이행하는 것을 의미한다.

(1) 교사 : 자, 선생님이 아직 검사하러 갈 수 있는 상황이 아니라서, 친구 거를 먼저, 친구랑 바꿔 읽어 보세요.
(2) 학생들 : (바꿔 읽는다)
(3) 교사 : 자, 시간이 다 되었네요. 자, 선생님을 보세요.
(4) 학생들 : 집중

(1)에서 교사가 바꿔 읽을 것을 지시하자 (2)에서 학생들은 친구들과 바꿔 읽음으로써 교사의 지시에 이행을 한다. 그리고 (3)에서 교사가 집중할 것을 지시하자 (4)에서 학생들은 교사의 지시에 집중을 하며 이행을 한다.

다음은 교사와 학생 상호간에 이루어지는 수업 대화의 분류 기준을 논의하기로 한다.

2. 연계 대화의 분류

수업 대화는 교사와 학생들의 대화 연속체로 이루어진다. 수업 대화의 유형을 교사와 학생의 대화에서 학생 수와 학생의 대답한 내용과 관련된 심화된 형태의 연계 질문 여부에 따라 크게 단순 대화 유형과 심화 대화 유형으로 분류할 수 있다. 단순 대화 유형은 나열 대화 유형을 포함하며 심화 대화 유형은 횡적 심화 대화 유형과 종적 심화 대화 유형으로 분류한다.

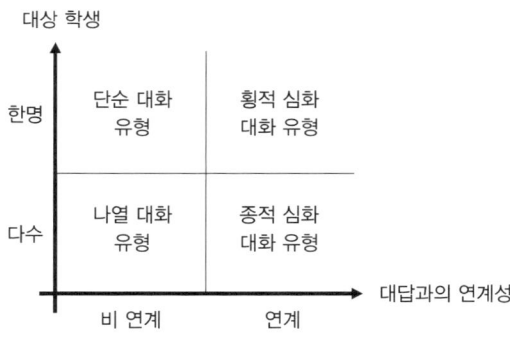

〈그림 18〉 연계성에 따른 수업 대화 유형

2.1. 단순 대화

단순 대화 유형은 두 가지가 있다. 하나는 교사가 질문을 하고, 학생들이 대답하는 유형과 교사가 질문을 하고 바로 교사가 대답하는 경우가 단순 대화 유형에 속한다고 하겠다.

〈그림 18〉에서 나타나듯이 단순 대화 유형과 심화 대화 유형의 큰 차이점은 교사의 질문 후 학생 대답의 내용과 관련 있는 연계 질문을 이어서 다시 하느냐 하지 않느냐에 있다. 즉 단순 대화 유형은 교사가 학생 대답에 연계 질문을 하지 않는 대화 유형이다.

2.1.1. 교사 질문과 학생 대답의 연속체

단순 대화 유형은 교사의 평가가 없는 것이 특징이다. 이 대화 유형은 단순지식의 인지를 확인하는 대화 유형으로 교사가 학습 주제와 관련해 질문하고 학생이 대답한 후 아무런 평가를 하지 않고 바로 다른 학생에게 대화가 이동된다.

이 때 같은 학습 주제를 가지고 다른 학생에게 질문하는 경우도 있고, 학습 주제를 바꿔서 다른 학생에게 질문하는 경우도 있다. 모두 공통점은 교사가 학생 대답과 관련된 연계 질문을 하지 않는다는 것이다.

(1) 교사 : 다 적었나요? 그러면 우리가 주장과 근거의 뜻을 알아봤는데 우리가 오늘 주장과 근거를 분명하게 말하기 위해서는 내 옷차림에 대해서 일단은 내 생각을 정리를 해 봐야 되죠. 그래야 주장과 근거가 분명하게 드러나도록 말을 할 수 있겠죠. 그러면 여러분들 이제 활동2번을 보세요. 활동2번에 내 생각 정리하기가 있는데 선생님이랑 지난번에 한번 해봤던 PMI기법으로 할 건데, 선생님이 P가 뭐라고 그랬죠?

(2) 학생 : 플러스!
(3) 교사 : 플러스는 뭐죠?
(4) 학생 : 좋은 기억

〈63-고 2009〉

(1)에서 교사가 학생들에게 질문을 하고, (2)에서 학생이 대답을 하며, 다시 (3)에서 교사는 질문을 하고 (4)에서 학생은 답변을 하며, 교사는 (6)과 (8)에서 평가나 다른 언어 상호 작용이 없이 수업이 진행되는 유형이다.

2.1.2. 교사 질문과 교사 대답의 연속체

이 유형도 단순 대화 유형으로 교사가 질문을 하고 교사가 대답하는 대화 유형이다. 교사가 질문하고 교사가 대답하는 이유는 학생의 대답을 기다리는 데 익숙하지 않거나 학생들이 충분히 발표할 수 있는 학습 분위기가 조성이 되어 있지 않아서 대답을 하지 않기 때문으로도 해석할 수 있다. 그리고 학생의 대답 후에 교사의 평가 부분에서 교사가 다양한 평가 전략을 가지고 있지 않기 때문이기도 하다.

(1) 교사 : 어, 좋아요. 아주 잘했어. 여기서 어떤 점이 이상하다 했을까?
(2) 학생 : …
(3) 교사 : 어, 한 달만 다녀도 영어가 술술 나온대.

〈55-고 2009〉

(1)에서 교사는 학생들에게 질문을 하고 (2)에서 학생들이 대답을 못하자 (3)에서 교사가 직접 답을 말한다. 역시 교사가 대답을 했기 때문에 교사가 평가는 하지 않는다.

같은 수업 대화에서 또 위와 같은 유형이 보인다.

    (1) 교사 : 응, 그렇죠. 그럴 때도 광고를 보죠. 맞아요. 우리가 봤을 때는 <u>광고를 읽는 목적은 어떤 걸까?</u>
    (2) 학생 : …
    (3) 교사 : 바로 우리가 찾고자 하는 혹은 사고자 하는 알고자 하는 정보를 얻기 위해서 하는 거죠.

                                                                〈55-고 2009〉

(1)에서 교사는 질문을 하고 (2)에서 역시 학생이 대답을 하지 않자 (3)에서 바로 교사 자신이 대답을 한다.

이 수업 대화 유형을 간단히 그림으로 나타내면 다음과 같다.

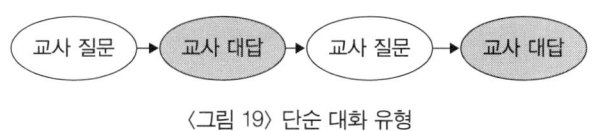

〈그림 19〉 단순 대화 유형

2.2. 나열 대화

수업 대화 유형 중 나열 대화 유형은 단순 대화 유형과 달리 교사 평가가 이루어진다는 것이다.

학습 주제에 대해 교사가 질문을 하면 학생1이 대답하고 이에 대해 교사가 평가를 한다. 즉 〈교사 질문 - 학생 대답 - 교사 평가〉가 나열식으로 이어지는 수업 대화 유형이라 할 수 있다. 이때 교사는 같은 주제로 다른 학생들에게 질문할 수도 있고, 다른 주제로 다른 학생에게 질문할 수도 있다.

> (1) 교사 : 잘 전달해 주세요. 자, 첫 번째 뭐죠? 상구가 자꾸 텔레비전 보고 싶어 하는 이유, 텔레비전의 또 좋은 점, 어떤 것이 있을까? 학생1.
> (2) 학생1 : 텔레비전을 보면 공부를 못해도 모르는 동물을 잘 알 수 있으니까요.
> (3) 교사 : 텔레비전을 보면 모르는 것에 대해서 잘 알 수 있기 때문이다. 학생2.
> (4) 학생2 : 동물의 왕국을……. 교육방송도 봐야하니까.
> (5) 교사 : 아, 교육방송도 보아야하니까, 교육방송을 통해서 내가 숙제도 할 수 있고요, 학생3
> (6) 학생3 : 재미있으니까.
> (7) 교사 : 재미있으니까. 그렇지요. 텔레비전은 재미있는 프로그램이 굉장히 많아요.
>
> 〈13-저 2008〉

(1)에서 교사는 질문을 하고 (2)에서 학생1은 대답을 한다. (3)에서 교사는 단순 반복 평가를 하고 같은 주제의 질문을 다시 다른 학생에게 한다. (4)에서 학생2는 대답을 한다. (5)에서 교사는 긍정 평가를 하고 같은 내용의 질문을 다른 학생에게 한다. 그러자 (6)에서 학생은 대답을 한다. (7)에서 교사는 긍정 평가를 한다.

이 수업 대화 유형을 간단히 그림으로 나타내면 다음과 같다.

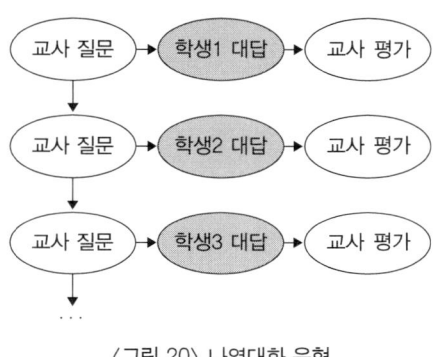

〈그림 20〉 나열대화 유형

2.3. 심화 대화

심화 대화 유형은 횡적 심화 유형과 종적 심화 유형으로 구분된다. 이 심화 대화 유형은 조금 더 복잡한 수업 대화 유형으로 전개가 된다. 즉 교사가 질문을 하는 대상의 학생수가 1인이냐 다수이냐에 따라 한 명에게 한 주제에 관한 내용을 심화시키면서 계속 연계 질문을 하고 대답하는 경우는 횡적 심화 대화 유형이라 하고, 주제가 계속적으로 심화, 연계되어 교사에 의해 제시되기는 하지만 대답을 학생 다수가 골고루 하는 유형이 바로 종적 심화 대화 유형에 속한다.

2.3.1. 횡적 심화 대화 유형

횡적 심화 대화 유형은 교사와 학생1이 같은 주제를 가지고 연계 질문하고 대답할 때의 유형이다.

(1) 교사 : 글을 적으니까 지난 일들이?
(2) 학생들 : 글을 적으니까 지난 일들이 떠오르는 것 같아요.
(3) 학생1 : 네, 제가 발표 하겠습니다. 오늘 이걸 하고나서 느낀 점은 <u>이런 공부를 계속 했으면 좋겠다고 생각합니다.</u>
(4) 교사 : 이런 공부. 이런 공부가 어떤 공부인데요?
(5) 학생1 : 이렇게 <u>주사위까지 돌려 보면서 재미있게</u>…….
(6) 교사 : 걱정하지 말아요. 선생님이요, <u>생각 주사위</u>를 올 1년 동안 계속 쓰려고 아주 고심 끝에 만들었으니까. 계속합시다.

〈36-중2009〉

(1)에서 교사는 학생들의 집중을 유도하기 위해, 질문을 채 끝내지 않고, 학생의 대답을 기다린다. 이때 교사는 학생들로 하여금 생각할 시간을 주려는 의도가 담겨있다. (2)에서 뒷부분을 학생들이 이어서 발표하게 한 후, 지명을 해서 (3)의 학생1이 대답을 한다. 이에 교사는 단순 반복 평가를 하고, 학생1이 발표한 내용을 설명해 줄 것을 요구하는 연계 질문을 (4)에서 다시 한다. (5)에서 학생1은 (3)에서 발표한 내용을 부연 설명하며 다시 발표를 시도한다. (6)에서 교사는 학생에게 계속 이렇게 재미있는 수업을 할 것을 알려주며 (5)에서 학생1이 발표한 내용에 화답의 평가를 한다.

다음의 수업 대화 역시 횡적 심화 대화 유형에 속한다.

(1) 교사 : 혹시, 여러분은 수진이처럼 할아버지, 할머니, 큰아빠, 큰아버지, 또 작은아빠, 작은어머니, 고모, 이모, 이런 분들 중에서 이렇게 돈을 받아본 경험이 있어? 이런 친구 있어요? 학생1
(2) 학생1 : <u>절할 때</u>

(3) 교사 : 절할 때, 누구한테 절할 때?
(4) 학생1 : 할아버지
(5) 교사 : 어. 할아버지한테 절을 했어요? 얼마를 받았나요?
(6) 학생1 : 만원
(7) 교사 : 만원, 야!

〈15-저 2008〉

(1)에서 교사는 질문을 하고 (2)에서 학생1은 대답을 한다. 그리고 (3)에서 교사는 학생1에게 (2)에서 학생1이 대답한 내용 중 '절할 때'라는 말에 '누구한테 절할 때?'라는 연계 질문을 학생1에게 함으로써 횡적 심화 대화를 유도하고 (4)에서 학생1은 심화 대답을 한다. (5)에서 교사는 다시 학생1에게 (4)에서 대답한 내용과 관련된 연계 질문을 하고 (6)에서 학생은 대답을 한다. 그리고 (7)에서 교사는 긍정의 단순 반복 평가를 한다.

위의 수업 대화 내용을 그림으로 나타내면 다음과 같다.

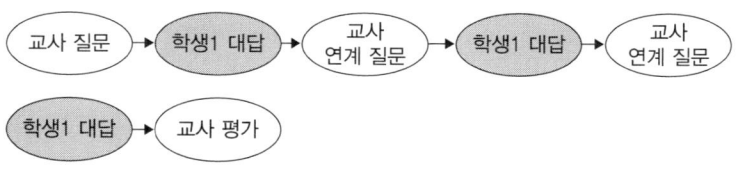

〈그림 21〉 횡적 심화 대화 유형 사례

횡적 심화 대화 유형을 그림으로 간단히 나타내면 다음과 같다.

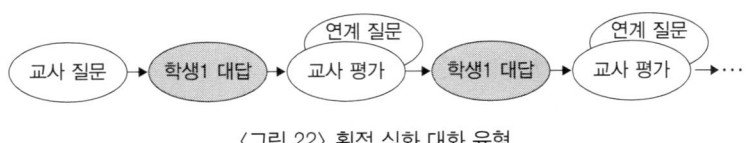

〈그림 22〉 횡적 심화 대화 유형

2.3.2. 종적 심화 대화 유형

종적 심화 대화 유형은 대답하는 학생이 서로 다르지만 교사가 동일 주제로 심화된 연계 질문을 통해 대화를 끌어가는 형태의 대화 유형이다.

(1) 교사 : 선생님이 이 시와 관련해서 여러분에게 한 가지 질문을 할 거예요. 자, 시를 다 같이 읽어봤는데, 이 시는 오늘 이 시 내용에서 어떤 일이 있었을까? <u>오늘 과연 어떤 일이 있었어요?</u>
(2) 학생1 : 제가 발표해보겠습니다. <u>짝꿍이 전학을 갔다.</u>
(3) 교사 : 짝꿍이 전학을 갔다. 자, 애들아! <u>짝꿍은 그러면 어떤 친구였을까?</u>
(4) 학생2 : 제가 발표해보겠습니다. <u>왕방울 눈 울보였습니다.</u>
(5) 교사 : 어, 왕방울 눈, 울보에요. <u>울보는 무엇입니까?</u> 어떤 사람을 울보라 그래요?

(1)에서 교사는 질문을 하고 (2)에서 학생1은 대답을 한다. (3)에서 교사는 단순 반복 평가를 하고 (2)의 대답에 연계 질문을 하고 (4)에서 학생2는 대답을 한다. 그리고 다시 (5)에서 교사는 긍정 평가를 하고 이어서 (4)에서 학생2가 대답한 내용의 연계 질문을 한다.

계속해서 이 수업 대화에서 종적 심화 대화 유형의 예를 살펴보자.

(6) 학생3 : 많이 우는 사람
(7) 교사 : 많이 우는 사람을 울보라고 그래. 내 짝은 많이 우는 울보에요. 그런데 신발 코로 모래를 계속 팠다고 그랬죠? 나는 왜 신발 코로 모래를 팠을까?
(8) 학생4 : 제가 발표해 보겠습니다. 친구가 떠난 후에 심심해서.
(9) 교사 : 심심해서 어, 친구가 떠난 후 같이 놀던 친구가 떠난 후 심심해서, 심심하기만 할까요?
(10) 학생5 : 제가 발표해보겠습니다. 내 짝, 내 짝꿍, 왕방울 눈 울보가 전학을 가서 쓸쓸해요. 그래서 할 일이 없어서.
(11) 교사 : 할 일이 없어서, 쓸쓸해서 맞아요? 쓸쓸합니다. 아, 잘했습니다. 쓸쓸합니다.

〈54-고 2009〉

그리고 (6)에서 학생3이 대답을 하자, (7)에서 교사는 긍정 평가와 단순 반복 평가를 함께 하고 다시 학생3의 대답과 연계 질문을 한다. (8)에서 학생4는 발표를 하고 (9)에서 교사는 긍정 평가를 하고 학생4가 대답한 내용의 연계 질문을 하고 (10)에서 학생5는 발표를 한다. 그리고 (11)에서 교사는 긍정 평가를 한다.

결과적으로 심화 대화 유형은 교사가 앞에서 학생이 대답한 내용과 연계 질문을 하고 학생들은 연계 대답함으로써 계속해서 교사의 물음에 연상적 사고를 통해서 수업에 몰입을 유도하는 수업 대화 유형이다.

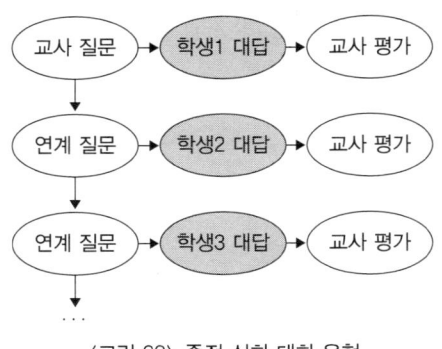

〈그림 23〉 종적 심화 대화 유형

3. 교사와 학생의 정서

 교사와 학생의 정서는 수업시작부터 수업이 끝날 때까지 조성되는 심리적인 학습 분위기를 뜻한다. 교사는 수업 목표의 도달과 지식의 확산을 성취하기 위해 철저한 계획 하에 수업 대화 전략을 활용한다. 수업 대화 전략에 의해 학생의 정서는 교사의 의도대로 학습에 대해 관심과 학습 흥미를 갖게 되고 수업에 집중하게 되며, 몰입하게 되고 학생 스스로 지식을 인지하고 지식의 확산까지 기대할 수 있는 것이다. 이 때 교사가 수업 대화 전략에 의해 학생들이 수업 목표에 도달하고, 지식의 확산 유도에만 그치지 않고 학생들과 함께 수업에 동화되었을 때 수업이 성공적으로 이루어졌다고 할 수 있다.

3.1. 교사의 정서

 대부분 교사들은 지식을 전달한다는 입장에서 전략적으로 학생들을 유도하고 지식을 인지하게 하는데 목적을 두기 때문에 이끈다는 생각이 지배적이다. 이럴 경우 아무리 흥미 있는 학습자료를 제시하고 학생들의 생각이 참신하고 창의적이라 해도 교사는 수업 목표 도달에 대한 의무감으로 경직된 학습 분위기가 연출되기 쉽다.
 수업 대화에서 학생들의 대답에 연계 질문을 하고 교사가 예상하지 못했던 학생들의 창의적이고 새로운 대답에 함께 동조를 하며 감정적으로 동화가 되었을 때 다른 학생들도 그 수업에 빠져들게 된다.
 구체적인 교사의 동화에 대해 살펴보기로 하자.

3.1.1. 동화

 교사의 동화는 교사가 학생들로 하여금 수업에 관심과 학습 흥미, 집중과 몰입을 유도하는 전략들을 활용할 때, 교사 역시 학생들과 함께 수업 분위기에 감정적으로 일치되어 있는 상태를 의미한다. 이창덕(2003)은 교육을 통해서 학문의 끝없는 미로를 깨닫고 학문의 새 길을 열게 된다는 점에서 '교육은 가르치는 과정일 뿐만 아니라 깨닫고 배우는 과정이기도 하다.'면서 교육은 교사와 학생, 학생과 학생의 상호 작용적 의사소통을 통해 교육 목적을 달성하고자 의미를 구성해 가는 과정이라고 보는 측면이 강하다고 하였다. 이런 의미에서 수업에 있어서 교사의 동화는 교사와 학생이 함께 만들어간다는 의미가 강하다.
 학생들의 수업에 대한 정서 즉, 관심과 학습 흥미, 집중 그리고 몰입의 상태와 교사의 정서와 같은 점은 함께 학습 흥미를 가지고 즐겁게 수업에 임한다는 점이고 다른 점은 교사는 학생들과 함께 수업에 즐겁게 참여하면서도 계속해서 방향성을 가지고 의도적으로 교사가 원하는 방향으로 유도한다는 점이다.

아래의 예로 들 수업 대화 두 편은 둘 다 학생 주도의 수업이나, 후자에 소개될 수업이 교사의 동화 상태를 엿볼 수 있는 수업이라 할 수 있다. 감정 상태를 단계별로 정확하게 나누는 것이 어려운 작업이고 실제 수업 대화에 나타난 교사의 표정이나 몸짓, 발언을 통해서 미묘한 차이가 있지만 교사의 동화 상태를 가늠할 수 있다.

다음의 예로 든 수업대화 두 편은 교사의 동화 측면에서 서로 다른 양상을 보인다. 비교해 보도록 하자.

(1) 교사 : 선생님이 너무 궁금한 걸 여러분이 해결해 줄 수 있을 거 같아요. 짜잔.
(2) 학생들 : 하하.
(3) 교사 : 학생1이 왜 이 표정을 짓고 있을까?
(4) 학생2 : 제가 발표하겠습니다. 경기를 했는데 우리 팀이 이겨서 기뻐서입니다.
(5) 교사 : <u>아, 기쁨의 표정. 이야!</u>
(6) 학생들 : 하하.
(7) 교사 : 선생님이 잘 몰랐어요. 학생3.
(8) 학생3 : 저는 학생2의 생각과 다릅니다. 계주를 하는데, 지고 있어서 저러는 거 같습니다.
(9) 교사 : <u>지고 있어서. "이야!" 하고 있다. 그렇게도 생각할 수 있겠구나.</u>

〈38-중 2009〉

이 수업 대화 내용에서 교사의 (5)와 (9)에서 학생들과 함께 동화된 듯한 감정적 표현을 많이 사용하였지만 사실은 수업 대화의 내용을 통해서 교사가 동화가 되었다는 단서가 될 만한 요소들을 찾아보기가 힘들고 단지 이 표현들은 학생들의 관심과 학습 흥미를 유도하기 위한 감정 유도 표현에 속한다고 하겠다.

반면 아래의 수업 대화는 교사의 언행을 분석해보면 교사가 실제 수업에 동화되었음을 교사와 학생의 수업 대화와 감정적 표현을 통해서 알 수 있다.

⑴ 교사 : 그러면 어, 나 이 시! 감이 이제 팍 왔어요. 감동을, 감정을 써서 혼자 낭독해 볼래요? (교사가 손들고 몸짓 언어)
⑵ 학생들 : 하하
⑶ 교사 : 왜 다 웃고……. 혼자 낭독해 보겠어요? 용기 있게…….
⑷ 학생들 : 하하
⑸ 교사 : 없어요? 학생1 다 같이 학생1을 향하여
⑹ 학생1 : (낭독함)
⑺ 교사 : <u>선생님 생각에 학생1은 나중에 커서 책을 읽어주는 여자 되어, 시를 읽어주는 여자가 되지 않을까?</u> 시를 너무너무 정확하게 잘 읽었어요.

〈54-고 2009〉

⑴에서 교사는 재미있는 표정과 몸짓을 하며 감정을 풍부히 넣어서 시를 낭독할 것을 주문하자, ⑵에서 학생들은 교사의 표정과 몸짓, 언행에서 재미있게 받아들이고 즐거워하자, 교사는 다시 ⑶에서 '왜 다 웃고…….'라고 얘기한 의도는 두 가지로 해석할 수 있다. 교사가 멋쩍은 듯 마음을 표현한 것이거나 학생들이 재미있게 관심과 학습 흥미를 가지는 듯하자 한층 더 수업에 집중시키기 위한 의도적 표현일 수가 있다. 그리고 ⑷에서 학생들은 다시 학습 흥미와 즐거

움의 표현으로 함께 웃음으로 대신한다. (5)에서 교사는 한 학생을 지명하자 (6)에서 학생1은 낭독을 하고 (7)에서 교사는 학생의 감정이 풍부한 시 낭독을 듣고 '책을 읽어주는 여자가 될 것이다.'라는 감정이 풍부히 담긴 서정적인 평가를 내린다. 이때 교사의 정서가 완전 학생들과 수업에 몰입으로 동화되었다고 판단하기에는 객관적인 근거가 미비하나 서서히 '시'라는 수업 주제에 집중하고 있음을 판단할 수 있다.

이어서 교사의 정서 중 동화된 상태를 수업 대화의 예를 통해 확인해 보도록 한다.

> (8) 교사 : 친구 집 마당으로 (하하) 이사 간 집 친구의 마당으로 어, 친구 집, 텅 빈 마당으로, 친구 집 아, 자리가 모자라네요. 마당, 마당으로, 마당으로, 친구의 집 마당으로 힘 빠진 공을 차 넣는다. 내 짝꿍 왕방울 울보가 오늘 전학 간 거 너무 식상해요. 오늘 무엇을 할까? 학생1
> (9) 학생1 : 제가 발표하겠습니다. 오늘 여행을 갔다.
> (10) 학생들 : (하하)
> (11) 교사 : 여행(하하)--여행을 갔어요. 친구와 놀고 싶은데 없어, 여행을 갔어. 알았습니다. 여행을 갔습니다. 여행을 오동나무에 기대서서 신발 코로 모래 파다가 텅 빈 친구의 집 마당으로 힘 빠진 공을 차본다. 내 짝꿍 왕방울 울보가 오늘 여행을 갔다. 훌륭한 시가 만들어졌어요. 선생님은 항상 얘기하지만 선생님보다 너희가 낫다.
>
> 〈54-고 2009〉

이어서 교사는 (8)에서 학생의 '이사 간 친구의 집에 공을 찬다.'는 재치 있고 창의적인 대답에 감탄을 나타내며 같은 말을 반복하면서 학생들과 함께 '시'수업에 동화되어 있음을 알 수 있다. 역시 (10)에서도 교사는 마찬가지로 학생들의 창의적인 대답에 감정적으로 학생과 동화되어 있음을 알 수 있다. 즉 이미 이런 '시'를 주제로 한 수업에서 창의적이고 다양한 대답들이 나온다는 것은 학생들의 정서 상태는 관심과 학습 흥미의 단계를 넘어 집중과 몰입의 단계로 접어들었는데, 교사 역시 학생들과 정서적으로 동화되어 있음을 확인할 수 있다. 교사의 동화는 단순한 수업 대화의 필사 내용만 가지고는 확인이 어려우나 실제 동영상 자료를 통해서 더 확실하게 확인할 수 있다.

3.2. 학생의 정서

학생의 정서 상태는 교사가 수업을 전개해 나갈 때 교사의 유도나 여러 가지 전략에 의해 조성되는 학습 분위기로 수업의 성패를 결정하는 중요한 요소이다. 학생의 정서는 수업 중에 나타나는 학생들의 반응 즉, 말, 행동, 표정 등에서 확인할 수 있다.

학생의 정서로는 '어? 저건 뭐지?' 라고 학습에 궁금증과 호기심을 나타내는 관심 상태, '와! 저거 재미있네!' 라고 학습에 흥미를 느끼는 상태, '아하! 저거구나' 라고 학습에 집중을 하는 상태, '내 방식대로 난 이렇게 해볼거야.' 라고 학습에 몰입되어 있는 상태로 크게 나눌 수 있다.

3.2.1. 관심과 학습 흥미

학생들이 교사의 수업 대화 전략에 궁금해 하고 질문을 하며, 감탄을 하고, 재미있어할 때 학생들의 정서는 학습에 관심과 학습 흥미가 유발되었음을 간접적으로 확인할 수 있다.

> (1) 교사 : 자, 선생님 좀 보세요. 자, 선생님이 오늘 사진을 하나 준비했어요.
> (2) 학생들 : <u>뭐에요?</u>
> (3) 교사 : 뭘까? …….(짜잔)
> (4) 학생 : <u>동물! 와!</u>
> (5) 교사 : 카메라, 선생님이 진짜 크게 사진을 찍었어요.
> (6) 교사 : 이 안에 어떤 사진이 들어가 있을까? 선생님이 어떤 사진 넣었을까?
> (7) 학생 : <u>우리 반 사진! 와!! (웅성)</u>
> (8) 교사 : 선생님 사진? 선생님 가족사진?
> (9) 학생 : 웅성
>
> 〈39-중 2009〉

(1)에서 교사는 학생들에게 관심을 유도하기 위해 학습 자료에 관한 말을 하자 (2)에서 학생들은 '뭐에요?'라는 질문으로 관심을 나타낸다. (3)에서 교사가 학습 흥미 유도 질문을 하자, (4)에서 학생들은 '동물'이라고 예측하고, 교사가 사진을 제시하자 관심과 학습 흥미를 나타내며 '와'라고 감탄을 나타낸다. 그리고 교사가 (5)와 (6)에서 학습 흥미 유도 질문과 표현을 하고 (7)과 (9)에서 다시 학생들의 관심

과 학습 흥미가 고조됨을 확인할 수 있다.

　위에서는 학습 분위기가 관심과 학습 흥미를 유발된 상태의 수업 대화를 다루었는데 다음의 수업 대화는 위의 수업과 조금 상반된 정서가 형성된 수업 대화로 비교해 보도록 한다. 학생들이 학습에 무관심 상태를 나타낸다는 것은 관심과 학습 흥미 유발에 실패했다는 의미이다. 일반적으로 학습에 관심과 학습 흥미 유발에 실패한 수업은 학생들이 교사의 질문에 대답을 하지 않으며, 지루해 하고, 교사가 제시하는 각종 자료나 전략에 호기심이나 흥미를 나타내지 않는다.

　(1) 교사 : 그렇죠. 바로 인물들의 가지고 있는 성격에 따라서 그러한 일들이 발생하게 되는 거겠지요. 자, 이래서 그러한 일들이 일어난 원인 즉, 등장인물의 성격이 포함 되겠지요. 무엇인지를 살펴보고 그 결과를 책을 보아야 합니다.
또, 그 일과 관련된 경험을 떠올려 볼 수도 있습니다. 즉, 이것 이외에도 여러분들이 경험했던 사실. 경험했던 것을 근거로 해 가지고 소설 속에 등장하는 등장인물도 자기랑 똑같은 경험을 할 수가 있기 때문에 자기의 경험을 바탕으로 그다음 예측된 일을 예측해볼 수가 있겠죠. 그러다 이어질 내용을 예측하며 이야기를 읽으면 더 재미있게 읽을 수 있습니다. 하고 말했습니다. 얼마 전에 선생님이 얼마 전에 여러분이 아침마다 독서 활동하죠?
　(2) 학생 : 예.
　(3) 교사 : 독서 활동하죠. 근데 여러분들이 너무 맨 날 만화책만 읽어. 그래서 선생님이 한명을 조용히 불렀어요. 우리 반 아이들 중 한명을 불러가지고, 애, 너는 5학년이나 됐는데, 왜 아직도 만

화책을 읽고 있어? 그랬더니 그 아이가 하는 말이 무슨 말이었냐 하면 "선생님, 책이 읽는 글로만 되어 있는 책을 읽으면 재미가 없어요." 그 말을 하는 거야. 그래서 자기는 그림도 있어 재미있게 보기 위해서 만화책을 보는 거예요. 그래서 선생님이 그 아이에게 이런 이야기를 해주었어요. 너는 아직 독서하는 방법, 재미있는 독서를 하는 방법을 모르고 있다. 똑같은 내용을 가지고 있다 하더라도 글로 되었을 때 읽는 재미는 훨씬 더 재미있어요. 읽으면서 상상할 수가 있어서 더 재미있게 읽을 수 있어요. 여러분들이 읽는 방법을 올바로 한다면, 그 중에 한 가지 재미있게 할 수 있는 방법이 바로 이거에요. 이어질 내용을 예측하며 읽는 거예요. 그러니까 그저 책에서 주어진 내용을 그대로 읽기만 하는 게 아니라 내가 처음부터 끝까지 다 읽은 다음에 파악을 하는 게 아니라 첫 번째 장을 읽었어. 아, 여기서 등장인물이 이러이러한 관계를 가지고 있네. 그렇다면 두 번째 장에서는 어떠한 관계를 또 나타낼까? 또 어떠한 사건이 발생할까? 두 번째 장에서 봤더니 또 이러한 사건이 발생했어. 이러한 사건에서 아, 등장인물 영혜는 어떻게 헤쳐 갈까? 라는 식으로 여러분들이 순간순간마다 예측을 하고 독서를 하게 된다면 아마도 훨씬 더 재미있게 독서를 할 수가 있을 거 같아요. 무슨 말인지 알겠지요?

(4) 학생 : 예.
(5) 교사 : 이번 시간에 배웠으니까 예측하는 방법을 활용하여 독서 활동을 해봤으면……. 자 그러면 이제 이어질 내용을 예측하는 데는 미래에 일어날 사건의 순서 그 다음에 그 사건이 일어나게 된 여러 가지 원인들을 살펴보면서 책을 읽으면 된다

고 그랬지요?
(6) 학생들 : <u>예.</u>

〈51-고 2008〉

　(1)에서 교사는 이어질 이야기를 예측하면서 읽으면 이야기가 더 재미있다는 내용을 설명하고 다음에 또 예측하면서 이야기를 읽으면 좋다는 내용을 한 가지 예를 더 들어 설명하기 위해 '독서 활동'에 대한 질문을 하자 (2)에서 학생들은 단순 대답으로 '예'하고 대답을 한다. 다시 (3)에서 교사는 학생들에게 강의를 길게 한다. 학생들에게 생각할 시간적 여유를 주고 이끌어내야 하는데 대부분의 학습 내용을 교사가 직접 이야기 해줌으로써 학생들의 적극적인 학습 참여 활동의 기회가 적다고 판단할 수 있다. 그러자 역시 (4)에서도 학생들은 '예'라는 대답 외에는 할 말이 없어져 버리게 된다. (5)에서도 역시 교사는 수업의 핵심 요소를 스스로 말하고 학생들에게 '예, 아니오.' 이외에는 나올 답이 없는 질문을 한다. (6)에서 학생들은 짧게 활기 없는 단순 대답을 한다.
　이 수업 대화를 통해서 교사의 긴 강의 및 설명은 학생들로 하여금 수업에 대한 학습 홍미를 잃게 만들고 무관심의 정서 상태로 흐르게 될 확률이 높다는 것을 확인할 수 있다. 물론 학습의 핵심 등을 정리할 때는 교사의 강의나 설명이 필요하지만 그것도 학생들에게 충분히 생각할 시간을 주고 학생들이 스스로 찾아내게 한 후에, 교사가 수정·보완·정리해주는 것이 학습효과가 크다고 할 수 있다.

3.2.2. 집중

학생들의 정서가 집중되어 있는지를 확인할 수 있는 부분은 교사가 질문을 하면 학생들은 자기의 경험을 되새기며 충분히 자기의 생각을 표현할 때 간접적으로 수업에 집중을 하고 있음을 확인할 수 있다.

> (1) 학생1 : 제가 발표하겠습니다. 집중. (안 들림) ~에는 교실이 없다. <u>그 곳에는 연못과 로봇이 아이들이 쓸 만큼 있었다. 연못에서는 내가 원하는 책이 나왔다. 그리고 로봇은 내가 지금 갖고 싶어 하는 물건이 나왔다. 정말 신기했다. 우리 반에도 저런 것이 있었으면 좋겠다.</u>
> (2) 교사 : 어, 그렇군요. 선생님도 그런 게 있었으면 좋겠어. 그런 로봇이 있었으면 얼마나 좋을까?
> (3) 학생2 : 제가 발표하겠습니다. 집중. 나는 (안 들림) <u>친화적 미래 과학 도시에 있는 학교에 가서 그중에서도 교실에 갔다. 연못이 있었는데 친구가 준비물을 안 가져 오면 준비물이 저절로 나오는 연못이었다. 나는 너무 신기했고 엄청 재미있었다.</u>
> (4) 교사 : 어, 잘 썼어요. 그런 연못은 여러분이 제일 갖고 싶어 하는 연못이겠네요?
> (5) 학생3 : 제가 발표하겠습니다. 집중. <u>나는 도라이몽과 함께 화장실에 가봤다. 그런데 책은 바람을 일으켜 냄새를 제거하고 있었고 인형은 싸움을 말려주는, 아이들을 혼내주고 있었다. 그러니 냄새가 나지 않게 하겠다.</u>
>
> 〈31-중 2008〉

(1)에서 학생1은 앞에서 교사의 교과서의 내용적 질문에 정확한 답과 자기의 생각을 접목시켜 발표함으로써 수업에 집중하고 있음을 나타내고 (2)에서 교사는 학생의 대답에 동감하는 적극적인 감정적 표현으로 질문을 하는 형식을 통해 수업에 집중을 유도한다. 그러자 (3)에서 학생2가 자기가 평소에 바라던 생각에 창의성을 발휘하여 발표를 함으로써 수업에 집중되어 있음을 확인할 수 있다. (4)에서 교사는 다시 학생들로 하여금 수업에 집중을 하도록 유도한다. 그러자 (5)에서 학생3은 역시 학생2의 대답처럼 수업에 집중을 보이며 발표를 한다.

3.2.3. 몰입

학생들이 수업에 몰입해 있음을 간접적으로 확인할 수 있는 방법은 학생들이 수업에 더 적극적으로 참여한다는 것이다. 예를 들면, 수업 대화중에서 교사가 예측하지 못한 학생의 질문이나 요구 등에서 나타난다.

(1) 교사 : 어, 그래. 그러면 어떤 사진일까? 좋아. 너무 어려운 거 같으니까 힌트 하나를 주겠어요. 어떤 사진일까? (가린 사진 제시하고 조각들을 한 장씩 떼어낸다.)
(2) 학생들 : 운동회 달리기.
(3) 교사 : 운동회 달리기?
(4) 학생들 : <u>하나만 더 주세요.</u>

〈39-중 2009〉

(1)에서 교사는 학생들에게 사진에 가린 부분을 한 장씩 떼어내면서 학생들로 하여금 학습 자료인 사진에 집중하게 만든다. 그리고는 (2)에서 학생들은 일부분만을 보고 '운동회 달리기'라고 대답을 하자 (3)에서 '틀렸습니다. 아닙니다.' 등 명확한 부정 평가를 하지 않고 '운동회 달리기?' 라고 되물으며 사진의 내용이 틀렸음을 간접적으로 알려주자, (4)에서 학생들은 '하나만 더 주세요.'라고 요구를 하는 것으로 보아 학생들은 수업에 재미를 느끼며 몰입이 되어있는 정서 상태를 발견할 수 있다.

다음의 수업 대화를 통해서 다시 학생의 정서 '몰입'상태를 확인해 보도록 한다.

(1) 교사 : 맛있는 건데, 털이 약간…무얼까?
(2) 학생 : 아! 알겠다. 선생님! 여름 과일이죠?
(3) 교사 : 선생님이 힌트를 너무 많이 준 것 같아요.
(4) 학생 : (웅성) 이제부터 주지 마세요. 저희가 직접 맞춰볼래요.
(5) 교사 : 이제부터 주지 말까요?
(6) 학생 : 아니요. 에이, 그래도 한가지 힌트만 더 주세요.
(7) 교사 : 자, 정답을 들어봅시다. 정답은?
(8) 학생 : 복숭아!

〈41-중 2008-재구성〉

(1)에서 교사는 학습 자료를 제시하고 학생들로부터 알아맞히도록 유도 질문을 한다. 그러자 (2)에서 학생들은 대답을 하며 교사에게 다시 질문을 한다. (3)에서 교사는 힌트를 너무 많이 준 것 같다는 말을 함으로써 학생들로 하여금 수업에 더 몰입할 수 있도록 유도한

다. 그러자 (4)에서 학생들은 더 적극적으로 수업에 참여하며 교사에게 요구를 하며 학생 주도의 수업으로 전환되어 수업에 몰입이 되었음을 간접적으로 확인할 수 있다. (5)에서 다시 유도 질문을 하자, (6)에서 학생들은 힌트를 요구하며 학습 자체에 재미와 즐거움을 느끼며 몰입되어 있음을 알 수 있다.

위에서 논의한 교사와 학생의 단순 발화에 의한 수업 대화 분류 기준을 간단히 표로 정리하면 다음과 같다.

〈표 4〉 수업 대화 분류 기준 요약 표

발화 및 정서		교사		학생
비지시적 발화	질문	정의적 질문, 경험적 질문, 평가적 질문, 규율적 질문, 청유형 질문, 연계 질문, 인지 유도 질문, 중복 질문, 학습 흥미 유도 질문,	질문	학습 내용 확인 질문, 학습 주체 전환 질문
	대답/설명	대답, 설명	대답/설명	대답, 설명
비지시적 발화	평가	구체적 긍정 평가 단순 긍정 평가, 부정 평가, 단순 반복 평가, 비대답평가, 평가 이양	평가	구체적 긍정 평가, 단순 긍정 평가, 구체적 부정 평가, 단순 부정 평가
지시적 발화		지시		X
		통보		
정서		동화		무관심, 관심과 학습 흥미, 집중, 몰입

4. 수업의 단계와 유형

교실에서 교사와 학생이 함께 만들어가는 수업에는 단계와 유형이 있다. 여기서 수업의 단계와 유형은 교사 측면에서 '작용한다'라는 의미의 의도적으로 행해지는 수업 대화를 형식이라는 틀로 만들어낸 유형이라 할 수 있다.

수업의 단계는 수업을 시작해서 끝날 때까지의 일련의 과정을 의미하는 것으로 교사의 관점에 따라 수업의 단계가 다르게 해석되고 용어의 선택에 있어서 다르기는 하나 일반적으로 도입, 전개, 정리의 과정이라는 데는 이견이 없다.

수업의 유형은 다시 논의하겠지만 교사가 학생들에게 학습 과제나 주제와 관련한 지식을 수업 대화를 통해서 학생들이 인지하도록 하거나, 그런 의도적인 학습 과제나 주제와 관련한 지식만이 아니고 학생들 개개인이 가지고 있거나 교사가 가지고 있는 지식과 경험의 세계를 다양한 측면에서 표출할 수 있도록 유도할 때 나타나는 교사의 수업 기술이라 할 수 있다.

이 수업의 단계와 유형을 다루는 장은 교사 측면에서 수업의 단계 중 전개 부분에서 학생들로 하여금 관심과 학습 흥미, 집중, 몰입을 어떤 수업 유형으로 전개해 나갔을 때 지식인지 및 확산을 더 효율적으로 이끌어 낼 수 있느냐의 문제가 주요 논의사항이다.

4.1. 수업의 단계

수업의 단계는 곧 수업의 흐름이라고도 할 수 있다. '수업의 단계를 어떤 관점으로 보느냐'는 '지식의 관점을 어떻게 보느냐'에 따라 수업 대화의 전개가 달라진다.

박용익(2003)은 수업 대화의 단계를 '기능 단계'로 규정하여 분석을 한 것이 특기할 만한 사실이다. 기능의 사전적 의미는 '서로 의존 관계에 있으며 전체를 구성하고 있는 각 인자가 가지고 있는 고유한 구실이나 작용'이다.[2]

이 사전적 정의에서처럼 각 단계들은 서로 의존 관계를 가지고 전체를 구성하며 유도, 의도 등과 같은 의미의 변화를 주는 작용을 한다.

먼저 박용익(2003)의 수업 대화의 단계를 표로 제시하면 다음과 같다.

〈표 5〉 수업 대화의 기능 단계

수업 대화의 기능 단계							
수업 대화의 기능 단계						모든 대화에 적용되는 기능 단계	
주 기능 단계				보조 기능 단계			
안내 단계	복습 단계	주제 전개 단계	예고 단계	학습 흥미 유발 단계	규율 단계	환경적 틀짜기	의사 소통의 전장/후장

박용익(2003)의 수업 대화의 기능 단계를 살펴보면, 학습 흥미 유발 단계를 보조 기능 단계로 분류하였는데 본 책에서는 수업 대화에서 학습 흥미를 유발하는 것이 학생들로 하여금 수업에 집중과 몰입을 하는데 매우 중요한 요소로 보고 학습 흥미 유발 단계를 동기 유발

---

2. 신기철 외 (1989:511) ,새우리말 큰 사전, 삼성출판사.
3. 이 표는 박용익(2003)이 제시한 표를 그대로 옮겨놓은 것이다.

로 정의하고 수업의 전개 단계로 분류하였다. 그리고 학습 흥미 유발 단계는 주로 도입 단계나 학습 활동을 전개할 때 주로 나타나지만 수업이 진행되는 동안 어디서든 나타날 수 있는 요소이다. 복습 단계는 일반적으로 전시 학습 상기의 단계로 학습 안내 단계보다 먼저 이루어진다. 오히려 이 시간의 학습안내를 먼저 하고 연계해서 복습단계를 다음에 하는 것이 효율성이 높다고 본다.

그리고 보조 기능 단계로 규율 단계는 학생들로 하여금 수업을 할 수 있는 적절한 조건을 갖추거나 회복시키는 데 있다고 따로 분류를 하였는데 이 규율 단계는 학급에서 학습 흥미, 집중, 몰입, 지식인지, 지식 확산의 수업 대화 전략을 잘 활용할 경우 규율 단계가 없어도 되는 상황이 전개된다. 그리고 이 규율 단계는 수업의 단절을 초래하므로 필자는 규율 단계를 수업의 단계로 분류하는 것은 적절치 않다고 본다.

수업 단계별 분석 내용을 그림으로 나타내면 다음과 같다.

---

4. 이하 글씨가 진하게 표시되어 있는 부분은 본 연구자가 의도적으로 강조할 부분을 표시한 것으로 핵심 낱말이나 핵심 문장 또는 논의의 요점 등이 해당된다.

제3장 국어과 수업 대화 분류 기준 | 117

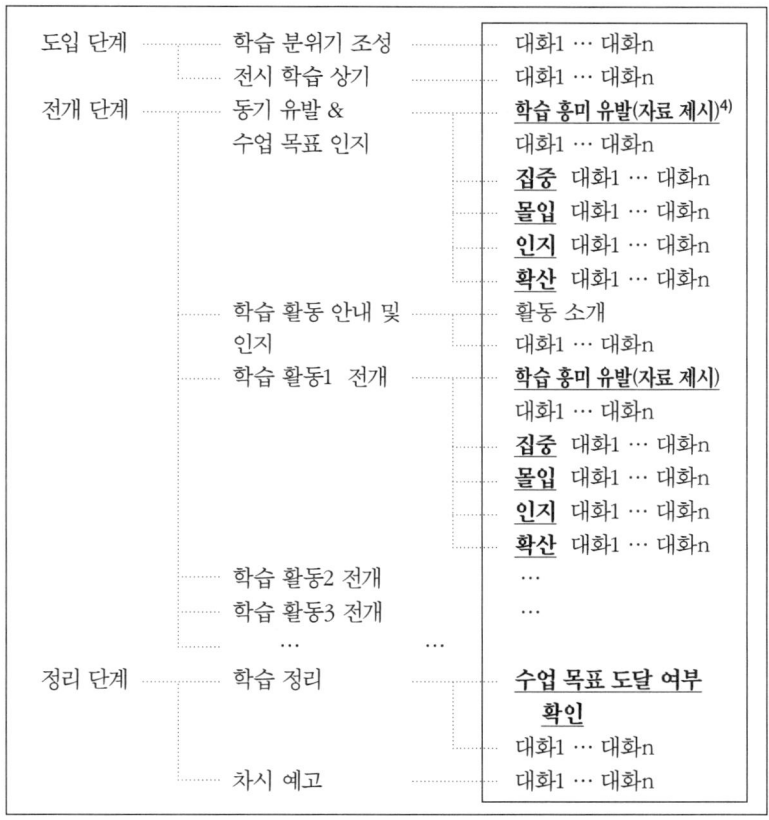

〈그림 24〉 수업의 단계

수업의 단계를 크게 〈도입-전개-정리〉 단계로 나누고 도입 단계는 학습 분위기 조성과 전시 학습 상기가 이루어진다. 전개 부분에서는 동기 유발, 수업 목표 인지, 학습 활동 안내 및 인지, 학습 활동 전개로 분류하고, 마지막으로 정리 단계에서는 학습 정리와 차시 예고로 분류하였다. 특기할 만한 사실은 대부분 교사들은 동기 유발을 도입 부분에 분류하는데 필자는 동기 유발을 통해서 학습 흥미를 유도하는 부분이 상당히 중요하다고 판단되어 전개 부분으로 분류하였다.

앞에서도 언급하였지만 본 책에서 논의할 부분은 전개 단계로 동기 유발과 수업 목표 인지까지 교사의 수업 대화 유도 전략에 의해 〈학습 흥미—집중—몰입—지식인지-지식 확산〉의 과정을 통해 수업의 성공적인 확률이 50% 달성하게 되며, 나머지 학습 활동의 과정에서 〈학습 흥미—집중—몰입—지식인지—지식 확산〉의 과정을 다시 한 번 거칠 때 나머지 수업의 성공률 50%가 완성된다고 할 수 있다.

4.2. 수업의 유형

수업 유형이란 '교사가 학생들에게 수업 목표에 도달하기 위해서 학생들과 전개해나가는 수업에서의 전반적인 교사의 의도적인 활동'이라 할 수 있다. 수업 유형은 크게 지식 주입형, 단순지식 확인형, 지식인지 유도형, 지식 확산형[5]으로 분류할 수 있다.

---

5. 이종희·김선희(2003 재인용)의 수학적 의사소통의 유형 중 반성의 정도에 의한 분류로 일방향 의사소통, 기여적 의사소통, 반성적 의사소통, 교육적 의사소통으로 나누었다. Brendefur & Frykholm, (2000) 일방향 의사소통은 전통적인 수업 방식에서 교사가 강의하고, 질문하고, 학생들에게는 그들의 전략과 아이디어, 생각을 의사소통할 기회가 거의 주어지지 않는 의사소통이라고 하였다. 본 책의 지식 주입형의 교수 유형과 같은 유형으로 해석할 수 있다. 기여적 의사소통은 교사와 학생, 그리고 학생들 사이의 상호작용에 초점을 두고 있으나, 깊은 사고 과정과 의미의 고찰 없이 상호 간의 의사만 전달되는 의사소통이라고 하였고 이는 본 책의 지식인지형과 같은 유형으로 분류할 수 있다. 반성적 의사소통은 학생들이 동료나 교사와 함께 아이디어, 전략 등을 공유한다는 점에서는 기여적 의사소통과 유사하지만, 더 심층적인 조사와 탐구를 위한 발판으로 수학적 의사소통을 한다는 점에서 차이가 있다고 하였다. 교육적 의사소통은 교사와 학생 사이의 상호작용 그 이상을 포함하는 것으로 학습이 일어나게 하고, 유지하고, 격려하고, 수정하도록 상황을 제안하고 학생들이 반성하도록 하는 의사소통 유형이라고 한다.

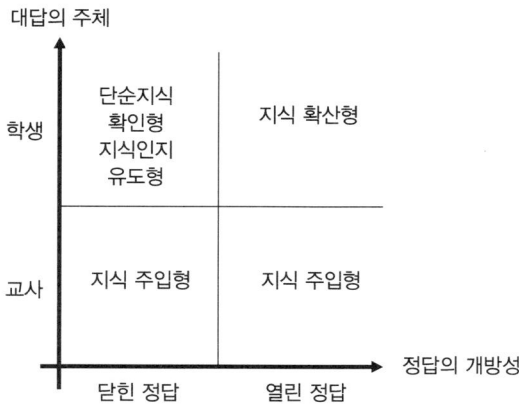

〈그림 25〉 대답의 주체에 따른 수업 유형

이 그림은 교사의 질문에 정답이 있느냐, 없느냐에 따라 닫힌 정답, 열린 정답으로 분류하고 대답의 주체가 교사일 때는 모두 지식 주입형으로 규정한다. 또 대답의 주체가 학생일 경우 정답이 있는 교사의 단순 질문(예를 들면 '이것은 무엇인가요?' 등)으로 수업 대화가 진행될 때는 단순지식 확인형, 지식인지 유도형으로 분류한다. 그리고 대답의 주체가 학생이고 학생들의 다양한 사고 작용을 요하는 열린 정답(예를 들면 '우리가 의자를 다양하게 사용할 수 있는 예를 찾아볼까요?' 등)일 경우 수업의 유형을 지식 확산형으로 분류할 수 있다.

4.2.1. 지식 주입형

지식 주입형이란 교사가 학생들에게 전달해야 할 학습 내용을 강의와 설명을 통해 학생들로 하여금 받아들이게 하는 수업 유형이다.[6]

이 수업 유형은 교사가 지식을 객관적인 관점으로 보고 지식을 전달하고 이해시키며, 강의와 설명을 통해 지식을 직접 전달하는 유형이다.

〈그림 26〉 지식 주입형

즉, 정해진 학습 내용을 교사가 질문하고 교사가 대답을 하거나, 강의와 설명을 통해서 전달하는 수업 유형이다. 구체적으로 수업 목표 인지 과정을 지식 주입형의 수업 유형으로 전개하는 수업 대화 부분을 살펴보면 다음과 같다.

(1) 교사 : 오늘도 그 시간 이어가지고 이제 수업을 시작하도록 할게요. 자, 다 같이 한번 화면을 봅시다. 선생님이 이번 수업을 위해서 재미난 사진 한 장을 준비를 했어요. 어떤 사진일지 같이

---

6. 류성기(2009:189)는 60~70년대, 80년대 초반까지도 교사 중심의 주입식 수업이 이루어진다고 주장하였으나 실제적으로 아직도 교사의 지식 주입형 수업은 현장에서 실행되고 있다. 이는 교사의 일방적인 지도만 있고, 교사와 학생 사이의 언어 활동이 쌍방적으로 이루어지지 않고, 학생과 학생 사이의 상호 교섭 활동이 일어나지 않으며, 이러한 수업은 사고가 매우 경직되어 있어 창의력과 비판력이 형성될 수 없다고 주장하였다.

한번 보도록 합시다. 눈을 크게 뜨고 봅시다.
(2) 학생들 : 하하, 저거 영화에 나오는 거 아니야?
(3) 교사 : 자, 어떤 사진인 거 같아요? 어떤 사진인 거 같다? 뭐가 보입니까? 한번 발표해 보세요. 예, 학생1!
(4) 학생1 : 스파이더맨이 텔레비전을 보고 있어요.
(5) 교사 : 또?
(6) 학생2 : 그 사람이요, 눈에 맞아서요.
(7) 교사 : 음!
(8) 학생3 : 눈에 맞아서 이제 그 어떤 가전제품을 보고 있는 것 같아요.
(9) 교사 : 어, 한 사람이 눈을 맞으면서 가전제품을 보고 있다.

(중략)

(10) 교사 : 사진은 원래 눈이……. '광고사진이에요. 뉴스를 이제 광고하는 사진인데 이제 너무 추워서 벌벌 떨면서도 눈을 뗄 수 없을 정도로 재미있고 신기한 뉴스다'라는 이야기를 담고 있어요. 자, 그러면 화면을 선생님이……. 오늘 우리가 같이 공부할 내용이 무엇인지 한번 살펴보도록 하겠습니다.

〈34-중 2009〉

(1)에서 교사는 학습 흥미 유발을 위한 학습 자료를 제시하고 학생들에게 사진을 볼 것을 통보한다. (2)에서 학생들은 통보된 내용을 확인하고, 사진에 관심을 보인다. 학생들의 반응을 통해 학습 흥미는 유발되었다고 할 수 있다.

(3), (5), (7)에서 교사는 제시된 자료의 내용을 묻는 질문을 하고 (4)와 (6)에서 학생1과 학생2는 자기의 생각을 발표한다. 이때 교사는 학습 흥미 유도 질문이나 연계질문, 구체적 긍정평가 등 수업 대화 전략을 활용하지 않아, 좋은 자료를 가지고 학습 흥미는 유발하는데 성공하였으나 지속적으로 학습으로 연결시키지는 못함을 확인할 수 있다. 이어서 (8)에서 학생이 대답을 하고, (9)에서 교사는 학생의 발표 내용을 그대로 반복하는 단순 반복 평가가 이루어지고 있다. 그리고 여러 번의 위와 같은 수업 대화 내용이 계속 반복되는 단순 대화 유형이 전개되고 마지막에 (10)에서 교사는 학습 흥미를 유지시키지도 못하고, 원하는 대답을 듣지도 못하며 교사가 직접 제시하며 수업목표도 학생들로 하여금 스스로 인지하지 못하게 되는 수업 대화를 전개하였다.

이로써 지식 주입형의 수업은 학습 흥미가 수업 시간 내내 유지되지 못하고 단절되며, 학습 과제 및 기타 지식의 인지 등을 교사가 직접 주입하는 자칫하면 지루해질 수 있는 수업형이라 할 수 있다.

위의 수업 대화를 간단히 요약하여 나타내면 다음과 같다.

**교사 사진 제시/통보 - 통보 확인 - 교사 질문 - 학생 대답 -
교사 비대답 평가 -교사 질문 - 학생 대답 - 교사 비대답 평가**

교사의 통보나 교사가 학생 대답에 비대답의 평가가 많으면 지식 주입형의 수업 대화로 전개될 확률이 높다.

다음 수업은 교사의 강의식 설명이 수업의 주를 이루어서 지식 주입형으로 흐른 수업 대화이다.

(1) 교사 : 그렇다면 그 소설을 구성하고 있는 세 가지 요소에 대해서 우리 학습을 했었어요. 자, 그게 무엇인지 아, 얘기 먼저 해 볼 사람? 오, (웅성웅성)…… 학생1이 한 번 이야기해 볼까? 뭐가 있었어요? 학생1이 기억에 남는 소설의 구성 요소!
(2) 학생1 : 일, 아니 사건!
(3) 교사 : 그렇죠. 사건 그 다음 무엇이 있을까, 그때 선생님이 무엇을 예를 들어 설명했냐 하면, 로미오와 줄리엣의 이야기를 설명하면서 같이 이야기를 했는데, 학생2가 한번 얘기해봐. 뭐가 있을까요? 인물의 수학적 그렇죠. 사건, 등장인물 두 가지가 있었어요. 또 마지막 한 가지. 마지막 한 가지. 설명이 기억나, 기억나, 학생2, 기억나, 학생2가 한 번 얘기해봐.
(4) 학생2 : 타당한 근거
(5) 교사 : 타당한 근거는 다른 목적이고, 혹시 기억나는 사람? 정확히 기억나는 사람, 학생3이 얘기해봐.
(6) 학생3 : 때와 장소
(7) 교사 : 때와 장소, 비슷했어요.
자, 시간적 배경과 공간적 배경을 나타내고 있는 바로 소설의 배경이 되는 부분이 되겠습니다. 그래서 첫 번째는 그 소설 속에 나타나 있는 등장인물 그다음에 그 등장인물들 사이에 발생했던 여러 가지 사건들 그 다음에 그러한 사건들이 발생하게 된 공간적인 배경과 또는 시간적인 배경이 나타난다. 그랬죠. 그래서 이 세 가지 것들 인물과 사건과 배경이 서로 연관이 되어가지고 소설에서 나타나는 이야기가 이끌어간다고 보면 되겠어요. 기억나죠?

〈51-고 2008〉

교사는 (1)에서 학생들에게 소설의 3요소가 무엇인지 묻는 일반적 질문을 한다. (2)에서 학생1은 대답을 하고 (3)에서 교사는 (2)의 학생 대답에 긍정 평가를 내리고 소설의 3요소 중 한 가지 요소를 스스로 제시한다. (4)에서 학생이 대답을 하자, (5)에서 교사는 부정적 평가를 내리고 다시 일반적 질문을 한다. (6)에서 학생이 틀린 대답을 하자 (7)에서 교사는 다시 부정 평가를 내리고 또 소설의 3요소에 관한 지식적 내용을 학생들에게 제시하며 강의를 한다.

위의 수업 대화를 간단히 요약하여 나타내면 다음과 같다.

교사 질문 - 학생 대답 - 교사 부정적 평가 - 교사 강의/설명

지식 주입형의 수업 유형을 간단하게 그림으로 나타내면 다음과 같다.

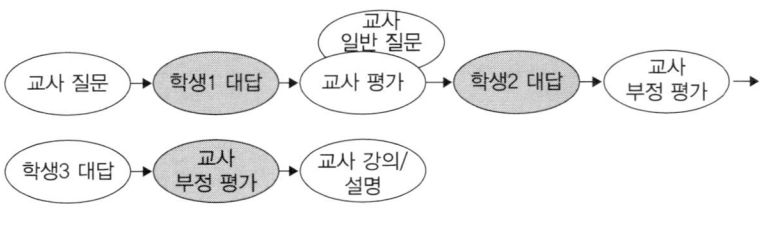

〈그림 27〉 지식 주입형 수업 대화

즉 지식 주입형은 교사의 지식 전달의 강의와 설명이 주를 이루는 수업 방식이라고 할 수 있다.

4.2.2. 단순지식 확인형

단순지식 확인형은 교사가 제시한 학습 자료나 학습 내용을 교사가 묻고 학생이 대답하는 유형으로 '이게 무슨 사진이죠?' 하고 교사가 질문하면 '네. 코끼리 사진입니다.'라고 대답하는 교사의 단순한 내용 이해의 질문에 학생의 단순내용 이해의 대답으로 수업 대화가 전개되는 교수 유형에 속한다. 이 단순지식 확인형은 제시된 자료의 내용 안에서 교사의 질문이 이루어지고, 학생은 자료의 내용의 틀을 벗어나지 않는 범위에서 답을 인지하는 유형이다.

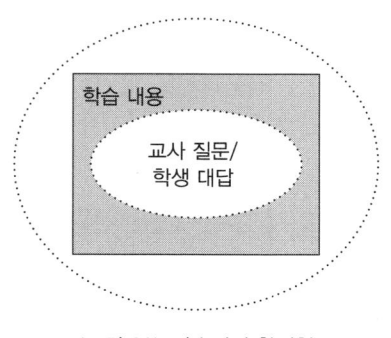

〈그림 28〉 단순지식 확인형

다음의 수업 대화 내용을 살펴보면서 논의하기로 한다.

(1) 교사 : 이야기를 들어봤는데 자. 여기 이야기에서 나오는 동물. <u>어떤 것이 있는 거 같아요?</u>
(2) 학생들 : 사자, 비단뱀, 이구아나, 모기.
(3) 교사 : 학생1.

(4) 학생1 : 올빼미

(5) 교사 : <u>올빼미 또?</u> 학생2

(6) 학생2 : 비단뱀

(7) 교사 : <u>비단뱀 또?</u> 학생3

(8) 학생3 : 사자

(9) 교사 : 사자가 나왔어요. 학생4

(10) 학생4 : 원숭이

(11) 교사 : 원숭이가 나왔어요. 네, 학생5

(12) 학생5 : 이구아나

(13) 교사 : 이구아나도 나왔고요.

〈34-중 2009〉

(1)에서 앞에서 동화 구연을 하고 이야기에는 어떤 동물이 나왔는지 질문을 한다. 그러자 (2)에서 학생들은 대답을 하고 (3)에서 다시 교사는 학생1에게 대답을 하도록 지명을 한다. (4)에서 학생1은 대답을 하고 (5)에서 단순 반복 평가를 하고 다시 지명을 한다. 그러자 (6)에서 학생2는 대답을 하고 또 교사는 (7)에서 단순 반복 평가를 하고 지명을 한다. 이렇게 계속해서 교사는 (13)까지 학생과 내용 파악에 대한 단순 질문과 단순 대답을 반복하며 수업 대화를 전개한다.

교사 질문n - 학생 대답n - 교사 단순 반복 평가n…

다음 수업 대화 내용 역시 교사의 수업 유형이 단순지식 확인형에 속함을 알 수 있는 수업 대화의 예이다.

(1) 교사 : 선생님이 오늘 수업을 위해서 몇 가지 사진을 준비했어요. 그런데 어떤 새들의 아기 때 사진이에요. 어, 어떤 새들의 아기 때 모습일까?
(2) 학생1 : 병아리
(3) 교사 : 이거는 무슨 새?
(4) 학생2 : 닭
(5) 교사 : 이거는 병아리니까 무슨 새?
(6) 학생3 : 닭, 닭
(7) 교사 : 이건 뭘까?
(8) 학생4 : 오리
(9) 교사 : 오리?
(10) 학생5 : 거위
(11) 교사 : 거위? 백조의 새끼 백조에요. 이거는?
(12) 학생6 : 오리
(13) 교사 : 어, 이게 바로 오리에요. 새끼 오리, 요거는?
(14) 학생7 : 독수리
(15) 교사 : 어, 이게 바로 독수리의 새끼에요. 요것도. 너무 귀엽게 생겼지요. 여러분, 여러분 미운, 미운 오리새끼라는 이야기 다 알지요?
(16) 학생들 : 예.

〈44-중 2009〉

(1)에서 교사는 학습 자료로 사진을 제시하고 사진에 대한 내용의 질문을 한다. (2)에서 학생1은 대답을 하고, (3)에서 교사는 학생1의 대답에 비대답(학생의 대답에 맞았다, 틀렸다, 단서의 제공 등) 평가를

하고 다시 질문을 한다. (4)에서 학생2는 대답을 한다. (5)에서도 역시 교사는 학생2 대답에 비대답 평가로 일관하고 다시 사진의 내용을 묻는 질문을 한다. (6)에서 학생3은 대답을 하고 (7)에서 교사는 역시 비대답 평가를 하고 질문을 다시 한다. (8)에서 학생4는 대답을 하자 (9)에서 교사는 같은 대답을 되물음으로써 부정 평가의 또 다른 표현을 한다. (10)에서 학생5는 대답을 하고 (11)에서 다시 되묻는 부정 평가를 하고 스스로 대답을 한다. 그리고 다시 질문을 한다. (14)에서 학생7은 대답을 하고 (15)에서 교사는 긍정 평가를 하고 교사가 동화 내용에 대한 제목을 스스로 대답을 한다. 그리고 통보적 질문을 하자 (16)에서 학생들은 긍정 대답을 한다.

교사 질문n - 학생 대답n - 교사 평가n

단순지식 확인형의 수업 유형을 간단하게 그림으로 나타내면 다음과 같다.

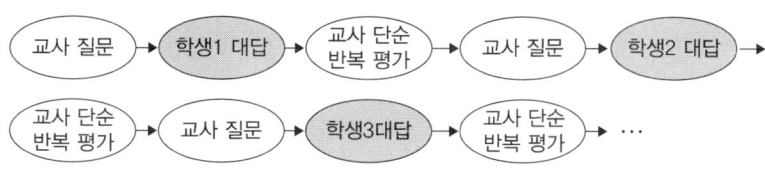

〈그림 29〉 단순지식 확인형 수업 대화

단순지식 확인형은 교사의 질문과 학생의 대답 그리고 교사의 단순 반복 평가가 주를 이루는 수업 유형이라 할 수 있다. 주로 단답형의 단순 질문과 단순 대답의 수업 대화로 이어지는데 학생들로 하여금 충분히 생각할 수 있는 시간과 스스로 지식과 관련된 내용을 발견하게 하는 수업 대화를 찾아볼 수 없는 수업 유형이다.

4.2.3. 지식인지 유도형

지식인지 유도형은 교사가 의도하는 학습 내용이나 수업 목표를 유도 질문을 통하여 학생 스스로 인지하도록 하는 수업 유형이다. 즉 교사가 학습 내용 전달을 위해 자료를 제시하고 수업 대화를 통해 학생이 답을 스스로 찾아가는 형태이며, 제시된 자료의 내용에는 대답의 실마리만 제공할 뿐 교사가 정답을 주지 않는 경우이다.

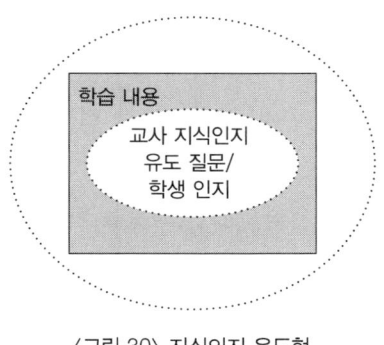

〈그림 30〉 지식인지 유도형

다음의 수업 대화의 예를 통해 논의해보고자 한다.

(1) 교사 : 우리 지난번에 수수께끼 배웠지요?
(2) 학생들 : 예.
(3) 교사 : 수수께끼를 내 줄 거에요. 한번 맞춰보세요. 지금 아무것도

없지요? 가죽을 먼저 벗기고, 수염을 뽑고, 살을 먹고 뼈는 버리는 것은? 어, 학생1 알아요?

(4) 학생1 : 옥수수

(5) 교사 : 어, 맞은 것 같아요?

(6) 학생들 : 예

(7) 교사 : 맞았어. 옥수수야. 옥수수 모르면, 여기다 붙여놨는데, 학생1이 딱 보고 맞춘 것 같은데…….

(8) 학생들 : 두 번째 문제 주세요.

(중략)

⟨11-저 2008⟩

(1), (2)에서 교사와 학생은 선수 학습 수수께끼에 대해 묻고 대답을 한다. (3)에서 교사는 궁금증을 유발하는 그림 자료를 가려서 제공하며 학생들에게 지식인지 유도 질문을 한다. (4)에서 학생들은 대답을 하며 일단 학습 내용에 관심을 나타낸다. (5)에서 교사는 평가를 학생들에게 이양하며 학습에 학생들을 끌어들이는 수업 대화를 택한다. 그러자 (6)에서 학생들은 긍정의 평가를 내리고 (7)에서 교사는 학생들 평가에 다시 긍정 평가를 하고, '~가 딱 보고 맞췄네.' 라는 말을 하여 학생들로 하여금 다음 문제를 빨리 내서 자신도 맞춰보고 싶은 욕구를 가질 수 있는 계기를 마련하도록 유도한다. 그러자 (8)에서 학생들은 수업에 집중 및 몰입을 하며 다음 문제를 달라는 요구를 한다.

이어서 지식인지를 유도하는 수업 대화를 고찰해보기로 한다.

(9) 교사 : <u>오, 맞았어.</u> 박쥐, 박쥐였어요. <u>선생님이 지금 수수께끼 세 개를 내고 여기 낱말 카드로 답은 이렇게 붙여놨는데, 처음에 답은 옥수수, 두 번째는 수박, 세 번째는 박쥐였지요?</u>
(10) 학생들 : 예.
(11) 교사 : 어, 낱말을 붙였는데 이 낱말을 붙여 놓은 규칙이 있어요. <u>어떤 규칙일까?</u> 알 수 있는 사람? 나는 알았다. 누가 있을까? 학생2
(12) 학생2 : 끝나는 말 잇기
(13) 교사 : <u>끝나는 말이 어때요? 끝나는 말이 이어져요?</u>

〈11-저 2008〉

  그러자 (9)에서 교사는 계속적으로 긍정 평가를 하고 수수께끼 했던 내용을 단서로 제공하는 전략을 활용하며 서서히 학생들이 수업 목표를 인지할 수 있도록 유도한다. (10)에서 학생들은 교사가 유도하는 대로 이해하고 따라오며 (11)에서 교사는 결정적인 '규칙'이라는 중요 낱말의 단서를 제시한다. (12)에서 학생은 스스로 교사가 의도하는 규칙을 찾아내고, 교사의 지식인지 유도 대화는 성공적으로 이루어졌다. (13)에서 교사는 다시 한 번 '끝나는 말, 이어지다'라는 중요 용어들을 반복 정리한다.
  이제는 커다란 윤곽으로 인지한 지식(여기서는 수업 목표)을 교사와 학생이 함께 정리된 용어로 마무리하는 수업 대화 내용이다.

(14) 학생들 : 예.
(15) 교사 : 오늘 우리가 공부 할 건데, <u>어떤 것을 공부할 것 같은가요?</u> 누가 얘기해 볼 사람? 학생3

(16) 학생3 : 끝말잇기
(17) 교사 : 끝말잇기. 맞아요. 오늘 공부할 내용이 뭐냐 하면 셋째 마당 한번 들어가 즐거운 하루를 배우는데, 오늘은 <u>말의 재미를 느끼면서 말 주고받기</u>를 해 볼 거예요.

〈11-저 2008〉

(14)에서 학생들은 교사의 말에 공감을 표현하고 (15)에서 교사는 직접적인 중요 용어 '오늘 어떤 것을 공부할지?'에 대해 질문을 던지자 (16)에서 학생들은 스스로 수업 목표를 인지했음을 확인할 수 있다. (17)에서 교사는 학생들이 발표한 내용에 부연 설명을 하며 수업 목표를 다시 한 번 정리하고 교사와 학생이 함께 동화되어 다음 활동을 준비한다.

간단하게 수업 대화 내용을 요약하면 다음과 같다.

학생 대답 - 교사 유도 질문 - 학생 인지 - 교사 긍정 대답

다음의 수업 대화 역시 교사의 계속된 지식인지 유도 질문을 통해서 학생들에게 수업 목표 인지를 연습시키며 학생 스스로 수업 목표를 인지하게 하는 수업 대화 내용이다.

(1) 교사 : 그래요. 자, 무슨 장면이에요?
(2) 학생들 : 주사 맞는 장면.
(3) 교사 : <u>그래. 주사를 맞았습니다. 그래서?</u>
(4) 학생1 : 울었습니다.
(5) 교사 : 아, 그렇구나. 자, 그러면 <u>주사를 맞았습니다. 그래서 울었습</u>

제3장 국어과 수업 대화 분류 기준 | 133

니다. 그러면 각 모둠의 2번이 돌아가면서 결과를 꼬리에 꼬리를 물어서 또 한 번 (웅성 다같이), 자, 번호 모둠 2번 자, 선생님이 먼저 시작합니다. <u>주사를 맞았습니다. 그래서 울었습니다. 1모둠 그래서?</u>
(6) 학생2 : 그래서 친구들이 깜짝 놀랐습니다.
(7) 교사 : <u>친구들이 깜짝 놀랐습니다. 자, 그래서?</u>
(8) 학생3 : 친구들이 겁을 먹었습니다.
(9) 교사 : <u>그래서?</u>
(10) 학생4 : 밴드를 붙였습니다.
(11) 교사 : 아, 밴드를 붙였어요. <u>그래서? 어떻게 됐을까요?</u>

〈39-중 2009〉

 (1)에서 교사는 사진을 제시하면서 사진과 관련한 질문을 한다. (2)에서 학생들은 대답을 하고 (3)에서 학생들의 대답에 긍정평가를 하고, '주사를 맞았습니다.'라는 학생들의 대답을 그대로 반복하고 '그래서?'라는 인과관계의 원인에 해당하는 단서를 제공하면서 결과를 이끌어내고자 하는 지식인지 유도형의 질문을 한다. 그러자 (4)에서 학생1이 결과에 해당하는 대답을 하고 (5)에서 교사는 학생 대답에 긍정평가를 해주고, '주사를 맞았습니다. 그래서 울었습니다.'라는 학생의 대답을 반복하며 '꼬리에 꼬리를 물어서'라는 연속적 인과관계의 훈련을 암시하는 단서를 제공한다. 그리고 '주사를 맞았습니다. 그래서 울었습니다.'라는 말을 다시 반복하고 인과관계 연습의 시작을 알리는 '그래서?'라는 지식인지 유도형 질문을 한다. 계속해서 이런 수업 대화를 전개하고 어느 정도 학생들이 인지를 하자, (11)에서 마지막 연습을 알리는 '어떻게 되었을까요?'라는 질문을 한다.

다음은 위와 이어지는 수업 대화로 수업 목표를 학생 스스로 인지하는 과정의 수업대화이다.

(12) 학생5 : 다, 나왔습니다.
(13) 교사 : 다 나아버렸어요. 아, 그다음 (웅성) 아, 자 2번 번호 2번 돌아가면서(?)지요? 자, 그래요 오늘 그러면 사진을 보고 <u>그래서? 그래서? 그러면 오늘 배울 공부할 내용이 무엇?</u>
(14) 학생들 : 원인과 결과
(15) 교사 : <u>원인과 결과?</u>
(16) 학생들 : 예.
(17) 학생들 : 딱 보면 알아요.
(18) 교사 : <u>딱 보면 알아?</u>
(19) 학생들 : 예
(20) 교사 : <u>오늘 공부할 내용은?</u>
(21) 학생들 : 원인과 결과가 드러나게 말할 수 있다.

〈39-중 2009〉

(12)에서 인과관계의 결과에 해당하는 대답을 한다. 그리고 (13)에서 교사는 오늘 공부할 내용이 무엇인지 학생들에게 질문을 한다. (14)에서 학생들은 '원인과 결과'라고 스스로 수업 목표의 핵심을 찾아낸다. 그러자 교사는 (15)에서 '원인과 결과?'라고 학생들에게 되묻는다. 이는 학생들로 하여금 한 번 더 생각하며 완전한 문장으로의 수업 목표 인지를 유도하는 교사의 전략이 담겨있다고 할 수 있다. (17)에서 학생들이 "딱 보면 알아요" 라고 대답한 것은 간과하기 쉬우나 상당히 의미 있는 대답이다. 교사가 수업 목표를 말하지 않았는

데도 학생들 스스로 인지한 것이며 학생들이 수업에 흥미를 느끼며 몰입해 있음을 간접적으로 확인할 수 있는 부분이다. 이는 교사의 연계된 지식인지 유도 질문 전략이 유효했다고 할 수 있다.

앞의 수업 대화의 예를 통해 지식인지 유도형의 교수 유형을 간단하게 그림으로 나타내면 다음과 같다.

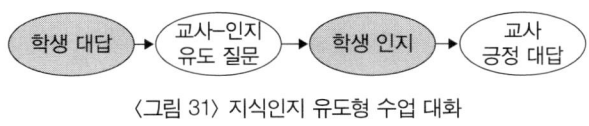

〈그림 31〉 지식인지 유도형 수업 대화

4.2.4. 지식 확산형

수업의 단계에는 크게 도입, 전개, 정리 부분으로 나눌 수 있는데 지식의 확산은 어느 부분에서도 나타날 수 있다.

교사의 질문에 학생들이 대답을 하고 다시 학생 대답과 관련해 연계 질문을 통해서 학생들이 자기의 생각을 정리해서 대답하는 과정에서, 대답하는 학생이나 듣고 있는 다수의 학생들이 몰랐던 새로운 사실을 알게 된다.

즉 대답하는 학생은 자기의 생각을 일회적으로 발표만 하고 끝내려했는데 대답한 내용에 대해 다시 한번 연계 질문을 받고는 자기가 그렇게 생각하게 된 근거와 이유를 설명하게 된다. 그리고 자신의 지적인 경험과 상식 등을 종합 정리해서 발표하게 되면서 다른 학생들도 간접적인 경험을 하며 몰랐던 사실을 새롭게 인지하며 자기의 생각을 수정·보완하여 지식의 확산을 얻을 수 있게 된다.7)

간단하게 지식 확산형의 교수 유형을 그림으로 나타내면 다음과 같다. 교사의 연계 질문에 학생들은 단위 수업시간 동안 관련된 주제는 물론 연계된 타 교과 지식 등 개방적이고 창의적인 대답으로 수업 대화를 전개하는 유형이라 설명할 수 있다.

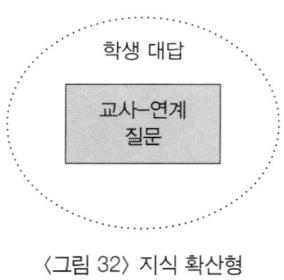

〈그림 32〉 지식 확산형

다음은 수업 목표가 '시의 느낌을 살려 시를 바꾸어 쓰기'인 수업 대화 내용인데 이 시는 친구가 전학을 가서 쓸쓸하고, 슬픈 감정을 충분히 살려주는 것이 이 수업의 핵심요소라 할 수 있다.

이 수업은 교사의 연계질문을 통해서 수업의 단절을 막고 개인의 경험을 통해서 다양하게 쓸쓸하고 슬픈 감정을 충분하게 연상 시켜 주고 의미의 확장적 이해까지 꾀한 지식 확산형의 수업 대화라 할 수 있다.

---

7. 이종희·김선희(2003:198)는 수학 학습에 참여할 때, 학생들은 교사의 질문에 답하고 토론하고, 개념과 문제 해결 방법을 설명하고, 정당화하고, 질문하고 수학이 포함된 이야기나 상황을 극화하면서 말하기를 사용하는데 이런 말하기는 수학에 대해 생각하는 방법을 확장시키고, 수학 개념과 아이디어를 학생 자신의 삶과 흥미에 연결시킬 수 있다는 점에서 가치가 있으며 학생들은 과제에 대해 함께 이야기하고 다른 학생에게서 더 형식적인 표현을 들으면서 수학적 지식 및 태도, 인간관계 등을 배울 수 있다고 하였다.

제3장 국어과 수업 대화 분류 기준 ⏐ 137

⑴ 학생1 : 신발코로 운동장을 팠어요.
⑵ 교사 : 신발 코는 어느 부분을 말하나요?
⑶ 학생2 : 신발의 맨 앞부분 끝이요.
⑷ 교사 : 그렇죠. 자세하게 잘 말해주었어요. 그런데 '신발 코'는 어떻게 만들어진 말일까?
⑸ 학생3 : 음, 우리 코가 뾰족하니까, 신발도 맨 앞부분 뾰족해서 신발 코라고 했어요.
⑹ 학생들 : 아하! 그렇구나!
⑺ 교사 : 아, 몰랐었죠? 오늘 새로운 사실 알게 되었네. 그런데 신발코로 왜 운동장을 팠을까?
⑻ 학생5 : 친구가 이사 가서 쓸쓸해서요.
⑼ 교사 : 우리 어떨 때 쓸쓸함을 느껴요?
⑽ 학생6 : 학교 끝나고 집에 갔는데 엄마가 안 계실 때요.
⑾ 학생7 : 친구들이 놀아주지 않을 때요.
⑿ 교사 : 그래요. 쓸쓸하다는 건 외롭고 적적하다는 거죠. 또 어떨 때 쓸쓸하다 하나요?
⒀ 학생8 : 날씨가 으스스하고 음산할 때도 쓸쓸하다고 합니다.
⒁ 교사 : 맞아요. 텅 빈 거리에 비가 부슬부슬 올 때도 쓸쓸하다 하죠.
⒂ 학생들 : 선생님! 갑자기 쓸쓸해져요.

〈54-고 2009-재구성〉

  ⑴에서 학생1은 앞서 교사의 질문에 대답을 하고 ⑵에서 교사는 학생의 대답에 '신발 코'라는 낱말로 연계질문을 하며 지식의 확산을 유도한다. ⑶에서 학생2는 '신발의 앞부분'이라는 대답을 한다. '신발 코'란 의미를 몰랐던 친구들은 새로운 사실을 알게 된다.

그리고 (4)에서 구체적 긍정평가를 하고 다시 지식 확산을 유도하는 '어떻게 만들어진 말일까?'라는 질문을 한다. (5)에서 학생3이 뾰족한 우리 코와 신발 코의 비슷한 점을 대답하자. (6)에서 학생들이 새로운 사실을 알게 되어 감탄을 한다.

(7)에서 교사는 새로운 사실을 알게 된 내용을 알려주고 다시 연계 질문을 한다. (8)에서 학생이 '쓸쓸하다'고 대답을 한다. 그러자 (9)에서 교사는 '어떨 때 쓸쓸한 감정을 느끼나?'고 물으면서 개인적으로 쓸쓸했던 경험을 발표하도록 유도한다. (10), (11)에서 학생6, 7이 자기의 경험을 발표한다. 그리고 (12)에서 교사가 지식의 확산을 유도하는 질문을 하자 (13)에서 학생8은 대답을 한다. 여기서 학생들은 날씨를 가지고 쓸쓸함을 표현한다는 새로운 사실을 알게 된다. 그리고 (14)에서 교사가 쓸쓸한 상황들을 이야기 하자, (15)에서 학생들은 쓸쓸해진다고 표현을 한다.

결국 교사의 꼬리에 꼬리를 무는 연계 질문에 학생들은 전학 간 친구를 둔 학급으로 감정이 전이되어서 다양하고 창의적이며 확산적인 생각이 표출된다. 이로써 이 수업 대화를 통해서 다양한 새로운 사실들을 학생들은 접하게 되고 시를 쓰기에 알맞은 정서 상태로 몰입되었음을 확인할 수 있다.

지식 확산형의 수업 유형을 위의 수업 대화와 관련지어 간단하게 그림으로 나타내면 다음과 같다.

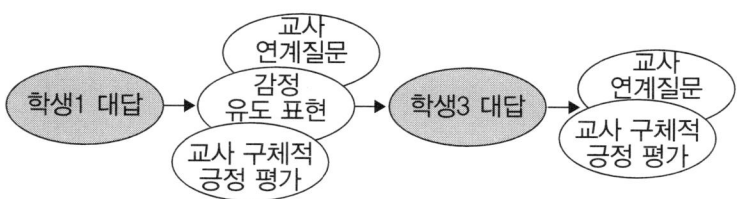

〈그림 33〉 지식 확산형 수업 대화

제4장

국어과 심화 대화형 수업을 위한 수업 대화 전략

교사 화법 교육론

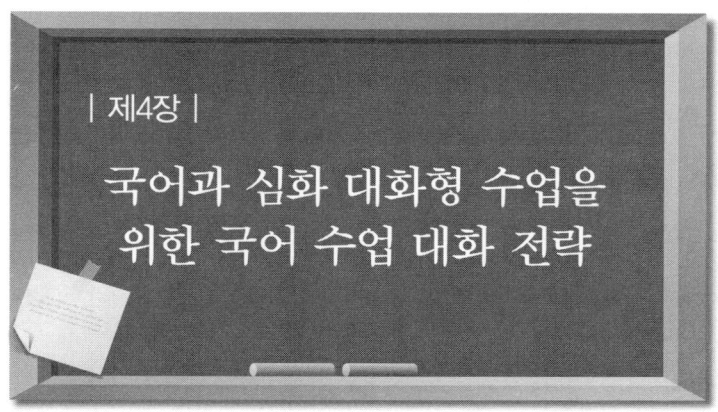

제4장 국어과 심화 대화형 수업을 위한 국어 수업 대화 전략

　지금까지 수업 대화와 관련한 산발적인 지식들을 이론적으로 정리하고 수업 대화 분석의 분류 기준을 세워 수업 대화에서 나타나는 교사들의 수업 대화의 유형과 실태를 분석하였다. 다음 제4장에서는 위의 제3장에서 분류한 수업 대화 분류 기준에 의해 심화 대화형 수업을 위한 수업 대화 전략에 대해 논의하고자 한다.

　효과적인 지식의 인지나 확산을 위해 심화 대화를 전개하기 위해서는 적합한 학습 분위기 조성이 필요한데, 학생들의 정서 상태가 학습 흥미, 집중, 그리고 몰입 상태에 이르렀을 때 심화 대화를 전개할 경우 지식의 인지나 확산의 효과가 가장 극대화 된다.

　따라서 집중을 유도하는 대화 전략을 전개할 때는 당연히 앞서 조성된 학습 흥미 유도 대화가 함께 논의가 될 수 있으며, 몰입을 유도하는 대화 전략에서는 학습 흥미와 집중이 함께 논의가 된다는 것이다. 단지 〈학습 흥미—집중—몰입—지식인지-지식확산〉 각각의 단계에서 유효하게 중요한 역할을 하는 전략들이 서로 다르게 존재하나 결국엔 나선형으로 각각의 단계는 연계 질문이란 심화 대화 전개의 핵심 요소를 활용하여 지식확산을 최종 목표로 하나의 고리로 의미 있게 연결된다고 할 수 있다.

제4장의 심화 대화를 통한 수업 대화 전략의 구성은 크게 학습 흥미 유도 대화 전략, 집중 유도 대화 전략, 몰입 유도 대화 전략을 바탕으로 다지고 나서 지식인지 유도 대화 전략, 지식확산 유도 대화 전략을 순차적으로 논의하고자 한다.

「전략」이란 용어는 전략가를 의미하는 그리스 말에서 기원된 것이다.[1] Ronald T. Hyman에 의하면 「전략이란 주어진 목적을 달성하기 위하여 고안된 일련의 단계를 포함하는 치밀한 계획」이라고 하였듯이, 최근 교육계에서도 교수 전략이란 용어가 연구 논문이나 학회지에 발표된 소논문 들을 보면 자주 등장하는 것을 볼 수 있다.[2]

최영환(2003)은 전략에 관한 자동화에 대해 논의하였는데 교사가 다양한 전략을 수업 대화에 활용하고자 할 때 정신적인 과정적 지식으로 존재하면 국어사용 능력은 향상될 수 없다고 주장한다. 이유는 교사가 그 전략을 머릿속으로만 인식하고 있어 활용하고자 할 때 항상 기억 속에서 떠올려야만 활용할 수 있다면, 속도가 느려지고 수업의 대화는 자연스럽게 단절되며 그로 인해 전략 활용의 효과가 반감이 된다는 것이다. 따라서 교사가 활용하고자 하는 전략은 일반적

---

1. Ronald T. Hyman, *Ways of Teaching*, 2nd ed. (Philadelphia: J. B. Lippincott Conpany, 1974)
2. 최영환(2003:126)은 국어사용과 관련하여 전략을 여러 가지로 구분하는데 국어사용 전략과 학습 전략, 교수 전략 등은 모두 공통적으로 '전략'(strategy)으로 사용하는데 이는 그 기본 요소가 동일하기 때문이라고 설명하였다.

상황에서 거의 인식하지 못할 정도로 자동화 되어야 하며, 수업 대화에서 적절한 때 적절한 기능으로 전략이 소용된다고 해석할 수 있다. 따라서 수업 대화에서 수업 단계마다 자동적으로 전략을 활용할 수 있도록 계속적으로 수업에 적용하여 기능화 될 수 있도록 연습이 필요하다 하겠다.

　수업 중 학생이 보이는 정서로는 관심, 집중, 몰입의 상태를 보이는데 성공적인 수업은 이런 일련의 과정을 거쳤을 때 지식의 인지와 확산이 일어날 확률이 높다. 그러나 교사가 똑같은 학습 자료나 교수-학습 과정안을 가지고 수업을 해도 어떤 수업은 지식 주입형의 수업이 되고 어떤 수업은 지식인지 유도형이나 지식확산형이 되는 것은 자료 제시, 교사 평가, 교사 질문에 있어 각각 전개하는 수업 대화의 방법이 다르고 전략 또한 다르기 때문이다.

　따라서 학생 스스로 지식을 인지하고 더 나아가 지식의 확산까지 도달하려면 각 단계마다 유효하게 작용하는 적절한 교사의 수업 대화 전략이 반드시 필요하다. 제4장에서는 학습 흥미와 집중, 몰입, 지식의 인지가 단절됨 없이 자연스럽게 조성된 후에 교사의 심화 수업 대화의 전개를 활용하여 학생들의 지식과 경험의 세계를 창의적으로 재구성하여 지식확산을 유도하는 수업 대화를 전개하는 전략을 논의하기로 하겠다.

1. 학습 흥미 유도 대화 전략

1.1. 성격

학습 흥미란 학습 과제나 주제에 대한 동기유발 단계이자 학생들로 하여금 재미를 유발하게 하는 맥락으로 이해할 수 있다.

학생의 관심과 학습 흥미, 그리고 재미있어 하는 수업 분위기 조성은 성공적인 수업의 중요한 필요조건이다. 학생들이 수업에 관심을 가지고 흥미로워 하는 학습 분위기가 조성이 되었다면 그 수업은 효과적인 목표 달성의 준비가 끝났다고 할 수 있다.

장상호 역(1987)에서 흥미를 학습 과정에서 중요한 요인으로 보았으며, 학생은 그가 배우고 있는 것에 몰두해야만 하고, 교사가 지루하게 생각하고 학생이 싫증을 느낀다면 교사와 학생 간의 전체적인 의사소통이 방해받는다고 하였다. 학생의 싫증만을 다룬 것이 아니고 교사가 지루하게 생각한다고 한 부분은 큰 의미가 있다. 듣는 학생들의 반응에 따라서 교사도 '즐거운 마음으로 수업 전개'의 여부가 달려 있기 때문이다. 이는 본 책에서 전개될 교사가 학생들과 함께 동화된다는 의미와 연결된다고 하겠다. 여기서는 교사가 다양한 학습 자료를 제시하며 학습 흥미를 유도하는 수업 대화의 전략을 고찰하기로 한다.

1.2. 수업 대화 전략

학습 흥미를 유도하기 위해 교사는 학생들의 마음을 움직이기 위해 학습 자료도 제공하고 여러 가지 감정 유도 표현을 한다.

학습 자료는 학생들이 늘 보던 것이 아닌, 참신한 내용의 오감을 자극하는 자료를 제시할 때 학습 흥미가 더 쉽게 유발되며, 교과서의 학습 내용이 이미 널리 알려져 있는 경우라면 새롭게 재구성하여 제시한다. 즉 교과서의 그림 자료를 동영상 자료로 바꾸어서 전달한다든지 또는 글로 된 자료를 연극이나 그림으로 재구성하여 제시함으로써 기존에 경험했던 내용과 차별화를 두어 받아들이는 학생에게 신선함과 호기심을 주어야 학습 흥미를 유발할 수 있다.

또 학습 자료의 내용이 학습 주제와 직접적으로 연계되었을 때 학습 흥미 유발이 훨씬 효과적이다. 학습 주제와 관련이 없는 내용으로도 학습 흥미를 유발할 수는 있다. 그러나 다음의 학습활동과 연계지으려면 교사는 또 다른 전략이 필요하게 되어 이중의 수고로움을 더하게 된다.

그리고 아무리 내용과 전달 방법이 참신해도 학생 수준에서 이해할 수 없는 내용인 경우 초기에는 흥미를 보이다가 곧 무관심 상태로 빠져들게 된다. 따라서 제시하는 학습 자료의 내용을 학생들의 이해 수준에 맞추는 것이 학습의 효과를 높일 수 있다.

학생들의 마음을 움직여 학습 흥미가 유발되게 하고, 다양한 학습 자료를 제시하며 학습 흥미를 유도하는 수업 대화를 고찰하기로 한다.

전략1. 마음 움직이기

앞의 제3장의 수업 대화 분류 기준에 제시한 것처럼 교사의 감정 유도 표현은 학생들로 하여금 수업에 관심이나 학습 흥미, 더 나아가 집중과 몰입의 단계에 이르게 하기 위해서 감정이나 흥을 의도적으로 돋우는 표현이라 할 수 있다.

〈방법1〉 감정 유도 표현 사용하기

즐겁고 유쾌해지도록 마음을 움직이기 위한 전략1의 첫 번째 방법으로 감정 유도 표현을 사용하라는 것이다. 감정 유도 표현을 사용하면 학생들의 학습 흥미가 훨씬 효과적으로 유도된다.

(1) 교사 : 학생1이 왜 이 표정을 짓고 있을까?
(2) 학생2 : 제가 발표하겠습니다. 경기를 했는데 우리 팀이 이겨서 기뻐서입니다.
(3) 교사 : <u>아, 기쁨의 표정. 이야!</u> 그래서 얼굴이 <u>싱글벙글 이죠</u>?
(4) 학생 : 하하

〈38-중 2009-재구성〉[3]

(1)에서 교사는 학습 흥미를 유도하기 위해 한 사진을 제시하고 '사진의 학생 표정이 왜 그런가?' 하는 질문을 하자, (2)에서 학생2는 대답을 한다. 그리고 (3)에서 교사는 학습 흥미를 유발하는 '아, 이야!' 등의 감정 유도 표현을 활용함으로써 감정을 유도한다. 그리고 '싱글벙글'이라는 의태어를 활용하여 감정 표현을 유도한다. (4)에서 학생들은 사진의 내용과 교사의 감정을 유도하는 표현의 활용으로 학습 흥미가 유도된 상태로 전개된다.

---

3. 〈38-중 2009-재구성〉은 3학년 8번째 2009년도 전사 자료를 이해의 편의를 위해 재구성한 것이라는 의미를 뜻한다.

다음의 수업 대화 역시 감정 유도 표현을 활용하여 학습 흥미 유발을 의도한 수업 대화이다.

 (1) 교사 : 어, 그래. 그러면 어떤 사진일까? 좋아 너무 어려운 거 같으니까 힌트 하나를 주겠어요. 어떤 사진일까? (가린 사진 제시하고 조각들을 한 장씩 떼어내며, 호기심 자극) <u>자, 짜잔!</u>
 (2) 학생 : <u>에?</u> 재롱 잔치

〈39-중 2009-재구성〉

(1)에서 학습 흥미 유도를 위해 학습 자료를 제시하고 어떤 사진일까? 라는 질문을 하고 감정 유도 표현을 활용한다. 그러자 (2)에서 학생들도 역시 '에?'라는 감정의 표현을 함으로써 궁금증과 호기심 그리고 학습 흥미가 유도됐다고 유추할 수 있다.

〈방법2〉 구어체 사용하여 실감나게 구연하기

즐겁고 유쾌해지도록 하기 위한 전략1의 두 번째 방법은 딱딱한 문어체의 사용보다는 구어체를 활용하여 문학작품을 구연했을 때 훨씬 더 친근하고 따뜻한 느낌으로 다가와 마음을 움직이기에 쉽다는 것이다.

 (1) 교사 : <u>너무 짧아진 거지? 완전 짧아졌어요. 호호! 어쩜 좋아!</u> 그런데 선비가 그렇게 점잖은 선비가 짧은 바지를 입고 있는 모습을 본거야. 아, 딸들이 바지를 많이 줄여주어서 그렇구나. 이 모습을 본 부자도 세 딸들의 효심을 한번 시험해 보기로 한

거야. 역시 똑같은 질문을 했지. 아, 아버지 바지가 짧은데 누구 한명만 딱 한 뼘만 줄여줬으면 좋겠다. 했는데, 딸들은 어땠어요?
(2) 학생들 : 하하하!! 하나도 안 줄여 놨어요. 하하, 정반대에요!
〈53-고 2009-재구성〉

(1)에서 교사는 앞에서 점잖은 선비의 바지를 조금 줄여달라는 말에 효녀 딸들이 한 뼘씩 다 줄여진 상황에서 표현을 '네 짧아졌습니다.'하는 문어체의 딱딱한 어투의 말보다 '너무 짧아진거지? 완전 짧아졌어요. 호호! 어쩜 좋아?'라는 즐겁고 재미있으며 학습 흥미를 유도할 만한 구어체를 활용하였다. 그러자 (2)에서 학생들은 웃음으로 학습 흥미가 유도되었음을 확인할 수 있다.

〈방법3〉 심리적으로 자극할 만한 말하기

학습 흥미가 유도되도록 마음을 움직이려면 교사가 학생들에게 갈등 사태를 제시한다든가 심리적으로 자극할 만한 말을 한다.

(1) 교사 : 짧아진 바지라는 동화 다 알죠? 모르는 사람 없을텐데…아니 얼굴을 보니 모르는 사람이 많은 것 같은데?
(2) 학생1 : 전 알아요.
(3) 학생2 : 저도 알아요. 착한 선비와 욕심쟁이 선비 얘기죠?
(4) 교사 : 와! 아는 사람 많네? 생각보다 똑똑한 사람이 많네요!
(5) 학생들 : 하하! 우리 원래 똑똑해요.
〈53-고 2009-재구성〉

(1)에서 교사는 '짧아진 바지'라는 동화를 통해서 학습 흥미를 유도하기 위해 심리적으로 자극이 될 만한 대화를 유도한다. '모르는 사람 없을 텐데'라는 말에는 학생들은 '어? 나는 아는데? 나는 안다고 대답을 해야지!', '선생님께서 내 얼굴을 보면서 모르는 사람이 많다고 하시네? 어? 난 아는데 짧아진 바지!', '어머! 나는 모르는데? 무슨 내용이지?' 등의 심리적 변화를 유도하기 위한 심리적으로 자극하는 말을 사용한다. 그러자 (2)에서 학생1은 안다고 표현을 하고 (3)에서 학생2는 동화의 내용을 안다고 하고 간단하게 내용 확인의 질문을 한다. (4)에서 교사는 다시 '와! 아는 사람 많네. 똑똑한 사람 많네.'라는 심리적으로 자극할 만한 수업 대화를 다시 유도한다. 그러자 (5)에서 학생들은 교사의 칭찬에 자신감을 가지고 '짧아진 바지'라는 동화에 대한 학습 흥미가 유발되었음을 간접적으로 확인할 수 있다.

이렇게 학습 흥미 유도 대화 전략의 첫 번째는 마음을 즐겁고 유쾌하게 움직이는 것이라 할 수 있다.

전략2 학습 자료 제시하기

교사들은 도입단계에서 동기유발을 위해 자료를 제시하기도 하고, 또 학습활동 전개단계에서 학습 자료를 제시하기도 한다. 그리고 흔하지는 않지만 마지막 정리단계에서도 수업 목표 도달 여부 확인을 위해서 자료를 제시하기도 한다.

이렇게 성공적인 수업을 위해서 자료를 제시함에도 불구하고 실제적으로 교사들이 준비한 자료가 의도한 만큼 성과를 거두지 못할 때가 있다. 똑같은 학습 자료를 가지고 같은 수업을 해도 교사마다 수업 목표 성취여부가 다르며, 예를 들어 학급의 학생들을 대상으로 제작한 동영상이 인터넷에 떠도는 자료보다 더 좋은 자료라고 정의해도 그 자료를 가지고 교사가 어떤 교수법으로 어떻게 제시하고 어떻게 학생들이 인지하느냐에 따라서 그 반대의 결과가 나타나기도 한다는 것이다. 즉 교사가 제시하는 자료보다 우선하는 것이 교사의 자료 제시전략이 수업의 성패를 좌우한다고 할 수 있다.

이런 논의에도 불구하고 우리가 학습활동에서 어떤 자료가 더 수업 목표 도달에 효과적인가 하는 논의가 반드시 필요한 이유는, 효과적인 자료의 제시는 학생들의 흥미와 관심을 유발하는 첫 단계이기 때문이다. 학습활동에 효과적인 자료의 제시, 교사의 자료 제시 방법의 전략, 학생들의 지식의 인지는 서로 맞물리는 톱니바퀴와 같다고 할 수 있다.

그래서 필자는 전사한 수업자료에서 제시된 자료의 양상과 제시방법을 고찰해보고 학습 흥미를 유도하는 다양한 학습 자료와 효과적인 자료제시 전략을 함께 논의하고자 한다.

〈방법1〉 노래 자료를 활용하기

교수학습 활동 시 교사가 노래를 동기유발 자료로 제공하는 경우도 있고, 수업시작 전이나 수업 중간에 학습 분위기 조성을 위해서 노래를 부르는 경우도 있다. 대부분 수업시작 전이나 수업 중간에 부르는 노래는 가사가 학습내용과는 크게 관련이 없고 단지 학습 분위기 조성상 제시되는 자료이고, 동기유발 자료로 흔하지는 않지만 학습내용과 직접 관련이 있는 노래가 학습 자료로 제시되는 경우가 있다.

이때 학습활동에서 제시된 노래 자료에는 수업 목표와 직접적으로 관련이 있는 노래를 교사가 선정하여 학생과 함께 부르고 자연스럽게 수업 목표로 연결시키려는 목적이 있다. 교사가 노래를 제시하고 학생들이 부르며, 자연스럽게 내용과 연결시켜 이해하는 과정까지의 수업 대화 내용의 예를 보면 다음과 같다.

(1) 학생 : 노래
(2) 교사 : 어, 아주 노래를 잘 불렀어요. 지금 그 노래의 제목이 뭐에요?
(3) 학생 : 리리리자로 끝나는 말
(4) 교사 : '리자로 끝나는 말' 끝나는 말에 무슨 자가 와요? 낱말이?
(5) 학생 : '리'
(6) 교사 : 어, 리자로 끝나는 말이 많이 나오지요? 이번에 선생님이 여러분한테 우리 저번에 수수께끼 배웠지요?
(7) 학생 : 예.

〈11-저 2008〉

(1)에서 교사는 수업 목표 '끝말잇기'와 관련된 '리리리자로 끝나는 말은?' 이라는 노래를 의도적으로 선정하여 학생들에게 부르게 한다. 이럴 경우 학습 분위기 조성과 수업 목표 인지로의 유도로 한꺼번에 두 가지 효과를 볼 수 있다는 장점이 있다. (2)에서 교사는 긍정평가를 하고 학생들에게 노래의 제목을 상기시키는 질문을 던진다. 역시 수업 목표 인지를 위한 유도질문이라 하겠다. (3)에서 학생들은 함께 노래 제목을 알아맞힌다. 교사의 의도가 적중했다고 할 수 있다.

그리고 교사는 (4)에서 수업 목표와 직접 관련 있는 중요 낱말을 묻는 질문을 한다. 이에 학생들은 (5)에서 대답을 하고 (6)에서 긍정 평가를 내린 다음에 선수학습과 이번 학습을 연계시켜 경험적 질문을 한다. (7)에서 학생들은 긍정의 대답을 하면서 자연스럽게 다음 학습과 연결을 지었다.

〈방법2〉 사진자료 활용하기

교수학습 활동 시 교사가 제시하는 사진자료에는 학급학생들을 대상으로 찍은 사진과 일반 사물이나 인물 등을 대상으로 찍은 사진이 있다. 앞에서도 언급했지만 어떤 자료든지 교사가 학생들의 호기심을 유발시켜 수업 목표에 도달하게 하느냐는 교사가 자료를 어떻게 제시하고 어떻게 전개하느냐에 달렸지만, 사진자료가 학급학생들의 모습을 담은 사진일 경우 학생들이 관심과 흥미를 훨씬 더 많이 갖게 된다. 다시 말하면 어떤 학습목적을 가지고 교사가 그 학급의 학생들의 모습이 담긴 사진자료를 제시했을 때 의도하고자 하는 바를 이루기에 훨씬 더 쉽다.

그리고 자료의 제시도 바로 보여주는 것이 아니라 제시되는 이 자료가 어떤 자료일지 학생들로 하여금 궁금증을 유발하게 하는 수업 대화를 전개할 때, 학생들로 하여금 자료에 대한 관심을 증폭시키고 학생들은 자연스럽게 수업에 몰두하게 된다. 이렇게 수업분위기가 무르익었을 때 교사 역시 학생들과 동화가 되어 수업 대화를 이끌어 갈 때, 수업효과는 교사가 바라던 것보다 훨씬 더 크다고 볼 수 있다. 결국 이렇게 교사와 학생의 정서상태가 하나가 되어 수업에 몰입되었을 때, 학생들은 스스로 교사가 알리고자 했던 학습내용들을 인지한다. 여기서 인지한다는 것은 교사가 전하고자 하는 단편적인 지식의 습득만을 의미하는 것이 아니라 이미 창의적인 사고가 열리고 어떤 내용이든지 쉽게 받아들여 재창출할 수 있는 사고의 유연성이 형성되어 지식의 확산까지 꾀할 수 있다는 가능성을 예측할 수 있다.

 (1) 교사 : 참, 깜빡했어요. <u>선생님이 홈페이지에다가 우리 반 사진을 올려놓으려고 그러는데, 때는 운동회였습니다.</u>
 (2) 교사 : 어떤 친구의 표정을 보고 선생님은 지금 너무 궁금해요. <u>왜 현순이가 이런 표정을 짓고 있는지 여러분들 궁금하지요?</u>
 (3) 학생 : 예!
 (4) 교사 : 선생님이 너무 궁금한 걸 여러분이 해결해 줄 수 있을 거 같아요. 짜잔! (학급의 한 학생이 찡그리고 있는 사진을 화면에 띄워준다.)
 (5) 학생들 : (모두 웃는다.)
 (6) 교사 : <u>이 친구는 누구일까요?</u>
 (7) 학생들 : 이현순! 하하

〈38-중 2009〉

 (1), (2)에서 교사는 재미있는 표정을 지은 학생의 운동회 때 찍은 사진을 학생들에게 제시할 거란 암시를 주고 (2)에서 교사는 사진을 바로 제시하지 않고 학생들에게 어떤 사진일지 한번 생각하게 하고 사진에 관한 궁금증을 더욱 갖도록 학생들로 하여금 호기심을 유발시키는 전략을 사용한다. (3)에서 교사의 유도에 관심을 가지며 학생들은 사진의 내용이 궁금하다는 대답을 한다. (4)에서 교사는 학생들의 궁금증이 고조에 달했을 때 사진 자료를 제시한다. (5)에서 학생들은 친구의 재미있는 얼굴이 나와 있는 사진을 보고 모두 웃음을 터뜨리며 학습활동에 몰입을 하게 된다. 교사의 호기심 유발 전략

이 성공했다고 평가할 수 있다. (6)에서 교사는 질문을 하고 (7)에서 학생들은 사진의 주인공이 우리 중에 한명이라는 친근감과 재미있는 표정에서 한층 더 학습활동에 관심을 보인다.

〈방법3〉 동영상 자료 활용하기

교사들이 제시하는 동영상 자료로는 학급의 학생들을 대상으로 자체 제작한 것과 인터넷이나 학습사이트에서 다운 받은 것으로 학습활동에 많이 활용하는 자료이다. 앞에서 사진자료 제시전략에서 언급한 것처럼 동영상 역시 학급의 학생들을 대상으로 제작한 자료가 학생들의 호기심을 더 유발한다고 할 수 있다.

다음 수업 대화 내용은 학급 학생 2명의 역할극을 동영상으로 자체 제작한 자료로 학생들의 흥미와 관심을 쉽게 끌어낼 수 있는 수업이라고 할 수 있다.

(1) 교사 : 예 좋아요. 자 오늘, 우리 어 읽기 책 중에서 새롭게 4단원의 두 번째 바닥. 숨어있는 의미에 대해서 한번 학습해 보도록 하겠습니다. <u>한번 준비한 영상을 보면서 숨어있는 의미가 무엇이 있을지에 대해서 한번 알아보자.</u>
(2) TV : 어. 너 지금 어디 가니? 영어 학원 등록하러. 영어 학원 너 다니고 있었잖아. 그런데 영어로 술술 말할 수 있대. 정말? 어디. 나도 해보자. 응 한 달만 다녀도 영어가 술술. 외국인과 어떤 대화도 가능. 이상한데, 진짜일까?
(3) 학생 : 웃음
(4) 교사 : <u>자. 여러분들 어때요, 영상을 잘 봤어요? 우리반 친구들이 등</u>

장했죠?
(5) 학생 : 하하하 예!

〈55-고 2008〉

　(1)에서 교사는 그 학급 학생들이 주인공이 되어 동영상 자료를 제시할 것을 언급한다. 대화로 미루어 보아 제작할 자료의 주인공을 전날에 선발한 것으로 보인다. 이때 교사는 동영상을 보면서 자료 제시 전략으로 숨어 있는 의미를 찾을 것을 지시한다. (2)에서 동영상 자료를 제시한다. 그리고 (3)에서 학생들의 반응과 교실 분위기로 보아 학생들로 하여금 관심과 흥미를 끌어내고자 했던 전략은 성공한 듯 보인다.
　그런데 (1)에서 '숨어 있는 의미 찾기' 라는 말은 수업 목표와 직접 관련 있는 말이어서 교사가 동영상 자료와 함께 제시하는 전략이 옳은 듯하나, 실제 자료를 제시하고 전략을 활용할 때, 학습용어의 제시가 함께 들어갈 경우에는 즐거운 느낌보다는 딱딱한 공부의 한 부분이라고 느껴져서 좋은 자료를 제시했음에도 불구하고 그 효과가 반감된다고 할 수 있다.
　그래서 자료를 제시하면서 '~는 왜 그랬을까?, 어떤 일이 벌어진 걸까?' 등 제시된 자료의 일상적인 내용과 자기 경험을 결부 시키면서 자연스럽게 학습주제와 연결시키는 전략을 활용해야 교사가 얻고자 하는 바를 얻을 수 있다. (4)에서 교사는 학생들이 등장하는 자체 제작한 동영상 자료를 학생들이 흥미와 관심을 많이 가져 교사와 학생이 함께 감정이 고조되었다는 것을 알 수 있다.

〈방법4〉 플래시 자료 제시하기

다음의 수업 대화는 학습 자료로 동기유발을 위해서 재미있는 음악과 링컨의 일생을 만화처럼 경쾌하고 재미있게 꾸며서 만든 플래시 자료이다. 이미 널리 알려진 위인 링컨에 대해서 자칫 지루해지기 쉬운 내용을 교사는 플레시로 제작하여 제시함으로써 일단 학습 흥미를 유발하는데 성공하였다.

> (1) 교사 : 예, 여러분들은 아마도 링컨에 대해서 많은 이야기를 들어 봤을 거에요. 자, 선생님이 간단하게 <u>링컨 대통령의 그 일대기를 만들었어요. 선생님이 만든 영상을 보여줄 테니까</u> 여러분들이 한번 봐보세요. 자, 이 TV로 보세요.
> (2) <u>TV(링컨 플래시-음악-자막)</u>
> (3) 교사 : 자, 잘 봤지요? 잘 봤지요?
> (4) 학생들 : <u>예. 재미있었어요.</u>
>
> 〈43-중 2009〉

(1), (2)에서 교사가 링컨 대통령의 일대기를 만화형식으로 빠르고 경쾌한 음악을 넣어서 플레시로 제작한 학습 자료를 제시하자 (4)에서 학생들은 재미있었다고 표현하는 것으로 보아 학습 흥미를 유발시키는 전략이 유효했다고 할 수 있다. 단지 (3)에서 교사가 플래시 자료와 관련된 개인의 경험 등과 연관지어서 질문을 하는 수업 대화를 전개했다면 학습 진행에 더 용이했으리라 생각된다.

또, (1)에서 교사가 어느 부분에 관심을 가지고 주의 깊게 보아야 하는지를 제시해 주면 학습효과가 훨씬 높다고 할 수 있다.

〈방법5〉 교사가 직접 동화 구연하기

교사의 학습활동 소기의 목적을 달성하기 위하여 제시하는 자료 중 교사가 직접적으로 들려주는 동화구연이 있다. 동화구연은 실질적으로 교사가 1인 다 역으로 혼자 연극적인 요소를 가미해서 학생들에게 들려주는 것이 있고, 그냥 동화를 설명하듯이 들려주는 학습 대화가 있다. 이때 학생들로 하여금 관심과 흥미를 갖게 하는 것은 당연 연극적인 요소를 가미한 교사의 동화 구연이라 하겠다.

초등학교 학생의 언어 경험 특성상 학생들은 판타지의 세계와 그 언어에 친화감을 가진다.[4] 초등학생들이 주로 문학 작품을 통해서 경험하게 되는 판타지는 현실의 시간과 공간이 지배하는 법칙을 초월해서 이루어지는 세계이다. 현실을 넘어서 어떤 세계를 꿈꾸는 정신적 성향은 어른이나 어린이나 모두 같이 가지고 있다. 어른들의 경우는 일종의 '해방적' 꿈꾸기, 즉 현실로부터 벗어나기 위한 정신적 활동의 한 양상으로 판타지가 작용하는 경우가 많다.

이에 비해서 어린이들이 판타지를 좋아하는 것은 발달의 한 과정이라는 측면을 지닌다. 즉 아직 실재로서의 세계를 확실하게 인식하지 못하는 단계에서 그 세계를 자유롭게 그려보려는 활동이 바로 판타지이기 때문이다. 실재로서의 세계를 과학적으로(또는 현실적으로) 인식하고 난 뒤에는 이른바 유아적 판타지로부터 멀어지는 정신적 성향을 보이는 것이다. 그러니까 판타지는 어린이들이 모르는 세계를 꿈꾸는 것이고, 만들고 싶은 세계를 자유롭게 구성하는 것이다. 따라서 어린이들의 판타지는 철저히 주관적 세계에 해당한다. 고학년

---

4. 김진철 외 10명(2001), 수업길라잡이,초등학교 교과별 수업설계,24p:14-25p:6)

이후의 판타지가 사건의 배경은 비현실적이라 하더라도 그 내용은 논리성을 추구하는 것과 대비가 되는 것이다.

요컨대 판타지는 어린이들이 세계를 재구성하는 어린이다운 방식의 하나이다. 그리고 이런 판타지는 대체로 어린이들의 언어 경험과 밀접한 연관을 가진다. 더러는 판타지를 시각적 경험에 의존하는 경우도 있으나, 어린 시절의 숱한 이야기 경험을 통해서 판타지에 친화되기도 한다. 판타지를 담고 있는 이야기와 친해지려는 언어적 성향을 국어과 수업에서는 중시해야 한다. 국어수업을 잘할 수 있는 동기적 요소를 판타지에서 구할 수 있기 때문이다.

연극적인 요소를 더하여 교사가 동화 구연을 하는 수업 대화 내용을 학생들의 반응에 초점을 두고 논의하고자 한다.

> (1) 교사 : 자, 어느 날 아침 모기가 작은 샘에서 물을 마시고 있는 이구아나를 보았습니다. 모기가 말했어요. <u>이구아나야 내가 어제 무얼 봤는지 아니? 이구아나가 대꾸했어요. 뭔데 그래? 어떤 농부가 고구마를 캐는데 글쎄 너무 나만큼이나 크더라고. 모기하고 고구마를 견주다니 그게 말이나 돼? …그래서 엄마 올빼미가 해를 안 깨우고 그래서 낮이 오지 않는 거로구나.</u>
> (2) 학생들 : 끝!
>
> 〈34-중 2009〉

(1)에서 교사는 동화 한 편을 역할에 맞는 다양한 목소리와 여러 가지 표정으로 동화 구연으로 실감나게 들려준다. 그러자 학생들은 다 끝났는데도 그 동화에서 빠져나오지 못하고 몰입된 채로 조용하더니 (2)에서 '끝!'이라고 자유로이 말하는 것으로 보아, 학생들이 교

사의 동화 구연에 집중해서 들었음을 간접적으로 평가할 수 있다. 이로써 교사의 학습 흥미유도를 위한 자료 제시전략이 성공했음을 알 수 있다.

〈방법6〉 교과서의 삽화를 TV로 전환하여 제시하기

 이 수업 자료는 교과서에 나와 있는 삽화를 컴퓨터로 인식시켜 제시한 전략이다. 그런데 대부분의 교사들이 교과서에 나와 있는 삽화를 TV를 통해 보여주고도 다른 학습 자료를 제시하는 경우가 많다. 이는 교과서의 삽화를 가지고는 교사가 의도하고자 하는 바를 성취하기에 부족한 자료라고 생각하기 때문이기도 하며, 이미 학생들이 교과서를 통해서 본 자료는 학생들의 궁금증과 흥미를 불러일으키기에는 미흡하다고 교사가 판단하기 때문으로 해석할 수 있다. 실제로 교과서의 삽화와 일반적으로 교사들이 학습동기 유발 단계나 학습 활동 전개 단계에서 제시하는 자료와는 대별되는 것이 교과서 삽화는 교사가 따로 준비해서 제시하는 학습자료 보다 재미가 덜 하다는 점, 이어지는 이야기를 포함하지 않는다는 점, 이미 학생들에게 노출되어 있어서 더 이상 궁금할 것이 없다는 점 등을 들 수 있다. 물론 교과서의 삽화만을 가지고 학습 자료로 제시하는 수업보다는 TV로 전환해서 제시하는 자료가 학습 흥미를 유발하는데 더 효과적이다.
 다음의 수업 대화 내용에서 특히 학생들의 반응에 주의를 기울여 논의하고자 한다.

 (1) 교사 : 그러면 선생님이 파워포인트를 준비했습니다. 먼저 TV를 같이 보도록 할게요. 자, 174페이지에 보면 밑에 삽화가 두 개

가 있죠.
(2) 학생들 : 예.
(3) 교사 : 자, 그 삽화는 여러분들이 보았을 때, 어떠한 이야기에 대한 삽화인거 같아요? (교과서의 삽화 자료 TV로 제시)
(4) 학생들 : 인어공주요.

〈51-고 2009〉

　교사는 (1)에서 교과서에 있는 삽화를 학생들에게 확인할 것을 지시하고, (2)에서 학생들은 지시이행을 한다. 그리고 (3)에서 교사는 교과서의 삽화를 TV로 제시한다. 여기서 교사는 자료제시 전략을 (1)에서 학생들에게 교과서의 삽화를 미리 제시하는 전략보다 TV 자료를 먼저 제시하는 전략이 학생들의 학습에 대한 흥미와 관심을 갖게 하는데 더 효과적인 전략이다. 이미 앞에서도 언급했지만 교과서의 삽화자료보다 교사가 TV로 제시하는 삽화자료가 시각적으로 더 효과적이라고 할 수 있다.
　그러므로 이미 학생들이 교과서에서 그 삽화를 봤더라도 움직이는 활동성을 학생들이 느낄 수 있으며, 또 교과서의 삽화를 확인하지 않은 학생이라면 훨씬 더 생동감을 느낄 수 있게 될 것이라는 예측을 할 수 있다.

〈방법7〉 학생의 작품으로 제시하기

　이 자료는 학생이 선수학습에서 만들거나, 글로 쓴 작품을 동기유발 자료로 교사가 제시하는 자료 제시전략이다. 이렇게 학생이 만든 작품이라면 교사가 학습주제5)의 인지를 위한 전략만 잘 활용한다면 의도하고자 하는 바를 달성할 수 있는 확률이 높다.

    (1) 교사 : 시의 일부분을 바꾸어 쓰는 것 입니다. <u>그러면 여러분 시에 대해서 한 것 중에 선생님이 한 가지 여러분과 함께 읽어 볼 게. 누구의 시가 좋을까?</u>
    (2) 학생들 : (웅성웅성)
    (3) 교사 : <u>어, 애들아 누구의 시야?</u>
    (4) 학생들 : 학생6
    (5) 교사 : <u>학생6이 뽑혔습니다. 이게 무엇입니까?</u>
    (6) 학생들 : 우리 엄마 마트 갔다 오시면,
    (7) 교사 : 우리 엄마 마트 갔다 오시면, <u>우리 다 같이 한번 맞추어볼까요?</u>
                                                                       〈51-고 2009〉

  (1)에서 교사는 학생들에게 지난 시간에 학생의 작품을 하나 선정해서 선수학습 상기를 하고자 한다. (2)에서 학생들은 관심을 가지며

---

5. 여기서의 학습주제란 조 벽(2001)님이 제시한 '수업은 단막극이다.' 라는 의미와 상통한다고 할 수 있다. 즉 40분이라는 단위시간은 크게 보면 수업 한 시간이지만 그 안에는 작은 덩어리들이 여러 개 모여서 하나의 수업을 이루는데 작은 덩어리들안에는 그 안에 기승전결이 다 있는 것이다. 그래서 교사가 제시하는 자료는 도입단계에서 또는 전개의 학습활동(주로 수업은 한 시간에 학습활동이 2-3개 정도로 구성된다.)에서 또는 정리부분에서도 제시되는 경우가 있다. 그 작은 덩어리들마다 교사가 의도하고자 하는 내용이 들어있고 학생들이 그 내용을 인지하면 다음 활동으로 넘어갈 수 있는 것이다. 즉 40분의 단위 시간 안에 4개에서 5개의 단막극으로 되어있어서 한 개의 단막극이 결말지어 끝나면 다음 단막극으로 이어져서 하나의 큰 울타리 수업이라는 연극으로 막을 내리는 것이다. 이때 단막극과 단막극 사이에는 내용적으로 고리처럼 연결되어 있는 것이다.

누구의 시인지 궁금해 한다. 자기의 시가 뽑힐지도 모르고, 누가 시를 어떻게 썼을까? 하는 궁금증도 갖게 함으로써 학습 흥미 유도 전략이 유효하게 작용했음을 알 수 있다. (3)에서 교사는 학생들에게 학생의 작품을 제시하는 전략을 활용하며 누구의 시인지 경험적 질문을 한다. 이때 교사는 학생들이 재미있어 할 만한 내용으로 재치 있게 바꾼 시를 선택하는 전략을 활용한다. (4)에서 학생들은 학생6의 시임을 대답한다. (5)에서 교사는 학생6의 작품을 선정하고 학생들로 하여금 함께 수업에 참여하도록 한다. (7)에서 학생들은 학습에 적극 참여하며 수업 대화를 이어간다.

이로써 이 수업 대화 내용은 학생의 작품을 제시하면서 자료를 제시하는 방법이 성공한 전략이라고 할 수 있다.

〈방법8〉 학습주제 관련한 실물을 제시하기

교사가 제시하는 학습자료 중에 학습주제와 관련된 실물을 제시하면서 수업과 자연스럽게 연결시켜서 학생들이 인지해야 할 수업내용을 부담감 없이 내면화시키는 전략이 되겠다. 다음 수업 대화의 내용은 교사가 학습 자료로 제시한 물 한 병을 가지고 수업이 끝날 때까지 연결시켜 활용하는 수업의 예시가 되겠다. 다음의 예시를 통해 논의하고자 한다.

(1) 교사 : 선생님이 목이 좀 타는데, <u>물 한 잔 먹고 해도 될까?</u>
(2) 학생들 : 네
(3) 교사 : <u>자, 그러면, 그런데 누가 여기다 이상한 물을 갖다 놨네? 누가 선생님한테 선물 준 거야?</u>

(4) 학생들 : 나눠 마셔요.
(5) 교사 : 어, '나눠 마셔요' 라고 써 있거든? 선물 준 건가 봐.
(6) 학생들 : 달려 있는데?
(7) 교사 : 아, 여기 쪽지도 있네? 받는 사람, 3학년 1반 친구들, 보내는 사람, 착한 할아버지
(8) 학생들 : 와!

〈35-중 2009〉

　(1)에서 교사는 목이 마르다며 책상 속에서 물을 한 병을 꺼낸다. 그리고 연극적 요소를 가미하여 질문을 한다. (2)에서 학생들은 대답을 한다. (3)에서 교사는 학생들에게 '이상한 물'이라는 수업과 관련 있는 말을 하고 학생들에게 질문을 하는 전략을 사용한다. (4)에서 학생들은 물에 관심을 가지며 나눠 마시자고 관심을 보인다. 그러자 (5)에서 교사는 또 주제와 관련 있는 '나눠 마셔요' 라는 말을 전략적으로 하면서 학생들로 하여금 호기심을 가지도록 유도한다. (6)에서 학생들은 물통에 붙은 쪽지에 관심을 가지며 수업에 몰입하고 있음을 알 수 있다. (7)에서 교사는 쪽지를 읽어주며, 학생들이 관심과 흥미, 궁금증을 더욱 더 갖도록 유도한다. (8)에서 학생들의 반응으로 보아 (7)에서 교사의 전략이 적절했음을 알 수 있다.
　교사는 각 학습단계에서 학생들이 인지해야할 소주제마다 소기의 성과를 이루기 위해서 자료를 제시한다. 이때 어떤 학습 자료가 더 효과적이며 또 그 학습 자료를 어떤 방법으로 제시하고 어떻게 수업 대화를 이끌어 가느냐 하는 문제는 교사라면 누구나 가지고 있는 풀어야 할 과제이다. 그리고 자료제시의 문제는 수업 목표를 도달하는 데 커다란 영향을 미치는 중요한 요인이기도 하다.

따라서 필자는 전사한 수업 대화 내용 자료를 가지고 현직의 교사들이 어떤 방법으로, 의도하고자 하는 바를 학생들이 성취하게 하는지 살펴보았다. 간략하게 논의한 결과를 요약하면 다음과 같다.

노래를 학습 자료로 제시할 경우 학습주제와 직접 관련이 있을 때 학습효과가 더 크다. 물론 학습 분위기 조성을 위해서 부르는 노래 역시 학생들이 집중할 수 있도록 하는 데는 효과가 있지만 가사가 학습주제와 직접 관련 있는 노래일 경우 학습 분위기 조성도 되고, 다음 수업활동과도 바로 연결이 되어서 교사의 자료제시로 인한 시간이 단축되면서 학생들이 활동할 시간이 더 늘어나게 되어 교사가 의도하고자 하는 바를 더 효과적으로 빨리 성취할 수 있다는 장점이 있다.

학습 자료로 사진자료를 제시할 때, 사진자료가 학급학생들의 모습을 담은 사진일 경우 학생들이 관심과 흥미를 훨씬 더 많이 갖게 된다. 다시 말하면 어떤 학습목적을 가지고 교사가 그 학급의 학생들의 모습이 담긴 사진자료를 제시했을 때 의도하고자 하는 바를 이루기에 훨씬 더 쉽다.

동영상 역시 학급의 학생들을 대상으로 자체 제작한 자료가 학생들의 호기심을 더 유발함을 앞의 수업 대화 분석결과 나타났다.

또, 교사의 학습활동 소기의 목적을 달성하기 위하여 제시하는 자료 중 교사가 직접적으로 들려주는 동화구연이 있다. 동화구연은 실질적으로 교사가 1인 다역으로 혼자 연극적인 요소를 가미해서 학생들에게 들려주는 것이 있고, 그냥 동화를 설명하듯이 들려주는 학습 대화가 있다. 이때 학생들로 하여금 관심과 흥미를 갖게 하는 것은 당연 연극적인 요소를 가미한 교사의 동화구연이라고 할 수 있다.

교과서의 삽화를 TV로 보여주면서 자료로 제시하는 경우가 있는데 이 경우는 학습 진행과정에서 잠깐 띄워놓고 보여주는 자료로서는 적합하나, 수업 목표 인지와 주요 학습주제 인지의 동기유발 자료로서는 신선함이 좀 떨어지는 자료라고 할 수 있다. 이미 앞에서도 언급했지만 학생들에게 자료가 노출되어 있어서 재미나 궁금함이 덜 하다는 것이다. 그러나 교과서의 삽화만 보여주는 것보다는 TV로 전환시킨 자료가 훨씬 더 효과적이다.

학생이 선수학습에서 만들거나, 글로 쓴 작품을 동기유발 자료로 교사가 제시하는 자료 제시전략을 들 수 있는데 이렇게 학생이 만든 작품이라면 교사가 의도하는 학생들의 학습주제의 인지를 위한 교사의 자료제시 방법이나 수업 대화 전개의 전략만 잘 활용한다면 교사가 의도하고자 하는 바를 달성할 수 있는 확률이 높다.

이상에서 교사가 제시한 자료들의 특성들을 살펴보았는데 '어떤 자료를 제시 하느냐!'도 수업에 중요한 영향을 미치고 그에 못지않게 교사의 자료제시 방법과 수업 대화 전개 전략이 수업의 성패를 좌우한다고 볼 수 있다.

무엇보다 학생들로 하여금 흥미를 유발하고 재미있어 하는 좋은 자료를 제시해서 학습에 대한 의욕을 상실하지 않게 주의해야 한다.

2. 집중 유도 대화 전략

2.1. 성격

집중은 학습 과제나 주제에 대한 인식의 단계로 문법적으로 자료의 문제점을 확인하고, 문학적으로는 내용 이해 등으로 관심을 집중하는 상태를 의미 한다. 학생의 정서 상태를 학습 흥미 상태에서 집중 단계로 전환시키기 위한 요소 중에서 가장 중요한 역할을 하는 것을 필자는 교사의 언어적 평가로 본다. 교사의 언어적 평가란 교사가 학생들에게 질문을 하고 그 대답에 대해 언어로 대답해 주는 것을 의미한다.

학습 자료의 제시를 통해 학생에게 학습 흥미를 유발 시키고 학생들의 정서 상태를 집중의 상태로 전환시키려면 그 연결고리가 필요하다. 학습 자료를 제시하고 수업 대화를 전개할 때, 교사가 어떠한 언어적 평가 유형을 사용하느냐에 따라 학생은 더 자신감을 얻어 적극적으로 학습 활동에 참여하기도 하고 반대로 좌절감이나 상처를 입게 되어 수업에 집중을 못하게 되는 결과를 낳게 된다. 결국 교사의 언어적 평가는 feedback 이라고도 할 수 있는데, 학생의 수업 참여 여부를 결정짓는 중요한 요소라 할 수 있다.

2.2. 수업 대화 전략

교사의 언어적 평가 유형에는 구체적 긍정 평가, 단순 긍정 평가, 부정 평가, 단순 반복 평가, 비대답, 평가 이양 등이 있다. 이중 집중의 정서 상태로 유도하는데 더 효과적인 평가 유형은 긍정 평가라 할 수 있다.

그리고 학생의 대답이 정답일 경우에 교사가 학생들에게 평가를 이양할 때 집중의 정서 상태로 전개되기 쉽다. 물론 학생의 대답에 대한 진위 여부를 가리는 것이 평가의 중요한 목적이라면 교사의 언어적 평가는 긍정 평가, 평가 이양은 물론 부정 평가, 단순 반복 평가 그리고 비대답 평가 모두가 필요하다.

그러나 교사의 언어적 평가 전략에서 구체적 긍정 평가와 단순 긍정 평가와 평가 이양을 강조하는 이유는 학생에 대한 교사의 평가 목적이 '학생 대답의 진위 여부를 가리는데 있다'는 것 보다는 교사의 격려와 수용적인 자세[6]로 자연스럽게 친구들의 의견을 듣고 나의 대답과 비교, 대조하면서 수용적인 대화 자세를 배우게 하는데 목적이 있기 때문이다.

정상섭(2006)은 수용적으로 듣기를 하는 사람은 상대방을 '있는 그대로' 그리고 '진정으로' 받아들인다는 느낌을 전달한다고 한다. 그리고 이런 수용적 대화가 심리적 육체적 결손의 치유를 도와 건강한 효과를 낳기 때문에 이런 치유적인 의사소통은 사람을 느긋하게 만들고, 말문을 틔워주는 역할을 하고 자신의 감정을 허물없이 표현할 수 있게 해준다는 것이다. 이런 이론적 배경은 본 책에서 주장하는 교사의 격려와 수용적인 자세가 학생들을 학습에 집중하게 할 수 있다는 이론을 뒷받침해 준다고 할 수 있다.

학습에 집중을 유도하기 위해 교사의 평가와 관련해 수업 대화 전략을 자세히 논의해보고자 한다.

---

6. 임경순(2006:6)은 우리가 사용하는 말에는 상대방이나 상황에 대한 가치 판단이 언제나 전제되어 있다고 하면서 여기에는 발화자의 가치판단과 관련된 요소, 즉 어조, 성량, 억양, 몸짓, 표정 등과 같은 비언어적·반언어적인 것들이 결부되어 있으므로 할 말과 못할 말, 긍정적인 말과 부정적인 말, 칭찬하는 말과 비난하는 말, 배려하는 말과 그렇지 못한 말 등이 구현되는데 여기서 말의 윤리적인 면이 창출되므로 중요하게 다루어져야 한다고 주장하였다.

전략1. 교사가 언어적 평가하기

앞에서 논의된 것처럼 학생들이 학습에 집중할 수 있도록 유도하기 위해서는 교사의 언어적 평가가 반드시 필요하다. 학생들이 자기의 생각을 대답하고 교사가 아무런 언어적 평가를 내리지 않으면 학생들은 그저 대답하는데 그치고 말아서 자기의 대답이 맞았는지 틀렸는지, 맞았다면 어느 부분이 어떻게 맞았다는 건지, 틀렸다면 어느 부분이 틀렸으며 어느 부분을 수정하고 보완해야 하는지를 알지 못하여 수업의 다음 단계로의 진일보는 어렵다고 볼 수 있다. 그리고 수업에 집중할 수 있게 되는 기회를 갖지 못하게 될 확률이 크다.

그럼 구체적인 교사의 언어적 평가 방법에 관해서 수업 대화의 예를 통해서 논의하도록 하자.

〈방법1〉 비대답 평가 지양하기

교사의 언어적 평가 중에서 비대답은 앞에서 언급한 것처럼 교사가 질문 후에 학생이 대답을 하고 나서 아무런 평가를 하지 않는 것이다. 교사의 언어적 평가는 학생들의 다양한 사고를 인정하고 왜 그렇게 생각하는지를 물어보고 교사가 의도하고자 하는 답에서 거리가 멀어졌더라도 학생들이 생각한 것에 대한 타당성을 인정해주는 역할을 한다.

따라서 학생들은 자연스럽게 자기의 생각을 스스로 수정하며 다른 친구들의 의견도 받아들일 줄 아는 포용성도 함양하게 되고 더 나아가 지식의 확산까지 꾀할 수 있다.

다음의 수업 대화 내용은 학생들의 대답에 교사가 비대답을 하는 경우이다.

(1) 교사 : 글쓴이의 의견, 글쓴이가 말하고자 하는 내용이 주장이었어요. 우리친구들 주장, 선생님 주장을 찾았습니다. 발표해볼까요? 학생1! 학생1이 발표해보자.
(2) 학생1 : 최선을 다하면 보람을 느낄 수 있다.
(3) 교사 : <u>최선을 다하면 보람을 느낄 수 있다.</u> 어디 부분에, 제일 마지막 부분이요?
(4) 학생1 : 네.
(5) 교사 : <u>자, 또 다른 친구, 혹시 나는 다르다.</u> 학생2. 학생2가 발표해보자.
(6) 학생2 : 아무리 작은 일이라도 자기 힘이 닿는 데까지 열심히 노력해야 한다.
(7) 교사 : <u>또 다른 의견 있어요? 혹시?</u>

〈66-고 2009〉

교사는 (1)에서 질문을 하고 (2)에서 학생1이 대답을 한다. (3)에서 교사는 학생이 대답한 말을 그대로 따라하고(단순 반복 평가), 특별히 발표 내용에 대한 내용적 평가를 하지 않고 학생1에게 다시 내용 확인 질문을 한다. (4)에서 학생1은 긍정 대답을 한다. (5)에서 교사는 학생1이 대답한 내용에 대한 평가를 하지 않는다. 이때 학생1은 마음속으로 '내가 틀렸나 보다.' 하는 생각으로 무안함을 느낄 수 있다. 그리고 다른 학생의 의견을 묻는다. (6)에서 학생2는 자기의 생각을 발표를 했는데 (7)에서도 역시 교사는 학생2가 대답한 내용에 대한 평가를 하지 않고 다른 의견을 묻는 질문으로 넘어간다. 이로써 학생 1과 학생2는 자기가 대답한 내용에 평가를 받지 못해 자기 생각을 정리할 수 없으며 대답을 하지 않은 학생들도 자기의 생각과 대답한 학생의 대답과 비교·대조·수정·보완의 기회를 제공받지 못한다.

다음에도 교사가 학생의 대답에 비대답으로 평가하는 전략을 활용하는 수업 대화로서 앞에서 제시한 문제점들이 도출될 수 있는 수업 대화 내용이다.

(1) 교사 : 어떤, 어떤 동물이 나왔나요?
(2) 학생1 : 개미와 타조가 나왔습니다. 타조는…….
(3) 교사 : 자, 제대로 말해 볼 수 있나? 학생2? 학생2!
(4) 학생2 : 네. (짝짝), 개미와 고슴도치가 나왔습니다.

〈16-저 2009〉

(1)에서 교사는 질문을 하고 (2)에서 학생1은 대답을 하고 자신감이 없어한다. (3)에서 교사는 학생1의 대답에 아무런 평가를 내리지 않고 비대답의 전략을 활용하고 학생1이 생각을 하며 발표하려고 했는데, 대답을 빨리하지 않자 교사는 기다려주지 않고 바로 다른 학생에게 발표할 것을 지시한다. 이때 학생1은 상처를 입게 되고 수업에 집중을 하지 못하고, 학생1에게는 거기서 이미 학습이 멈춰버리는 우를 범하게 된다. (4)에서 학생2는 교사의 질문에 대답을 한다.

교사의 비대답 평가는 학생들로 하여금 정신적으로 창피함을 느끼게 해주어 지양해야 할 평가 방법으로 학생들이 대답한 후에는 반드시 교사가 언어적 평가를 해줘야 학생들의 사고 작용이 활성화 될 수 있다.

〈방법2〉 구체적인 긍정 평가하기

교사의 언어적 평가 중에서 단순 긍정 평가보다는 구체적인 긍정 평가가 더 효과적이다. 교사의 구체적 긍정 평가는 학생들로 하여금 교사가 긍정적으로 평가하거나 수용7)하는 자세를 통해 정답에 대한 두려움을 갖지 않게 되는 효과를 가져 온다.

구체적인 긍정 평가는 학생이 대답한 내용에 대해 '용기 있게 발표를 잘 해주어서 고맙다. 네가 발표한 내용 중 이러한 부분이 특히 더 좋았고, 이러한 부분은 이렇게 바꾸어 생각해 보는 것도 좋을 것 같구나.' 등 구체적 내용에 대한 교정이 담긴 평가라 할 수 있다.

비교해서 고찰할 평가는 단순 긍정 평가로 단순 긍정 평가는 학생들로 하여금 자기 생각의 수정·보완할 기회의 제공을 차단시킨다. 교사의 '어, 그래, 맞아, 응, 그렇지, 음' 등의 단순 긍정 평가는 적극적이고 구체적인 긍정 평가보다는 학습 효과의 전이가 낮다고 평가할 수 있다. 물론 교사의 비대답 평가보다는 수업에 집중을 하게 만드는 전략이라고 할 수는 있지만, 구체적 긍정 평가와 비교해서 그 차이점을 고찰해보기로 한다.

교사의 질문에 대답을 한 학생들이 교사의 단순 긍정 평가를 듣고 자기가 어느 부분을 얼마만큼 정확하게 대답했고 어느 부분이 미진한지를 파악하지 못해서 자기의 대답 내용에 대한 구체적인 평가가

---

7. 정상섭(2006)은 Rogers(1975)의 이론에 인간이 상호 만남을 깊이 있게 하고 관계를 촉진할 수 있는 요소 중 수용이 있는데 수용은 판단, 비난함이 없이 그대로의 타인을 가치 있는 한 인간으로 수락하고 깊이 존중하는 것이며, 이것은 비록 온갖 결점과 부족함 혹은 바람직하지 못하거나 수락될 수 없는 행동을 지니고 있다고 하더라도 타인을 하나의 인간으로서 따뜻하게 대하고 수용하는 것이라고 인용하였다.

없기 때문에 지식적인 내용이나 상식 등의 수정·보충의 작업이 이루어지지 않는다는 것이다.

다음 수업 대화 내용은 주로 단순 긍정 평가가 많이 보이는 수업 대화이다.

　　(1) 교사 : 어, 닭장수를 데려 와서 어떻게 했어?
　　(2) 학생1 : 벌을 내렸어요.
　　(3) 교사 : 어, 벌을 내렸어요.
　　(4) 학생2 : 볼기맞은 값과 닭 값을…….
　　(5) 교사 : 어!

〈67-고2009〉

(1)에서 교사는 질문을 하고 (2)에서 학생1은 대답을 한다. 그러자 (3)에서 교사는 '어' 라는 단순 긍정 평가를 함으로 해서 학생1은 자기가 대답한 내용이 제대로 잘 맞았는지 확인을 하지 못한다. (4)에서 또 학생2는 대답을 하고 (5)에서 '어' 라는 단순 긍정 평가를 내린다. 학생2 역시 학생1과 마찬가지로 자기가 대답한 내용에 대한 구체적인 평가를 받지 못하여 새로운 지식의 축적 및 새로운 생각으로의 정립이라는 활동의 기회를 제공받지 못했다고 할 수 있다.

다음은 교사의 구체적인 긍정 평가가 보이는 수업 대화 내용이다.

　　(1) 교사 : 자! 지금까지 두 가지의 뉴스를 봤는데요, 두 가지 뉴스는 뭔
　　　　　　　가 차이점이 있을 것 같아요. 차이점이 뭔지 간단하게 말해 줄
　　　　　　　수 있는 사람? 뉴스는 뉴스인데 어떤 차이점이 있을까? 학생1
　　　　　　　이 한번 얘기해 보겠습니다.

(2) 학생1 : 제가 발표해 보겠습니다.(짝짝) 첫 번째 뉴스는 폭발물에 대한 거고, 두 번째 뉴스도 폭발……. 폭발물에 대한 것입니다.
(3) 교사 : 네. 첫 번째 것이나 두 번째 것이나 모두 폭발물에 대한 것이라는 공통점에 해당하는 요점을 잘 찾아냈네요.

〈52-고 2008-재구성〉

(1)에서 교사는 두 가지 종류의 학습 자료를 제시하고 차이점에 대한 질문을 한다. (2)에서 학생1이 대답하자 (3)에서 교사는 '첫 번째 것이나 두 번째 것이나 모두 폭발물에 대한 것이라는 공통점에 해당하는 요점을 잘 찾아냈다'는 구체적인 긍정 평가를 한다. 교사의 이런 구체적인 긍정 평가를 통해서 대답한 학생1은 자기가 대답한 내용에서 어느 부분이 잘 표현되었는지를 구체적으로 알게 된다. 만약 교사가 '어, 음 잘했어.' 란 단순 긍정 평가를 했다면 정말 내가 대답을 맞게 잘한 것인지의 여부를 판단할 수 없어 자기가 알고 있는 지식이나 정보에 대한 수정·보완의 기회를 갖지 못하게 된다.

그런데 교사가 '첫 번째 것이나 두 번째 것이나 모두 폭발물에 대한 것이라는 공통점에 해당하는 요점을 잘 찾아냈다.' 는 구체적인 긍정 평가를 함으로 해서 다른 학생들도 '아, 이 두 개의 뉴스의 공통점은 첫 번째 것이나 두 번째 것이나 모두 폭발물에 대한 것이다.' 라는 정리된 새로운 내용을 습득하게 되며, 그 내용은 빼고 다른 자기의 생각을 조정하여 대답하게 하는 효과를 가져와 수업에 집중을 유도하는 수업 대화를 전개하는 전략을 성공리에 달성한 것이다.

〈방법3〉 간접적인 부정 평가 활용하기

　교사의 직접적인 부정 평가는 학생의 대답에 '아냐, 틀렸어, 아닌데' 등의 말로 하는 언어적 평가로 학생들로 하여금 정답에 대한 두려움과 친구들에 대한 수치심을 갖게 해 활발하게 자기 의사를 표현하는 데 방해 요인이 된다. 따라서 다음 수업의 단계로 넘어가기가 어려워 수업 집중에 실패할 가능성이 크다.
　그렇다면 교사의 질문에 학생 대답이 틀렸을 경우 교사는 일단 오답을 말한 학생의 의견에 대해 충분히 수용적인 자세를 취하고 '어머, 그렇게 생각할 수도 있겠구나, 그렇게 생각하게 된 이유 좀 설명해 줄 수 있니?' 등의 간접적인 부정 평가를 내렸을 때, 학생 스스로 다시 자기가 그렇게 생각한 이유나 근거를 설명함으로 해서 다른 학생들에게는 여러 가지 측면으로 생각할 수 있다는 사고의 다양성을 익히게 되고, 오답을 대답한 학생에게는 교사의 새로운 질문에 설명을 하면서 자기의 오답에 대한 모순점을 스스로 찾아내고 생각을 교정할 수 있는 기회가 부여된다.
　직접적인 부정 평가의 예를 통해 논의해 보기로 하자.

　　(1) 교사 : 버섯? 버섯, 어, 섯자로 시작되는 거, 알고 있는 사람? 어, 여기
　　　　　　까지만 하자.
　　(2) 학생1 : 섯깟!
　　(3) 교사 : 섯깟이 뭐야? 삿갓이에요. 섯깟이 아니라, <u>틀렸지.</u>
　　　　　　　　　　　　　　　　　　　　　〈11-저 2008〉

　교사는 (1)에서 '섯'자로 시작되는 낱말에 대한 질문을 한다. 그러

자 (2)에서 학생은 '섯갓'이라고 대답을 하자 교사는 (3)에서 직접적으로 틀렸다는 부정적 평가를 내린다. 이때 교사가 '~는 섯갓이 뭐라고 생각해요? 어떤 때 이런 말을 써요? 혹시 들어본 적 있나요?' 등의 질문을 다시 하고 학생의 대답을 들어본 후에 '아~는 삿갓을 섯갓으로 알고 있었구나, 혹시 옛날 사람들 머리에 쓰는 거 말 하는 거죠?' 등 오답을 한 학생으로부터 무안감과 위축감을 주지 않는 방법으로 평가 전략을 간접적인 부정 평가로 바꿨을 때 수업에 집중하는데 더 효과적일 수 있다.

〈방법4〉 단순 반복 평가 지양하기

다음으로 교사의 언어적 평가 중에 단순 반복 평가는 교사의 질문에 학생이 대답하고 난 후 교사가 평가를 하지 않고 학생들의 대답과 똑같이 반복하는 평가이다. 단순 반복 평가는 물론 확답을 주지 않고 학생의 대답을 반복함으로써 한 번 더 생각하게 해주는 효과를 얻을 수 있으나 교사가 정답의 실마리가 되는 단서를 제공하지 않았기 때문에 학생들은 혼돈 속에서 학습의 흥미를 잃기 쉽고 당연 수업에 집중도 어렵다.

발표하는 학생이나 앉아서 듣고 있는 학생들이나 대답한 내용이 맞았는지 틀렸는지를 확실히 모른다는 것이다. 지명 받은 학생1의 대답이 틀렸을 경우, 비슷하게 틀린 대답을 다른 학생2가 또 한다면 그건 틀린 대답의 연속이 되고 맞았을 경우라도 무의미하게 반복되는 답일 뿐이다. 학생1이 대답한 내용이 맞았는지 틀렸는지를 모르기 때문이다.

즉, 교사가 학생1의 대답이 정답이라는 긍정의 평가를 내렸을 경우에는 학생2의 옳은 대답은 보충 설명이 되는 것이고 모두 한 가지 질문에 대한 두 가지 경우의 답을 생각할 수 있는 것이고 학생1의 대답이 틀렸을 경우 교사가 정답이 아닐 확률이 크다는 단서를 살짝 돌려서 제공했을 경우, 틀린 답을 같이 생각하고 있던 다른 학생들은 자기의 생각을 다시 정리하고 수정하고 종합하여 새로운 대답으로 방향을 돌리게 되는 것이다.

  (1) 교사 : 이거는 무슨 문장일까?
  (2) 학생1 : <u>시키는 문장.</u>
  (3) 교사 : <u>시키는 문장.</u> 저기 학생2.
  (4) 학생2 : 제가 발표하겠습니다. 여기 말고 <u>운동장에서 놀자.</u>
  (5) 교사 : <u>운동장에서 놀자.</u> 저기 학생3.
  (6) 학생3 : 제가 발표하겠습니다. 우리 같이 축구 <u>연습 하자.</u>
  (7) 교사 : <u>연습 하자.</u>

 (1)에서 교사는 질문을 하고 (2)에서 학생1은 '시키는 문장' 이라고 대답을 한다. (3)에서 교사는 학생의 대답 내용과 같은 '시키는 문장' 이란 단순 반복 평가만 하고 다음 학생2에게 대답을 넘긴다. 그러자 (4)에서 학생2는 '운동장에서 놀자' 라고 대답을 하고 다시 (5)에서 교사는 '운동장에서 놀자' 라고 단순 반복 평가를 하고 학생3에게 대답을 요구하며 (6)에서 학생3은 '연습 하자.' 라고 대답을 한다. 그리고 (7)에서 교사는 '연습 하자.' 라고 다시 단순 반복 평가를 한다.
 이렇게 교사는 계속해서 학생들에게 질문을 하고 학생들의 대답에 긍정도 부정도 아닌 단순 반복 평가를 하여 학생들의 대답에 대한 가치를 판별해 주지 않았다. 정답이라고 해서 모두 다 똑같은 가치를 지닌 것은 아니기 때문에 교사가 의도했던 것보다 훨씬 더 좋은 대답이 나왔을 경우 칭찬을 해주고 다른 학생으로 하여금 배우고, 확산적 사고를 할 수 있도록 교수 전략을 세워야 하는데 그 판단 자체를 안 해주었기 때문에 그런 기회를 학생들은 박탈당했다고 할 수 있다.

전략2. 학생에게 평가 이양하기

교사의 평가 이양은 교사의 질문에 학생이 대답을 하고 난 후에 교사가 평가를 하지 않고 학생이 평가를 하도록 하는 전략을 말한다. 교사가 평가를 학생들에게 이양했을 경우 다시 교사의 재평가가 이루어져야 대답한 학생이 자기의 생각을 수정하고 보완하는 과정을 거쳐 수업에 집중을 꾀할 수 있다. 교사의 평가 이양 전략에는 학생들로 하여금 듣기에 충실하며 수업에 적극 참여를 유도하는 교사의 전략이 담겨있다.

〈방법1〉 학생의 대답이 정답일 때 평가 이양하기

교사가 질문을 하고 학생의 대답이 옳은 답일 경우 평가를 이양할 때 학생들로 하여금 수업에 집중할 수 있게 하는데 더 효과적이다. 학생의 대답이 맞았을 경우 교사만 긍정 평가를 하면 교사 1명에게만 칭찬을 받는 것이지만, 학생들에게 교사가 평가 이양을 하였을 경우 교사1명과 학생들로부터 정답 발표에 대한 칭찬을 받는 셈이 되어 대답한 학생이 받는 즐거움과 자신감은 배가 된다. 그리고 교사의 재평가를 통해 다시 긍정 평가를 받게 되어 자신감을 가지며 수업에 집중하게 되는 효과를 가져 온다.

(1) 교사 : 그냥 보면 보름달, 쪼개보면 반달, 먹고 나면 그믐달인 것은 무엇일까요? 어 , 그거 아는 사람이 있네. 학생1
(2) 학생1 : 수박.
(3) 교사 : <u>어, 수박 맞는 것 같아요?</u>
(4) 학생들 : <u>예.</u>
(5) 교사 : <u>어, 너무 잘 아네. 안 해본 건데 맞았어요.</u> 수박이에요.
(6) 학생1 : (싱글벙글 좋아함.)

〈11-저 2008〉

(1)에서 교사는 학생1에게 질문을 하고 (2)에서 학생1은 옳은 대답을 한다. 그러자 교사는 (3)에서 학생들에게 평가 이양의 전략을 활용한다. 그리고 (4)에서 학생들은 긍정적 평가를 한다. 그리고 (5)에서 교사는 긍정적 평가를 하고 칭찬의 보상을 한다. (6)에서 학생1은 수줍은 듯하면서도 즐거운 표정을 짓는다.

앞에서 논의한 것처럼 교사가 평가 이양의 전략을 활용할 경우 대답한 학생의 대답이 정답일 때 효과가 더 크며, 학생이 대답하고 교사가 평가를 내릴 때 답이 맞았는지 틀렸는지 한 번 더 생각을 하고 판단을 내리듯이 학생들에게 평가를 이양했을 경우 학생들도 교사가 질문한 내용에 대해 한 번 더 생각을 해야 하기 때문에 학습효과는 더 크다고 볼 수 있다.

그러나 학생의 대답이 정답이 아닐 경우 교사가 평가를 학생들에게 평가 이양하는 방법은 지양하는 것이 학습에 더 효과적이다. 교사가 학생의 질문에 평가를 이양할 때 대답한 학생의 답이 틀렸을 경우에 부정적 평가를 내리면 교사 1명에게만 틀렸음을 지적 받는 셈이 되지만, 학생의 대답이 틀렸는데 평가를 이양했을 경우 학생들 전체로부터 부정적 평가를 받는 셈이 되어 대답한 학생이 좌절감이나 상처를 입게 되어 앞으로 자기 의견을 자연스럽게 발표하는데 두려움을 느끼게 될 가능성이 크다.
구체적인 예를 통해서 확인해 보자.

(1) 교사 : 그 다음에 쓴 날짜랑 보내는 사람, 선생님이 초대장 준 거 한 번 지금부터 적어보세요. 자기가 좋아하는 주인공에게 적어주세요.
(2) 학생1 : 다른 사람 만들어도 되요?
(3) 교사 : <u>다른 사람 만들어도 될까요?</u>
(4) 학생들 : <u>아니요?</u>
(5) 교사 : <u>학생1은 공부를 제대로 안했나 봐요.</u> 해야 되겠지? 어제 했는데.

〈12-저 2008〉

(1)에서 교사는 자기가 좋아하는 주인공에게 보낼 초대장을 만드는 학습활동을 제시하자 (2)에서 학생1은 다른 사람에게 줄 초대장을 만들어도 되냐고 질문을 하자 (3)에서 교사는 '너, 선생님이 설명했는데 안들었구나. 아이들은 다 아는데 한번 들어볼래?'하는 마음으로 학생들 전체에게 평가를 이양한다. (4)에서 학생들은 '아니요'라고 부정 평가를 내린다. 그러자 (5)에서 교사는 다시 한번 우회적이지 않고 직접적인 부정 평가를 한다.
학생 대답이 틀렸을 경우 학생들에게 평가이양 전략을 사용하면 대답한 학생에게 미치는 부정적 영향뿐만 아니라 다른 학생 전체에게도 영향을 미친다. 즉 교사의 질문에 꼭 정답을 대답해야만 자기도 저런 상처받는 말을 듣지 않는다는 긴장감과 두려움을 갖게 된다. 따라서 학생의 대답이 정답이 아닐 경우 학생들에게 평가를 이양하는 전략은 상당히 조심스럽게 고려해야 할 사항이다.

그러나 다음의 수업 대화 유형은 교사가 학생들에게 보충해주었으면 하는 전략으로 평가를 이양한다. 그러자 대답한 학생에게 다른 학생이 부정적 평가를 내렸음에도 교사는 다시 부드러운 간접적 부정 평가를 함으로써 대답한 학생으로 하여금 상처를 주게 되는 상황에서 벗어난 예이다.

(1) 교사 : 아, 조금 멍합니다. 이게 재미있다. 그러면 M 한번 찾아볼까요? 형기가 재미있게 잘 말할 거 같은데 혹시 M이 있을까요? 말하기 상황에 조금 부족한 것이 있을까? 요거만, 요건만 잘하면 좋겠다. 학생1
(2) 학생1 : 제가 발표해 보겠습니다.(짝짝) 목소리는 크지만 조금 수줍어했던 것 같습니다.
(3) 교사 : 아! 학생3도 평소와 다르게 조금 긴장이 됐죠.

〈52-고 2008〉

(1)에서 교사는 다른 학생들에게 부족한 점이라는 표현을 쓰면서 부정 평가를 내리도록 요구를 한다. 그러자 (2)에서 학생1은 학생3에게 직접적인 부정 평가를 내리지 않고 긍정 평가와 함께 부정 평가를 한다. 그러자 (3)에서 교사는 한층 더 부드러운 표현의 부정 평가를 함으로써 학생3으로 하여금 부정 평가에 대한 부담감을 줄여주어 다음에 수정·보완하는 일만을 남겨두게 된다.

학급에서 학생들도 교사로부터 화법을 닮아 배우게 된다. 교사가 어떤 화법을 사용하느냐에 따라서 학생들의 화법도 달라진다고 할 수 있다.

⟨방법2⟩ 평가 이양 후 교사 재평가하기

　수업에 집중하기 위한 두 번째 전략 '교사 평가하기'에 두 번째 방법은 교사가 학생들에게 평가를 이양한 후 재평가를 했을 경우 더 수업에 집중하는 효과가 있다.
　학생들이 자기가 대답한 내용에 대한 확인을 할 수 있고, 평가를 이양 받은 학생도 자기의 평가에 대해서 다시 교사에게 평가를 받을 수 있게 되어 자기가 가지고 있는 생각에 대해 수정·보완하거나 긍정 평가를 받았을 경우 자신감과 수업에 더욱 적극적인 태도를 갖게 되는 계기가 되어 수업에 집중을 하게 되는 것이다.

　　(1) 교사 : 그 다음 문제, 마지막 문제에요. 맞춰보세요. 쥐는 쥐인데 날 수 있는 쥐는? 어, 이거 많이 아는데, 학생2!
　　(2) 학생2 : 박쥐.
　　(3) 교사 : <u>박쥐 맞아요?</u>
　　(4) 학생들 : <u>예.</u>
　　(5) 교사 : <u>오, 맞았어. 박쥐, 박쥐였어요.</u>
　　　　　　　　　　　　　　　　　　　　　　⟨11-저 2008⟩

　(1)에서 교사는 질문을 학생2에게 한다. 그리고 (2)에서 학생2는 옳은 답을 말하자 교사는 (3)에서 평가 이양의 전략을 활용하고 (4)에서 학생들은 긍정 평가를 내린다. 그리고 다시 (5)에서 교사는 긍정

의 재평가를 한다.

앞의 수업 대화의 예를 통해서 학생들의 정서가 교사의 적절한 학습 자료 제시 전략에 의해 수업에 관심과 학습 흥미를 갖게 되었다면 다음으로 학생들의 대답이 정답이냐, 오답이냐에 관계없이 수용적인 자세로 구체적인 긍정 평가를 하고, 정답일 때 교사는 학생들에게 평가를 이양하고 평가를 이양하고 난 후에는 다시 교사가 재평가했을 때 학생들이 수업에 집중하는 효과가 있다.

3. 몰입 유도 대화 전략

3.1. 성격

몰입은 제2장에서도 논의하였듯이 스스로 학습에 재미를 느끼며 현재 활동에 빠지는 것이다. 즉 학습 활동으로부터 만족을 느끼며 만족 자체가 보상으로 작용한다는 것이다. 흥미와 비교해서 논의하자면 제시되는 학습 자료나 수업 중에 행해지는 재미있는 게임 활동 등은 학습 자체의 즐거움도 포함되어 있지만 활동이 주는 게임적 요소나 자료가 주는 새롭고 재미있는 요소의 흥미도 포함되어 있다.

그러나 몰입은 학습 자체에서 느끼는 즐거움이라 할 수 있다. 학습에 대해 끊임없이 궁금증을 느끼고 알고 싶어 하는 욕구가 저절로 우러나며, 언제 시간이 갔는지도 모르게 학습에 흠뻑 빠져있을 때 몰입되었다고 할 수 있다. 몰입의 정서가 형성되면 학생들은 교사가 지시를 하는 학습 활동보다 더 창의적으로 적극적인 학습 활동을 전개하기도 한다.

3.2. 수업 대화 전략

학습에 몰입을 유도하기 위해서는 학생들로 하여금 학습의 흥미를 유도하면서 그 학습 흥미가 학습으로 연계가 되도록 해주어야 한다. 도전해보고 싶은 의욕과 궁금증을 자꾸 갖게 하는 교사의 전략이 요구된다고 하겠다.

우선 학습의 핵심 주제가 되는 내용을 학생들이 이해하기 쉽게 창의적인 아이디어를 활용하여 재구성하고, 학생들의 마음에 감동을 느낄 수 있도록 심리적인 자극을 주는 전략을 활용한다. 구체적으로 논의해보도록 하자.

전략1. 학습 핵심 내용 재구성하고 학생 활동을 적극 부여하기

교사는 학생들로 하여금 수업 전에 철저하게 학습 내용을 심도 깊게 파악하고 학생들이 쉽고 재미있게 이해할 수 있도록 학습 내용을 쉽게 재구성한다.

학습자 중심, 학생의 자기 주도적 학습 등은 현재 국어과 교수·학습을 움직이는 주요 관점 사항이다. 교사주도의 직접적 주입식 교육은 학생들로 하여금 흥미와 관심을 불러일으키지 못하는 지루한 수업이 되기 쉽다. 즉 학생들에게 활동을 부여하여 활동 중심의 수업을 해야 한다는 의미인데, 이재승(2006)님은 활동 중심의 수업이라 함은 주입식으로 하지 않고 실제적인 언어 상황을 설정하여 이와 관련된 활동을 하는 과정에서 자연스럽게 학습이 이루어질 수 있게 하는 것을 말한다. 예를 들어, 학습 주제가 '글의 내용에 알맞은 제목 붙이기'의 경우, 글만 여러 개 제시해서 제목을 붙이는 활동을 하지 말고,

'독서 신문 만들기'라는 활동을 하는 과정에서 자연스럽게 신문 기사에 제목을 붙이는 활동을 하게 하는 것이 더 바람직하다. 독서 후 활동으로, 가장 인상 깊었던 장면을 그려보기, 주인공이 되어 인터뷰하기 등의 활동은 '읽는 것'으로 끝나지 않고 특정한 '활동'을 하는 과정에서 해당 교과의 수업 목표를 좀 더 풍부하고 깊이 있게 이해하게 한다는 점에서 활동 중심 수업의 예라 할 수 있다.

그런데 이때, 중요한 것은 '단순히 활동만 있고 학습은 없는 경우가 발생해서는 안 된다.'는 점이다. 예를 들어, 가장 인상 깊었던 장면을 그려보는 과정에서 해당 글의 내용을 되새겨 보고 좀 더 깊이 있게 이해, 감상하지는 못한 채 '그림그리기'에만 집중한다면 활동을 하는 과정에서 시간과 노력만 허비한 꼴이 된다. 학교에서 역할놀이를 많이 하게 하는데 이것도 마찬가지 문제를 노출할 수 있다. 역할놀이를 하는 동안에 학생들이 수업 목표를 달성했는지, 의미 있는 것을 이룰 수 있었는지를 유심히 보아야 한다.

학습자 중심 관점에서 교수·학습은 학생들에게 많은 활동을 부여하는 전략이 필요하다. 그런데 이렇게 활동부여 전략의 사용을 권장하고 그것을 위한 지침을 다양하게 제공하고 있음에도 교사들이 선뜻 학생들에게 활동부여 전략을 자주 사용하지 못하는 가장 큰 이유는 〈아이들은 우리가 알고 있는 것보다 더 잘할 수 있다.〉라는 믿음을 갖고 있지 않기 때문이다. 그리고 다음의 원인으로는 학생들에게 학습 활동을 부여하는 전략을 사용함으로써 교사들에게 요구되는 더욱 풍부한 지식과 경험, 더 높은 욕구, 더욱 학생들과 자주 접촉하면서 학습활동의 조정의 부담이 있기 때문이다.

아이들은 '우리가 알고 있는 것보다 더 잘할 수 있다.'라는 믿음을 가지고 학생들에게 학습활동을 부여하는 전략을 사용할 경우 학생들은 수업에 더 흥미와 관심을 가지고 참여하며 활동이 흥미, 호기심, 문제의식에서 유발될 때, 학습하려 하고 학습된 것을 기억하려고 하는 내적 동기가 발생하게 된다. Ronald T. Hyman(1986)은[8] 활동 부여 전략에 있어 교사가 하는 역할은 학생들의 문제를 해결하여 주는 것이 아니라, 학생들의 활동을 자극하고 능력을 부여해 주는 것이라고 하였다. 또 Ronald T. Hyman(1986)은 활동부여 전략은 학생들은 자신이 스스로 행위를 수행하는 과정을 통하여 기술, 지식, 신념들을 의미 있게 배우고, 학생들이 어떠한 일반적 법칙을 설정하였을 경우, 그들은 실제 활동을 통하여 그것의 타당성을 검증한다는 것이다. 그래서 교사는 학생들에게 학생들 스스로 많은 학습활동을 할 수 있도록 전략을 마련한다. 구체적으로 학생 몰입을 위한 수업 대화의 전략·학습핵심 내용을 재구성하고 학생 활동 부여하기의 방법을 논의해보자.

〈방법1〉 쉬운 용어로 대치하여 생각할 내용을 제공하기

학생들에게 학습 내용의 중요 핵심 사항을 지도할 때, 쉬운 용어로 바꾸어 생각할 내용을 제공했을 때 학습 내용을 훨씬 더 빨리 이해하게 된다. 그 연습이 되고 나면 학생들은 창의적인 활동까지 기대할 수 있는 탄탄한 기본 학습을 마치게 된다.

(1) 교사 : <u>우리 오늘 강제 결합법을 사용해서 미래의 이야기를 쓸 거예요.</u> 그런데 아까 우리 동영상 본 것 중에서, <u>선생님이 강제 결

---

[8]. Ronald T. Hyman 저, 곽병선·김홍원·서혜경 역(1986), 교학사 p

합법을 하나를 찾았어요. 만화를 만든 사람이 미래의 자동차를 어떤 모습일까 상상을 하다가 자동차를 뭐랑 강제 결합 시켰어요?
(2) 학생 : 가방, 우주선
(3) 교사 : 어, 자동차를 가방이랑 결합 시켰어. 그런데 우리가 자동차랑 가방이랑 결합을 시키니까 쉽지 않은데 강제로 결합을 시켰더니 저렇게 놀랍고 신기한 '두둥' 뭐가 나타났어?
(4) 학생 : 가방 안에 들어가는….
(5) 교사 : 쏙 들어가는 자동차가 바로 강제 결합법을 통해서 생성된 거예요. 어, 너무 흥미진진해요. 그렇죠? 우리가 그래서 오늘 할 방법도 뭐라고요?
(6) 학생 : 강제 결합법

〈31 중-2008〉

　(1)에서 교사는 상상해서 미래의 이야기를 쓰는 학습 주제를 학생들에게 '강제 결합법' 이라는 용어를 사용하며 두 가지 서로 다른 사물, 또는 무형의 것 등을 결합시켜서 새로운 것을 창의적으로 표현하도록 유도한다.
　두 가지 서로 다른 것을 접목 시키는 것은 이미 교과서에 나와 있는 예에 해당하나 교사는 그 활동을 '강제 결합법'이라고 이름 붙인 자체가 학생들로 하여금 쉽게 이해를 하도록 유도하고 창의적으로 글 쓰는데 도움이 되도록 전략을 활용했다고 할 수 있다. (2)에서 학생들은 교사의 두 가지 서로 다른 어떤 물체가 결합해서 새로운 것이 탄생했는지 질문을 하자 학생들은 정답을 말한다. (3)에서 교사가 전혀 다른 성격의 사물 결합하기가 쉽지 않은데 결합시켰더니 창의적인 새로운 것이 나타났다고 학생들에게 다시 쉽게 학습 활동을 설명한다. (4)에서 학생들은 대답을 한다. 그리고 (5)에서 교사는 다시 한번 오늘 배울 내용을 학생들에게 강조하며 재차 질문을 하자, (6)에서 학생들은 학습 내용 이해의 대답을 한다.

〈방법2〉 학습 활동을 게임 형식으로 진행해 호기심 유발하기

학생들로 하여금 수업에 몰입을 위해서 딱딱하게 학습 내용을 전달할 경우 주입식의 수업형이 되기 쉽다. 따라서 게임 형식을 활용해 학습에 재미를 느끼며 궁금증을 가지고 학습에 몰입할 수 있도록 유도한다.

(1) 교사 : 자, 자, 자, <u>선생님이 도전하면 여러분들이 골든벨 하면서 이렇게 흔들어 주세요. 도전!</u>
(2) 학생 : 골든벨!
(3) 교사 : 자, 첫 번째 문제 자, 방언의 비슷한 말. <u>자, 선생님이 첫 자음으로만 모았습니다.</u> ㅅ ㅌ ㄹ 방언의 비슷한 말. 자, 방언의 비슷한 말 세 글자 경상도 지역도 이거 있고 전라도 지역도 있고
(4) 학생 : 아! 뭐지?
(5) 교사 : 자, 이렇게 말하니까 아나바 첫 번째 문제 선생님도 씁니다. <u>경상도, 전라도 지역 뻬리리.</u> 자, 정답은 다 같이 하나 둘 셋!
(6) 학생 : 아하! 알았다. 사투리!

〈41-중 2008-재구성〉

(1)에서 교사는 낱말간의 여러 가지 관계를 생각하기의 주제를 말

의 재미를 느끼고 학습에 몰입하고 궁금증을 가지게 하기 위해 골든 벨 퀴즈게임을 활용한다. (2)에서 학생들은 구호로 대답을 한다. (3)에서 교사는 문제의 힌트를 주자 (4)에서 학생들은 궁금증과 호기심을 나타낸다. 학습에 몰입되어 있음을 알 수 있다. (5)에서 좀 더 쉬운 힌트를 주자, (6)에서 학생들은 감탄을 하며 정답을 맞힌다. 이로써 게임을 통해 궁금증과 호기심을 갖게 하는 학습에 몰입의 상태로 유도하기가 더 용이함을 확인할 수 있다.

전략2. 충분히 생각할 시간을 주며 궁금증을 유발하는 질문하기

조벽(2001)[9]은 학생들에게 너무 많은 양의 내용을 전달하려 하지 말고 학생들로 하여금 주어진 내용에 대해 많이 생각하게 하는 것이 좋다고 제시하고 있다. 그러나 실제로 교사들이 학생들에게 생각할 시간을 많이 주지 못하고 있으며 그 원인으로 교사들은 학생들에게 자율권을 주면서 생각할 시간을 많이 줄 경우 교사가 의도하고자 하는 바를 얻지도 못하면서 제한된 시간이 흘러가는 것에 대한 조바심 때문이라고 예측된다. 특히 교육경력이 낮은 초임교사들은 더욱 그러한 경향이 짙다. 그런데 의외로 학생들에게 생각할 시간을 많이 주고 모둠별 토의 시간을 여유있게 주면서 교사가 철저한 전략의 계획과 활용을 통해 수업을 전개하면 교사가 생각했던 것보다 학생들은 의외로 훨씬 더 많은 것을 알고 있다는 사실을 확인할 수 있다. 또 다양한 자기의 체험과 경험들이 한데 어우러져 교사가 의도하고자 했던 지식의 일부분 보다 관련된 주변 지식들을 친구의 생각으로

---

9. 조벽(2001), 조벽 교수의 명강의 노하우 & 노와이. p.240

부터 습득해 지식의 확산까지 기대할 수 있다.

교사들은 학생들에게 활동을 부여하고 사고의 시간을 줄 경우, 오로지 사고만 할 수 있도록 수업분위기를 조성해주어야 한다.

국어과 수업에서 사고력 기르기는 중요 요소이다.[10] 언어를 사용한다는 것은 듣기, 말하기, 읽기, 쓰기 등의 활동으로 구체화된다. 혀와 귀와 눈과 손을 잘 움직인다고 해서 이들 활동이 성공적으로 수행되는 것은 아니다. 학생들이 이들 활동을 내실 있게 잘 하려면 생각이 풍부하고 왕성해야 한다. 머릿속에는 아무런 생각이 작동하지 아니하면서 듣기, 말하기, 읽기, 쓰기 등의 활동이 알차기를 기대할 수 없다. 생각이 풍부하고 왕성하려면 학생들에게 사고(思考)할 시간을 많이 줘야하는데 교사들이 걱정하는 시간의 부족문제는 오히려 사고할 시간을 많이 주고 나면 사고한 내용을 말하고, 친구들이 사고한 내용을 듣고 서로 생각을 나누고 공유하며, 충분히 생각할 시간을 주었다면 오히려 긴 시간을 요구하는 쓰기 활동도 더 빠르게 진행되는 효과를 볼 수 있다. 또 그렇게 충분한 시간동안 사고한 내용은 내용적으로도 더 풍성하고 단순대답의 형태에서 벗어난다는 것을 확인할 수 있다.

인지심리학자들은 '언어사용'이란 언어 사용자의 머릿속에서 언어가 의미화되고, 의미가 언어화되는 역동적인 의미 재구성 과정이라고 주장한다. 이러한 언어사용은 듣기, 말하기, 읽기, 쓰기의 활동 영역으로 나누어지는데, 말하기와 쓰기는 표현활동이고 읽기와 듣기는 이해 활동으로 구분한다.

---

10. 김진철외10 공저(2001). 수업 길라잡이, 초등학교 교과별 수업설계, 학문출판(주). 19p:11-30)

이해 활동은 한 인간의 바깥에 있는 언어(이때의 언어란 글과 말로 이루어진 모든 것)가 인간의 내부로 지각(知覺)되고 수용되고 이해(comprehension)되어 마침내 어떤 의미로 자리 잡는 것이다. 표현 활동은 인간 내부의 어떤 의미(이때의 의미란 사상, 의견, 판단, 감정, 느낌 등 인간이 품을 수 있는 생각의 내용 모두를 말한다.)가 그 사람의 상황과 맥락에 따라 조정되고 전략화되어 마침내 언어로 표출되는 것이다. 이렇게 바로 언어를 사용할 때 우리들의 머릿속에서 이루어지는 일련의 과정을 '의미 재구성'의 과정이라고 한다. 이 과정이야말로 많은 사고 작용이 일어나는 과정이다. 따라서 우리가 언어를 사용하여 듣고, 말하고, 읽고, 쓰는 활동은 철저히 사고력이 발휘되는 과정이다. 따라서 국어과 수업은 사고력을 기르는 마당이 되어야 한다는 것이다.

Gary D. Borich(2001)은 교사가 학생들의 대답을 기다리는 대기 시간이 길면 길수록 학생들의 응답의 길이가 늘어나고, 자발적 응답이 늘어나며, 응답에 관련된 사고행동의 복합성이 심화되고, 학생의 질문이 보다 많이 나타나고, 응답에 대한 신뢰감이 높아진다.[11] 경력 있는 교사들도 학생들에게 사고할 시간을 충분히 준다는 건 약속시간 정해놓고 오지 않는 친구를 기다리는 것만큼 길게 느껴지고 초조해지는 사실이다. 더구나 경력이 낮은 초임교사들은 지식과 이론으로 무장을 했지만 학생들이 충분히 생각할 수 있도록 기다리는 시간은 너무 길게 느껴진다는 것이다. 이렇게 사고할 시간을 주면서 학생들을 놔주는 건, 교사 자신에게도 시간이 흘러 경력이 어느 정도 쌓

---

11. 박승배 외 4명역(2001). 효과적인 교수법. 아카데미프레스. (p305:2-5) Gary D. Borich. Ejjecteve Teaching Methods, 5/E.원저.

였을 때 베풀 수 있는 훌륭한 교수법에 속한다.
　또 교사는 학생들로 하여금 궁금증을 유발하게 하는 질문을 했을 때 학습에 몰입을 더 효과적으로 달성할 수 있다. '저건 뭘까?' '어? 이상하다!' 등의 의문을 갖게 하는 단계로 지식인지의 바로 전 단계라 할 수 있다.
　학생들이 궁금증과 의문을 가지고 알고 싶어 하는 욕구가 강해질 때, 적극적인 학습 활동에 참여하며 학습에 몰입을 하게 되고 결국에는 스스로 지식인지를 달성하게 되는 토대를 마련하게 된다.

구체적인 방법을 살펴보기로 하자.

〈방법1〉 생각할 시간을 충분히 주기

　교사가 학습 내용과 관련한 질문을 하고 학생들이 대답할 시간을 충분히 주고, 답을 알고 교사의 질문 후 바로 발표하려고 손을 드는 학생은 좀 더 생각하도록 권고 한다.
　다음은 교사가 학생들로 하여금 충분히 생각할 시간을 주지 않고 시간적 압박을 주어 학습에 몰입이 효과적으로 나타나지 않은 수업 대화의 예이다.

　　(1) 학생들 : 네
　　(2) 교사 : <u>자, 선생님이 우리 친구들한테 생각할 수 있는 시간 30초를 드릴게요.</u> 이 글을 다시 한번 보고서 주장이 어디인지 그다음에 근거가 어디 부분에 있는지 한번 생각해 봅시다. 선생님이 30초 여유 줄게요. 자, 주장은 선생님이 무슨 색깔로 색칠하지?

(3) 학생들 : 빨간색
(4) 교사 : 근거는?
(5) 학생들 : 파란색
(6) 교사 : 선생님이 빨간색과 파란색으로 표시를 할 거예요. 우리 친구들 찾은 친구들은 손을 번쩍 번쩍 들어주세요. 알겠습니까?
(7) 학생 : 네.

이 수업대화 전에 교사의 질문에 학생들이 대답을 못하자, 어렵냐고 교사가 물으니 (1)에서 학생들은 내용이 어려움을 인정하고 (2)에서 교사는 그럼에도 불구하고 시간에 쫓겨 학생들에게 글을 읽고 주장과 근거를 찾아내는 시간을 30초의 짧은 시간을 주면서 계속 말을 하고 질문을 함으로써 학생들이 조용하게 생각할 시간을 갖는데 실패하게 된다. (3)에서 학생들은 대답을 하고 (4)에서 교사는 다시 질문을 하고 (5)에서 학생들은 대답을 한다. 그리고 다시 교사는 (6)에서 교사는 학생들에게, 생각할 시간은 자꾸 흐르고 있는데 벌써 학생들이 활발하게 발표하기를 독려하는 말을 하고 있다. (7)에서 학생들은 이행의 대답을 한다. 이어서 수업 대화를 살펴보기로 하자.

(8) 교사 : 다시 한번 잘 읽고 주장이 어디인지, 주장과 근거가 무슨 뜻이었는지를 잘 생각해서 주장과 근거를 한번 찾아봅시다. 어렵나보다. 우리 친구들 손을 드는 친구들이 없는 거 보니까. 어, 학생1, 학생1 알겠어? 어, 학생2도? 어, 주장만 알아도 되니까 손을 들어 주세요. 주장만 알아도 되니까. 둘 다 못 찾아도 하나만 찾았다하는 친구들도 손을 들어 주세요. 모르는 친구도 있는 거 같고, 아는 친구들도 있는 거 같고. 30초 지

났을까? 30초 지났어요? 자, 그러면 우리가 주장은 무슨 색?
(9) 학생 : 빨간색
(10) 교사 : 자, 주장의 뜻 다시 한번 얘기해 보자.

(8)에서 교사는 계속해서 학생들의 사고를 방해하는 말을 하고 끝내는 생각할 시간이 적다보니 주장이나 근거 중에서 하나만 찾아도 손 들어달라는 말을 한다. 그리고 이어서 앞에서 했던 '주장은 무슨 색?'이라는 질문을 또다시 한다. (9)에서 학생들은 대답을 하고 (10)에서 교사는 학생들에게 생각할 시간적 여유를 주지 않고 짧게 마쳐버리고 수업을 전개하기 시작한다.

수업 대화 내용을 분석하다 보면 교사가 질문을 하고 학생들 개개인에게 대답을 요구하지 않고 일제히 대답을 하게 할 경우 몇몇 학생, 즉 우수한 학생들에게만 기회가 주어지고 다른 학생들에게는 생각할 시간적 여유를 주지 않게 되는 결과를 초래해 그저 공부 잘하는 학생들의 들러리가 되어 얼떨결에 따라서 대답하여 묻어가는 현상이 많이 보인다. 그러므로 교사는 질문을 하고 시간적 여유를 주고 여러 학생에게 발표할 기회를 주어 골고루 대답하게 하는 전략을 활용해야 한다.

교사가 학생들에게 생각할 시간을 충분히 주지 못하는 근본적인 원인은 교사의 조바심 때문이라고 생각하며 그 조바심은 자기가 가지고 있는 지식을 빨리 학생들에게 전해줘야 한다는 강박관념과도 연결된다고 하겠다. 이는 학생들은 많이 알고 있고, 교사들이 생각한 것보다 훨씬 창의적이며, 믿고 있는 것보다 훨씬 잘할 수 있다는 교사의 믿음의 부족이라고 생각한다. 특히 국어과에서는 학생들에게 창의적인 사고를 많이 할 수 있도록 기다려 주고 생각할 시간을 부여하는 전략을 활용해야 한다.

⟨방법2⟩ 궁금증을 유발하는 질문하기

학생들로 하여금 학습 자체에 대한 궁금증을 갖도록 질문을 하여 학습에 몰입할 수 있도록 유도한다.

> (1) 교사 : 좋아요. 잘했어요. <u>그 다음에 선생님이 낱말 붙여볼게. 이 낱말을 왜 붙이는 걸까?</u>
> (2) 학생 : 모르겠어요. 뭐에요?
> (3) 교사 : 생각해봐요. 음, <u>같은 점과 다른 점을 찾을 수 있어요?</u>
> (4) 학생 : 모자, 감자, 국자?
> (5) 교사 : <u>어떤 규칙이 있을까?</u> 학생2.
> (6) 학생2 : 자, 자, 자로 끝나요.
>
> ⟨11-저 2008-재구성⟩

(1)에서 교사는 학생들에게 학습 자료를 제시하면서 '이 낱말을 왜 붙이는 걸까?'라는 학습과 관련해 궁금증을 유발하는 질문을 던진다. 그러자 (2)에서 학생들은 아직 '잘 모르겠다.'라는 대답을 하고 궁금증을 나타낸다. 특히 학생들이 '뭐에요?'라고 질문을 던진 것은 학습활동에 몰입이 되어 있음을 간접적으로 확인할 수 있다. (3)에서 교사는 더 생각을 해보라는 지시를 하고 다시 '같은 점과 다른 점을 찾아봐라.'라고 질문을 바꿔 다시 궁금증을 유발한다. (4)에서 제시된 낱말을 읽으며 곰곰이 생각을 한다. (5)에서 교사는 다시 규칙이란 단서를 제공하며 질문을 다시 한다. (6)에서 학생들은 '똑같은 글

자로 끝난다.'는 규칙을 찾아낸다.

이로써 교사의 학습에 대한 궁금증을 유발하게 하는 질문 전략은 유효했다고 할 수 있다. 즉 지식인지의 전 단계까지 진행되었다고 할 수 있다.

4. 지식인지 유도 대화 전략

4.1. 성격

수업의 목적이 결국 수업 목표의 달성이라고 할 때 지식의 인지는 학습 과제나 주제의 내용을 교사의 의도된 전략에 의해 학생 스스로 인지하는 것을 의미하는 것으로 국어과의 문법 측면에서 보면 규칙의 인지, 문학의 측면에서 보면 주제의 인지에 해당한다. 지식인지에서의 '지식'과 지식확산에서의 '지식'은 지식인지에서의 '지식'이 범위가 더 좁다고 설명할 수 있다.

지식인지는 교사의 학습 흥미 유도 표현, 학습 흥미 유도 질문, 학생들의 대답을 수용하는 여러 가지 평가 전략, 연계 질문을 활용한 심화 수업 대화의 유도, 특히 지식인지 유도 질문 등 다양하게 활용할 경우 성취할 수 있다. 수업에 있어서 지식인지의 대표적인 예가 되는 것이 수업 목표의 인지 과정이다. 수업 목표를 학생 스스로 인지한다는 것은 그 수업은 이미 성공적으로 이루어졌다고 해도 과언이 아니다.

임용운(2002)은 동기유발과 수업 목표 파악 활동이 유기적인 관련성을 갖고 이루어지도록 하되 교과서의 내용이나 예습적 과제의 내용 그리고 동기유발이나 전시 학습 상기시 이루어진 활동들에서 이 시간의 수업 목표를 짐작할 수 있게 유도해야 한다고 주장하였다. 즉 교사는 수업 목표를 직접 제시하지 않고 학생 스스로 수업 목표를 인지하도록 유도해야 효과적인 수업에 도달 할 수 있다.

학생들이 스스로 수업 목표를 생각할 기회를 주고, 교사는 어려운 대목에서 단서를 제공하면서 학생들이 스스로 수업 목표를 인지하도록 유도할 때 학습에 대한 흥미와 호기심이 중대되고 학습의 방향이 바르게 진행된다. 수업 목표는 칠판에 제시하되 문장으로 제시하거나 또는 중심 낱말만 괄호 안에 넣어 가리고 궁금증을 불어 넣어 학생들과 인지하는 방법, 저학년의 경우 그림과 문장을 혼용하는 방법 등 다양한데 학생들이 호기심을 갖고 주의를 집중하도록 제시해야 한다.

4.2. 수업 대화 전략

지식인지를 위한 수업 대화는 교사가 학생들에게 해답에 실마리가 되는 단서를 제공하고 지식인지 유도 질문을 활용하여 질문을 하며, 교사의 연계 질문을 통해 심화 대화를 유도했을 때 지식인지는 더 빨리 성취될 수 있다.

전략1. 지식인지 유도 질문 활용하기

학생들이 지식을 스스로 인지하도록 하려면 전략이 필요하다. 전략 중에서 가장 중요한 전략이 교사의 질문이라 할 수 있다. 학습의 핵심적 내용과 학생들의 경험을 되살리게 하는 유도 질문을 하여 마음을 움직이는 전략을 잘 활용할 때, 학생들은 지식을 스스로 인지하게 될 확률이 높다.

〈방법1〉 학생의 대답을 다시 생각해보게 하는 의심의 질문하기

수업 목표를 학생들이 스스로 인지할 수 있도록 유도하는 첫 번째 방법에는 교사가 질문을 하고 학생이 대답한 후 학생의 대답이 정답이 아닐 수도 있다는 의미를 담아 다시 질문 했을 때 학생들은 한 번 더 생각을 하게 되어 다각도로 깊게 생각하게 되므로 수업 목표 관련한 지식인지에 훨씬 더 효과적이다.

(1) 교사 : 재롱 잔치야? 뭘까?
(2) 학생 : (웅성) 재롱 잔치, 급식시간?
(3) 교사 : 글쎄? 그렇게 생각해? 선생님은 아닌 거 같은데?
(4) 학생 : 앗? 그럼 뭐지? 음! 예방주사!

〈39-중 2009-재구성〉

(1)에서 교사는 학생이 대답한 '재롱잔치'라는 말에 '재롱잔치야?'라고 다시 물어 학생들로 하여금 '재롱잔치가 아닌가보네, 그럼 어떤 것일까?' 하는 생각을 하게 유도하며, 또 교사가 제시한 사진의 일부를 다른 각도에서 관찰하고 추측을 하게 되는 기회를 주게 된다. 그리고 다시 '뭘까?'라는 유도질문으로 궁금증을 다시 유발하게 하는 질문을 한다. 그러자 (2)에서 학생들로부터 '예방주사'라는 새로운 답을 이끌어낸다. (3)에서 교사는 또다시 학생들로 하여금 무한한 상상의 세계를 펼칠 수 있도록 유도 질문 전략을 활용한다. 이때 비대답 평가나 부정적 평가와는 다른점이 부드러운 억양과 밝은 표정이

주요 학심 전략이다. (4)에서 학생들은 다시 교사의 질문에 다른 방향으로 생각을 하기 시작하며 정답에 가까운 답을 찾아낸다.

따라서 학생의 대답을 다시 생각해보게 하는 의심의 질문을 교사가 함으로써 생각을 많이 하게 되어 스스로 지식을 인지하기 쉬워지고 학습의 중요 핵심부분을 오래도록 기억하게 되는 효과를 노릴 수 있다.

〈방법2〉 유도 질문 후 포기하지 않도록 궁금증을 일부분 해소시켜 주기

호기심과 궁금증을 갖게 하는 것은 알고 싶어 하는 욕구를 갖게 한다는 측면에서 수업을 성공적으로 이끌게 되는 중요한 요소이다. 그러나 계속적으로 궁금증과 의구심이 이어지면 지루하게 생각해서 학습에 대한 흥미가 순간 떨어져 정답을 맞히려고 하는 의욕을 포기하게 되는 수가 있다. 따라서 생각할 시간을 주고 어느 정도 궁금증이 유지가 된 후에는 포기하지 않도록 궁금증을 일부분 해소시켜 주는 전략이 필요하다.

(5) 교사 : <u>그래요,</u> 자, 무슨 장면이에요?
(6) 학생들 : 주사 맞는 장면.
(7) 교사 : <u>예. 맞았어요. 잘 알아냈네요.</u>

(5)에서 교사는 '그래요' 라는 대답과 함께 가려진 사진의 일부분을 보여주어 정답을 알아내도록 해서 학생들의 궁금증과 호기심을 일부 해소시켜준다. 그리고 다시 한번 정답을 확인하여 정의를 내리

도록 유도하는 질문을 한다. 그러자 (6)에서 학생들은 정답을 알아내고 정답에 대한 안도감을 갖게 된다. (7)에서 교사는 긍정적 평가로 칭찬을 해준다. 이렇게 성취감을 맛보게 해 줌으로써 수업 목표 인지에 한발 더 다가가도록 유도한다.

〈방법3〉 원인과 결과의 형식으로 정답에 대한 범위를 좁혀주며 질문하기

앞부분에서 학생들이 교사가 원하고자 하는 정답의 일부분을 인지하면 교사는 인지한 정답의 일부분을 활용하여 다시 질문을 한다. 이때 원인과 결과의 형식을 빌어서 지식인지 유도 질문을 할 때 학생들은 지식을 훨씬 더 빨리 인지할 확률이 높다.

(8) 교사 : 그래. <u>주사를 맞았습니다. 그래서?</u>
(9) 학생 : 울었습니다.
(10) 교사 : <u>아, 그렇구나. 자, 그러면 이거를 맞았습니다. 그래서 울었습니다.</u>

앞의 (7)에서 학생들이 정답의 일부분을 인지하자 이번에는 (8)에서 조금 더 정답을 빨리 그리고 확실히 인지시키고자 원인과 결과의 형식으로 '그래서?'라는 유도 질문을 함으로써 범위를 좁혀주며 수업 목표 인지를 유도한다. 그러자 (9)에서 학생들은 '울었습니다.'라고 정답을 알아낸다. 그리고 (10)에서 교사는 '아, 그렇구나'라고 감탄하는 말을 해주고 정답임을 암시하며 칠판의 가려진 부분을 떼어내며 정답임을 확인하도록 한다. 그리고 다시 한번 완전한 문장으로 '자, 그

러면 이거(예방주사)를 맞았습니다. 그래서 울었습니다.'로 정리한다. 이로써 수업목표를 학생들이 스스로 인지하는데 성공한다.

전략2. 해답에 실마리가 되는 단서 제공하기

학생들에게 해답의 실마리가 되는 단서를 제공해 줄 때 학습 과제나 주제와 관련된 지식을 스스로 인지할 확률이 높다. 즉 질문을 할 때도 학생들이 어떤 방향으로 생각을 해야 할지 유도를 하면서 해야 정답에 대한 도전감을 가질 수 있다.

〈방법1〉 학습 자료를 활용하여 단서를 제공하기

학습 자료 즉, 동영상, 노래, 실물, 제작 자료 등을 활용하여 스스로 지식을 인지할 수 있도록 단서를 제공한다.

(1) 교사 : 어, 그래. 그러면 어떤 사진일까? 좋아, 너무 어려운거 같으니까 <u>힌트 하나를 주겠어요.</u> 어떤 사진일까? (가린 사진 제시하고 조각들을 한장씩 떼어내며, 호기심 자극)
(2) 학생 : 운동회 달리기!

〈39-중 2009-재구성〉

(1)에서 교사는 사진 한 장을 제시하고 질문을 했는데도 답을 못하자 학생들이 사진의 내용을 맞힐 수 있도록 가려진 일부분을 떼어내며 해답의 실마리가 되는 단서를 제공한다. 그러자 (2)에서 학생들은 추측하며 대답을 하기 시작한다.

〈방법2〉 대답에 의문을 갖게 하여 한번 더 생각하게 하고 또 다른 단서 제공하기

학생이 대답을 했는데 교사가 원하는 답이 나오지 않을 경우, 학생의 대답에 의문을 나타내어 학생들로 하여금 다시 한번 생각할 수 있는 시간과 기회를 준다.

   (3) 교사 : <u>운동회 달리기?</u>
   (4) 학생들 : 하나만 더 주세요. (웅성) 가운데, 식물 관찰
   (5) 교사 : 식물 관찰? 아, <u>뒤에 줄을 서있네!</u>
                                      〈39-중 2009-재구성〉

(3)에서 교사는 학생 대답에 단순 반복 대답을 하며 '운동회 달리기?'라는 질문의 형식을 빌려 끝의 억양을 올리는 그 답이 아니라는 단서를 제공한다. 그러자 (4)에서 학생들은 단서를 더 달라는 요구를 하고 추측한 대답을 한다.(5)에서 교사는 또 '식물 관찰?'하며 앞에서와 같이 끝을 올리는 질문 형식을 통해 오답이라는 단서와 함께 '뒤에 줄을 서있네'라는 조금 더 해답에 가까운 단서를 제공한다.

〈방법 3〉 지식인지에 실패했을 경우 새로운 단서 제공하기

학생들이 학습 과제나 주제와 관련한 지식을 스스로 인지할 수 있도록 질문을 했을 때 교사가 의도하는 정답의 방향에서 벗어난 답이 나오면 교사는 계속적으로 새로운 다른 단서를 제공한다.

(1) 교사 : 아들을 걱정해요. 어, 당연히 아들을 걱정해―어느 부분에서 그런 것을 느낄 수 있었을까요?
(2) 학생1 : 접시가―
(3) 교사 : 접시가 부엌 바닥에 떨어져 깨졌어요. 그러면 그거는 어떤 의미를 가지고 있을까요?
(4) 학생2 : (너무 작게 얘기함)
(5) 교사 : 그렇지요. (중략) 그거는 많이 놀라셨기 때문에 그러한 행동을 가지고 있을 거라고 생각을 할 수가 있죠. 자, 또 다른 의견요, 물론 아들을 걱정하는 마음이 큰 것도 사실이에요. 그리고 또 한 가지, 또 한 가지 사실은 한 가지 성격을 또 알 수가 있어요. 어느 부분에서 알 수가 있을까요?
(6) 학생들 : (아무런 대답이 없음)
(7) 교사 : <u>힌트 줄까요? 이건 좀 어려우니까 선생님이 힌트를 줄게요. 자, 마지막 부분을 한번 봐보세요. 마지막 부분을 보면, 어머니께서는 얼굴이 백지장같이 하얗게 되어서 아들을 쳐다보셨다. 그 다음에 말하는 것을 보죠. '철이야 너는 집에 가 있어라'라고 한 것은 왜 그랬을까요?</u>
(8) 학생3 : 경수가 나무에서 내려올 때 곤란할까 봐서요.
(9) 교사 : 그렇죠.

〈51-고 2008-재구성〉

(1)에서 교사는 앞에서 학생의 대답에 구체적으로 설명할 것을 요구하는 질문을 한다. 그러자 (2)에서 학생1은 대답을 하고 (3)에서 교사는 학생1의 대답에 부연 설명을 (5)에서 한다. 그리고 정작 교사가 듣고자 하는 정답을 얻기 위해 유도 질문을 하자 (6)에서 학생들이

대답을 못한다. (7)에서 교사는 새로운 단서를 제공하며 유도 질문을 하자 (8)에서 학생3은 정확한 답을 맞힌다. 학생들에게 다양한 사고를 유도하는 질문 하는 것에 미숙한 교사는 (7)에서 새로운 단서를 제공하여 다른 각도에서 생각할 시간을 주지 않고, 교사가 스스로 답을 말해주는 경우가 많다. 이럴 경우 학생 스스로 지식을 인지하는 대화는 실패했다고 볼 수 있지만, 학생들에게 사고하는 시간 주는 것을 자꾸 연습하다 보면 능숙한 수업 대화를 전개할 수 있게 된다.

다음은 교사가 질문을 하고 학생들이 대답을 못하고 있을 때 새로운 단서를 제공하지 않아 지식인지에 실패하게 된 수업 대화의 예이다.

(1) 교사 : 자, 어떤 사진인거 같아요? 어떤 사진인거 같다? 뭐가 보입니까? 한번 발표해 보세요. 예, 학생1
(2) 학생1 : 스파이더맨이 텔레비전을 보고 있어요.
(3) 교사 : <u>응</u>
(4) 학생2 : 그 사람이요, 눈에 맞아서요.
(5) 교사 : <u>응</u>
(6) 학생3 : 눈에 맞아서 이제 그 어떤 가전제품을 보고 있는 것 같아요.
(7) 교사 : <u>어, 한 사람이 눈을 맞으면서 가전제품을 보고 있다. 또? 부연해서 한번 설명해 볼 사람?</u> 학생4.

〈34-중 2009〉

(1)에서 교사는 사진의 내용에 대한 질문을 한다. (2)에서 학생1은 자기가 느낀 대로 사진의 내용을 교사가 원하는 정답이 아닌 내용을 대답한다. (3) 교사는 긍정 평가도 부정 평가도 아닌 애매한 대답

으로 평가를 한다. (4)에서도 학생2는 또 정답이 아닌 사진의 내용을 답한다. (5)에서도 역시 교사는 (3)과 같은 단서를 제공하지 않는 단순 평가를 한다. (6)에서 학생3도 역시 사진의 내용에 대한 대답을 한다. (7)에서 교사는 (6)에서 대답한 학생3의 의견을 단순 반복하고 해답의 실마리가 되는 단서 제공을 하지 않아 수업 목표 인지에 실패하게 되는 한 요인이 된다.

〈방법4〉 시간이 많이 흘렀을 때는 결정적 단서를 제공하고 다음 학습 활동으로 넘어가기

수업 대화 도중에 교사가 원하는 대답이 나오지 않을 경우, 교사는 너무 오랜 시간을 질문하고 대답하는데 투자하지 말고 결정적 단서를 제공해서 매듭을 풀어준다.

실제적으로 끝나갈수록 수업에 여유를 가지고 이번 시간에 배운 내용을 확인하고 자기 것으로 만드는 중요한 시간인데 대부분의 교사들이 시간안배에 실패해서 뒷부분으로 갈수록 매듭을 짓지 못하고 허둥지둥 막을 내리는 경우가 많다. 조벽(2001)은 교사의 수업을 연극에 비유해서 중간에 막을 내리는 '다막극'으로 구상하라고 권한다. 즉 교사의 전달 내용을 학생들은 기억 정도가 첫 15분이 75%이고 마지막 15분이 20%라고 한다. 이 부분의 주장내용은 우리 교사들에게 시사성이 있는 부분이다. 각 수업의 단계마다 시간안배를 잘 해서 단계마다 첫 부분의 기억 75%로 만드는 것이다.

즉 시간이 너무 길어지면 다음 단계의 수업 활동까지 시간에 쫓겨 단위 시간 내에 마무리를 못하는 실수를 범할 수 있기 때문에 결정적인 단서를 제공하고 다음 활동으로 넘어가는 것이 현명한 교사의

전략이라 할 수 있다.

(1) 교사 : 자, 선생님이 들려준 이야기랑 방금 여러분이 본 친구들이 한 연극이랑 공통점과 차이점이 있을까? (질문-단답형) 어떤 차이점이 있을까? 차이점이 있을까? 어, 학생1.
(2) 학생1 : 사건이 달라요.
(3) 교사 : 어, 사건이 조금 달라요? 어, 또 누구 해볼까? 어, 학생2 얘기 해봐.
(4) 학생2 : 배경이 달라요.
(5) 교사 : 배경이 다르다? 학생3.
(6) 학생3 : 인물도 다릅니다.
(7) 교사 : <u>이야기는 무엇을 위한 것이고, 극본은 무엇을 하기 위한 대본이죠?</u>
(8) 학생4 : 아하! 이야기는 들려주기 위한 것이고, 극본은 연극을 하기 위한 것입니다.
(9) 교사 : 맞았어요. 참 잘 말해주었어요.

〈62-고 2009-재구성〉

(1)에서 교사가 질문을 했는데 (2)에서 학생1이 교사가 원하는 대답이 나오지 않자 (3)에서 학생2에게 발표를 시키나 역시 (4)에서 학생2가 또 틀린 대답을 한다. 그러자 (5)에서 다시 기대를 하고 학생3에게 발표할 기회를 주었으나 (6)에서 다시 틀린 대답을 하자, (7)에서 교사는 '이야기는 무엇을 위한 것이고, 극본은 무엇을 하기 위한 대본이죠?' 라는 결정적인 단서를 제공한다. 그러자 (8)에서 학생4가 정답을 말한다. (9)에서 교사는 긍정 평가를 하고 마무리를 짓는다.

학생들이 교사가 원하는 대답을 하지 못할 때는 너무 긴 시간을 지체하지 말고 결정적인 단서를 제공하여 정답을 쉽게 알아낼 수 있도록 유도한다.

앞에서 지식인지 대화 전략을 논의해 본 결과 교사는 지식인지 유도 질문을 활용하고 해답에 실마리가 되는 단서를 제공할 때 학생들이 지식인지를 효과적으로 달성할 수 있다는 것을 확인할 수 있다.

5. 지식확산 유도 대화 전략

5.1. 성격

앞의 지식인지 유도 대화 전략에서 언급하였지만 지식확산에서의 '지식'은 지식인지에서의 '지식'의 의미보다는 좀 더 확산된 의미의 지식으로 학습 과제나 주제와 관련해서 수업 대화 도중에 학생들이 개인이 경험한 지식 세계의 전체를 의미하는 것으로 때로는 학습 과제나 주제와 직접적으로 연결이 되지 않는 지식도 포함이 된다고 할 수 있다. 다시 말해 지식인지에서의 '지식'은 단위시간에 달성해야할 수업목표와 관련된 학습 지식을 의미하고 지식확산에서의 '지식'은 지식인지에서의 '지식'을 달성하는 과정 중에 알게 되는 관련된 상식 및 관련 지식을 의미한다. 즉 국어과 관련한 지식만이 아니고 다른 교과목과도 연관된 모든 지식이 해당된다.

지식의 확산은 학습과 학생들의 개인적 경험을 잘 연결시켜 줄 수 있는 교사의 연계 질문을 활용한 전략이 성공적으로 이루어졌을 때 효과적으로 이루어진다. Howard Gardner[12]는 지능은 논리와 수학

능력, 언어 능력, 공간 능력, 음악 능력, 운동 감각, 대인 관계 능력, 자기 내적 통찰력의 7가지 서로 다른 영역이 있으며 우리가 일반적으로 알고 있는 지능이란 논리와 수학 능력이나 언어 능력의 일부분만을 측정하는 것이라고 주장하였다.

즉 이 7가지의 지능의 영역들은 서로 무관하게 발달할 수 있어서 예를 들면 수학을 아주 못하는 학생이 국어는 뛰어나게 잘할 수 있다는 것이다. 따라서 교사가 질문을 하고 학생이 대답한 후에 교사는 연계 질문을 통하여 다양하게 심화 대화를 전개하면 그 학생이 가지고 있는 지식과 경험의 세계를 들여다 볼 수 있으며 다른 학생들은 다양하게 표출된 다른 학생들의 지식과 경험의 세계를 통해서 몰랐던 부분을 새롭게 알게 되거나 잘못 알고 있던 지식을 수정하게 되기도 하고, 부족했던 지식을 보완하게도 되는 지식확산의 효과를 얻게 된다. 이런 지식확산을 위한 대화 전략은 학생의 대답을 근거로 연계 질문을 통해서 성취할 확률이 높다. 지식확산은 문학적 측면에서는 학생의 삶, 지식의 세계, 맥락적·탈 맥락적 측면에서 다양한 가능성을 적용할 수 있는 큰 힘을 지니고 있다. 여기서 맥락적 지능은 외부 환경에 대응하는 능력이며 일상의 경험에 의해 획득되고 발달하는 능력으로 실용적이고 실제적인 적응 능력에 해당된다. 이런 지식확산의 대화 전개로의 유도는 학생들로 하여금 어떤 지식을 분석하거나 확산하여 새롭게 습득한 지식을 다른 상황에 적용해 보기도 하는 과정을 거쳐서 새로운 창의적인 지식을 재구성하게 되는 효과 또한 기대할 수 있다.

---

12. 조벽 (1999:71). 『새 시대 교수법』. 한단 북스. 재인용

5.2. 수업 대화 전략

지식확산 유도 대화 전략으로는 먼저 핵심 낱말을 찾고 그 핵심 낱말의 개념을 종적 심화 대화나 횡적 심화 대화로 전개하여 학생들로 하여금 정리하게 하고 나서 핵심 낱말과 관련된 지식과 경험의 세계를 재구성하여 재구성된 경험을 다양한 지식의 종류와 관련지어 대답할 수 있도록 유도할 때 성공적으로 달성될 수 있다. 구체적으로 지식확산 유도 수업 대화 전략을 논의해보자.

전략1. 핵심 낱말을 찾도록 유도하기

지식확산 유도 대화를 하기 위해서는 먼저 교사는 질문을 하고 학생이 대답을 한 뒤에 학생의 대답에서 핵심 낱말을 찾아낸다. 핵심 낱말을 찾는다는 것은 곧 연계 질문을 만들기 위한 준비 작업이라 할 수 있다. 따라서 연계 질문을 만들어 수업 대화를 전개하는 구체적인 방법을 살펴보도록 하자.

〈방법1〉 물체나 물질에 해당하는 낱말 찾아내기

교사는 학생의 대답 중에서 우선 물체나 물질 등 눈에 보이는 형체를 지닌 낱말을 찾아낸다. 눈에 보이는 형체를 지닌 물체나 물질 등은 학생들 대부분이 본 것이거나 들은 것이므로 공통적으로 아는 것이어서 다음에 연계 질문을 하더라도 수업 대화에 단절되지 않고 이어질 확률이 높다.

(1) 교사 : 자, 거인들이 사는 나라에 어른들이 가면 어떤 일이 생길까?
(2) 학생1 : 신발이 너무 커서 밟힐 것 같아요.
(3) 교사 : 그렇죠. 신발이 어떤 크기만 해요?
(4) 학생2 : 신발이 보트만 해요. 하하!
(5) 교사 : 보트는 우리 어른들 크기만 하죠?
(6) 학생3 : 생활하기 힘들어질 것 같아요

〈45-중 2009-재구성〉

(1)에서 교사는 '거인 나라'와 관련된 학습 자료를 제시하고 질문을 한다. 그러자 (2)에서 학생1은 '신발'과 관련된 대답을 하고 (3)에서 교사는 눈에 보이는 형체의 '신발'이라는 핵심 낱말을 찾아낸다. 그리고 (4)에서 학생2는 〈신발—보트〉라는 연계 대답을 하고 (5)에서 교사는 다시 '보트'라는 물체와 관련한 핵심 낱말을 찾아낸다. (6)에서 학생3은 다시 연계 대답을 함으로써 대화가 단절되지 않고 전개가 되었다.

〈방법2〉 인물과 관련된 낱말 찾아내기

학생의 대답 중에 눈에 보이는 물체나 물질에 관련된 낱말이 없을 경우, 인물과 관련된 낱말을 핵심 낱말로 정한다. 학생이 대답한 인물을 다른 학생이 모르더라도 인물과 관련해서는 학생들이 다양하게 대답을 얻을 수 있는 소재가 되는 핵심 낱말이 될 수 있다.

(1) 학생2 : 제가 발표해보겠습니다. 짝꿍이 전학을 갔다.
(2) 교사 : 짝꿍이 전학을 갔다. 자, 애들아 짝꿍은 그러면 어떤 친구였을까? 학생3이 발표해보겠습니다.

(3) 학생3 : 제가 발표해보겠습니다. 왕방울 눈. 울보였습니다.
(4) 교사 : 울보가 무슨 뜻이죠?

〈54-고 2009〉

　(1)에서 학생1은 '짝꿍'이라는 인물과 연계 대답을 하고 (2)에서 교사는 '짝꿍'이라는 핵심 낱말을 찾아낸다. 그러자 (3)에서 학생3은 〈짝꿍-왕방울 눈 울보〉라는 연계 대답을 함으로써 핵심 낱말 찾기 전략의 방법을 성공적으로 전개했다고 할 수 있다. 그리고 (4)에서 교사는 다시 '울보'라는 핵심 낱말을 찾아낸다.

〈방법3〉 행동이나 동작 등에 관련한 낱말 찾기

　핵심 낱말 찾기 전략과 관련해서 학생 대답에 눈에 보이는 유형의 물질이나 생명체에 관한 핵심 낱말이 없을 경우에는 무형의 행동이나 동작 등에 관한 낱말을 핵심 낱말로 찾아낸다.

(1) 교사 : 자, 먼저 학생1이 어떤 동작을 했어요?
(2) 학생1 : 태권도! 주먹 내지르기와 옆으로 내지르기를 했습니다.
(3) 교사 : 네, 주먹 내지르기와 옆으로 내지르기를 학생3이 어떻게 표현 했지요?
(4) 학생2 : '바람이 갈라진다'고 표현했습니다.
(5) 교사 : 그렇지 '바람이 갈라지는 것 같아'라고 표현 했어요. 그럼 '바람이 갈라진다'라고 표현한 이유는 무엇일까?

〈36-중 2009-재구성〉

(1)에서 교사는 제시된 학습 자료의 내용을 묻는 질문을 한다. 그러자 (2)에서 '주먹 내지르기와 옆으로 내지르기'라는 무형의 동작에 관한 대답을 하자 (3)에서 '주먹 내지르기와 옆으로 내지르기'를 핵심 낱말로 찾아낸다. (4)에서 학생은 핵심 낱말과 관련된 '바람이 갈라진다'라는 연계 대답을 하고 다시 교사는 (5)에서 '바람이 갈라진다'를 핵심 낱말로 찾아낸다.

이로써 학생의 대답에서 무형의 동작과 관련된 낱말을 핵심 낱말로 선정하여 수업 대화를 전개하여 핵심 낱말 찾기 전략을 논의해 보았다.

전략2. 핵심 낱말의 개념 파악 유도하기

지식확산을 위해서 핵심 낱말을 찾았으면 다음 전략으로 교사는 찾은 핵심 낱말의 개념이나 정의를 묻는 질문을 하는 것이 단절되지 않은 수업 대화를 위해서 그리고 연계 질문을 만들기에 훨씬 더 쉬운 절차가 된다.

학생의 대답에서 핵심 낱말을 찾아낸 뒤 교사는 대답한 학생에게나 또는 다른 학생에게 핵심 낱말의 개념을 정리하도록 유도함으로 해서 다음의 수업 대화를 연계 지어 이끌어 가는데 부담이 반감된다. 즉 반감된 그 부담은 학생들에게 지워지는데 그것은 학생들로 하여금 수업에 참여율을 더 높일 수 있다는 긍정적인 해석으로 정당화 될 수 있다.

〈방법1〉 핵심 낱말의 사전적 정의 유도하기

　핵심 낱말이 물체나 물질과 같은 생명체와 관계없는 유형의 것일 경우는 사전적인 정의나 개념 정리를 유도하는 수업 대화를 전개한다.

　　(1) 교사 : 어, 근데 엄마랑 아빠랑 다툼이 있을 것 같아요. 어떤 다툼이 있었을까? 엄마랑 아빠랑 서로 말씀을 다르게 하신 거 같은데, 학생1이 얘기해볼까요?
　　(2) 학생1 : 엄마는 즉석식품을 먹지 말라고 하시고, 아빠는 즉석식품을 먹어도 된다고 하셨어요.
　　(3) 교사 : 맞아요. 잘 찾아냈어요. 그럼 즉석식품이 뭐에요?
　　(4) 학생2 : 즉석식품은 손쉽게 조리해 먹을 수 있는 식품이요.
　　　　　　　　　　　　　　　　　　　　〈33-중 2008-재구성〉

　(1)에서 교사는 앞서 제시된 학습 자료에 관한 내용의 질문을 하고 (2)에서 학생1은 '즉석식품'과 관련된 대답을 한다. 그러자 교사는 (3)에서 교사는 '즉석식품'의 사전적 의미의 정의를 요구하는 질문을 하고 (4)에서 학생2가 대답을 함으로써 핵심 낱말의 개념 파악 유도하기에 성공하고 수업 대화의 단절을 막는 효과를 얻을 수 있었다.

〈방법2〉 핵심 낱말과 관련된 함축된 의미 상기시키기

　핵심 낱말이 행동이나 동작과 관련한 낱말일 경우에는 수업의 단절을 막고 연계시키기 위해서 함축된 의미를 찾도록 한다.

(1) 교사 : 여름에 하는 운동 중에서 박태환 선수와 관련된 운동이 뭐죠?
(2) 학생1 : 수영이요.
(3) 교사 : 응, 그래요. 수영이에요. 수영은 어디서 하는 운동인가요?
(4) 학생2 : 수영은 물에서 하는 운동입니다.
(5) 교사 : <u>수영을 하면 좋은 점에는 어떤 것이 있을까?</u>
(6) 학생3 : 책에서 봤는데 <u>심폐 기능이 좋아진다고 합니다.</u>
(7) 학생4 : 와! 어려운 말이네. <u>심폐 기능이 무슨 뜻이에요?</u>
(8) 학생5 : <u>심장이 튼튼해진다</u>는 말과 관련 있는데….
(9) 교사 : 맞아요. <u>심폐 기능이란 허파를 중심으로 하는 호흡계와 심장을 중심으로 하는 순환계의 기능을 통틀어 이르는 말이에요.</u> 어렵죠?

〈42-중 2008〉

 (1)에서 교사는 여름 운동에 관한 질문을 한다. 그러자 (2)에서 학생1은 '수영'이라고 대답을 한다. 그리고 (3)에서 교사는 핵심 낱말 '수영'과 관련된 연계 질문을 하자 (4)에서 학생2는 연계 대답을 한다. (5)에서 교사가 핵심 낱말과 관련된 다양한 학생들의 지식의 경험을 표현하도록 유도하는 연계 질문을 한다. 그러자 (6)에서 학생3은 책을 통해 얻은 지식을 연계하여 대답한다. 그리고 (7)에서 학생4는 학생3이 대답한 지식을 모르고 있어 질문을 한다. 그러자 (8)과 (9)에서 학생5와 교사가 각각 심폐 기능에 대한 지식적 내용을 설명해준다. 이로써 '심폐 기능'에 대해 몰랐던 학생들은 새롭게 지식을 습득하게 된다.

전략3. 핵심 낱말과 관련된 경험의 재구성 유도하기

핵심 낱말의 개념을 정리하고 난 후 교사는 학생들로 하여금 자신이 경험한 주변적 지식, 자신의 삶, 학습 과제와 관련된 지식의 세계에 관해 경험을 재구성하도록 유도한다. 핵심 낱말과 관련된 경험의 재구성을 유도하기 위한 전략을 구체적인 방법의 논의를 통해서 고찰하고자 한다.

〈방법1〉 핵심 낱말과 관련된 경험 표현하기

학생들로 하여금 핵심 낱말과 관련된 자기의 경험을 표현하게 한다.

> (1) 교사 : 귀찮은 일이 생겼을 때 <u>골치가 아프다고 하는데 골치란 우리 몸의 어디를 가리킬까요?</u> 학생1!
> (2) 학생1 : <u>머리요.</u>
> (3) 교사 : 머리, 머리를 가리키지요! 혹시 <u>학생1은 머리 아파본 적 있어요?</u>
> (4) 학생1 : 예, <u>감기 걸렸었는데 머리가 굉장히 아팠어요.</u>
> 〈41-중 2008-재구성〉

(1)에서 교사는 질문을 하고 (2)에서 학생1은 '머리'라는 대답을 한다. (3)에서 교사는 '머리'라는 핵심 낱말과 관련된 경험을 표현하도록 유도한다. 그러자 (4)에서 학생1은 핵심 낱말과 관련해서 자기의 경험을 표현한다. 수업에 학습과 자기의 경험을 연결지을 때 수업의 효과는 극대화 된다.

〈방법2〉 타인의 경험과 자신의 경험 비교하기

자기의 경험과 타인의 경험을 서로 비교해 볼 수 있도록 교사는 계속해서 연계 대답을 할 수 있도록 연계 질문을 한다. 〈방법2〉의 논의는 앞의 〈방법1〉과 연계지어서 고찰하도록 한다.

(5) 교사 : 그럼, 또 어떨 때 머리가 아파요?
(6) 학생2 : 체했을 때도 머리가 아팠어요.
(7) 교사 : 아, 맞아요. 체했을 때도 머리가 아파요. 혈액순환이 안 되어 그렇대요. 그럼 또 어느 때 머리가 아프죠?
(8) 학생3 : 화가 나거나 시험공부를 많이 해도 머리가 아파요.

〈41-중 2008-재구성〉

(5)에서 교사는 다른 학생들이 다양하게 자기의 경험을 표현할 수 있도록 연계 질문을 한다. 그러자 (6)에서 학생2는 자기의 경험을 떠올리며 '체했을 때'라는 연계 대답을 한다. 이로써 체하면 머리도 아프다는 새로운 사실을 알게 되는 학생들이 생겨나 지식확산이 이루어진다고 할 수 있다. (7)에서 교사는 다시 연계 질문을 하자 (8)에서 학생3은 '화나거나 시험공부를 할 때'라는 경험을 표현한다. 이때 학생들은 자기의 경험과 다른 학생들의 경험을 비교하는 활동을 하게 된다. 타인의 경험과 나의 경험을 비교하면서 지식 확산의 기회가 주어져 지식 확산의 수업대화가 전개된다.

〈방법3〉 자신의 생각 수정·보완 유도하기

이어서 학생들은 자기의 경험과 친구들의 경험을 듣고 서로 비교하고 난 후에 자기가 가지고 있는 생각을 수정·보완할 수 있도록 유도 질문을 한다. 〈방법3〉의 이해를 위한 수업 대화도 위의 〈방법2〉와 연계되어서 재구성한 것이다.

(9) 교사 : 와! 우리 친구들 많이 아네. 그럼, 우리 <u>자기가 잘못 알고 있었거나 새롭게 알게 된 사실</u> 있으면 대답해 볼까요?
(10) 학생4 : 저는 <u>체했을 때는 배만 아픈 줄 알았습니다.</u>
(11) 학생5 : 체했을 때 머리가 아픈 게 <u>혈액순환이 안 되어 그렇다는 걸</u> 알게 되었습니다.
(12) 학생6 : 화나거나 시험공부를 할 때처럼 '<u>머리를 많이 쓰면 머리가 아프다</u>'는 사실을 알게 되었습니다.

〈41-중 2008-재구성〉

(9)에서 교사는 학생들에게 '잘못 알고 있거나 새롭게 알게 된 사실'이란 질문을 함으로써 자신의 생각을 수정·보완을 할 수 있도록 유도하는 질문을 한다. 그러자 (10)에서 학생4는 잘못 알고 있었던 사실을 수정·보완하며 (11), (12)에서 학생들은 자기와 다른 학생들의 지식과 경험을 비교하여 새롭게 알게 된 사실을 보완하여 자기의 경험을 재구성한다.

전략4. 재구성된 경험을 연계 질문하여 심화 대화 유도하기

재구성된 경험을 계속적으로 교사는 연계 질문을 통해 다양한 측면에서 대답이 확산적으로 나올 수 있도록 심화 대화를 유도한다. 앞장에서도 논의했지만 심화 대화에는 종적 심화 대화 유형과 횡적 심화 대화 유형이 있다. 구체적으로 논의하여보기로 한다.

〈방법1〉 종적 심화 대화하기

종적 심화 대화는 대답하는 학생이 서로 다르지만 교사가 동일 주제로 심화된 연계 질문을 통해 대화를 이끌어가는 형태의 대화이다.

⑴ 교사 : 많이 우는 사람을 <u>울보</u>라고 그래. 내 짝은 많이 우는 울보에요. 그런데 <u>신발 코로 모래를 계속 팠다고</u> 그랬죠? 나는 <u>왜 신발 코로 모래를 팠을까?</u> 학생5가 발표하겠습니다.
⑵ 학생5 : 제가 발표해보겠습니다. 친구가 떠난 후에 <u>심심해서</u>
⑶ 교사 : 심심해서 어, 친구가 떠난 후 같이 놀던 친구가 떠난 후 심심해서, <u>심심하기만 할까요?</u> 학생6이 발표해보겠습니다.
⑷ 학생6 : 제가 발표해보겠습니다. 내 짝, 내 짝꿍, 왕방울 눈 울보가 전학을 가서 씁쓸해요. 그래서 할일이 없어서.

〈54-고 2009-재구성〉

⑴에서 교사는 울보에 대한 정의를 다시 정리하고 '그 울보가 왜 신발 코로 모래를 팠다고 했나?'하는 연계 질문을 계속하자 ⑵에서 학생5는 '친구가 떠난 후에 심심해서'라는 지식확산의 답을 하자 ⑶

에서 다시 교사는 '심심하기만 할까요?'라는 연계 질문을 하자 (4)에서 학생6은 자신의 경험을 반추하며 '쓸쓸하다'라는 표현을 한다. '쓸쓸하다'라는 의미를 몰랐던 다른 학생들에게 마음이 허하고, 외롭고, 슬프다는 의미와 '쓸쓸하다.' 라는 낱말의 의미가 일정 부분 비슷한 부분이 있음을 알게 되는 지식확산의 효과를 가져 온다.

〈방법2〉 횡적 심화 대화하기

횡적 심화 대화는 교사와 학생 한명이 같은 주제를 가지고 연계 질문하고 대답할 때의 대화 방법이다.

(5) 교사 : 할일이 없어서, 쓸쓸해서 맞아요? 쓸쓸합니다. 아, 잘했습니다. 쓸쓸합니다. 여러분 '쓸쓸합니다' 의 비슷한 말은 무슨 말입니까? 쓸쓸하고 슬프고, 친구가 가서 너무나 슬퍼요. 울음이 아마 친구가 전학을 갔는데 눈물이 막 나오려고 하나 봐요. 그래서 신발 코로…마지막 줄 텅 빈 운동장으로 힘 빠진 공을 차본다, 그랬거든요? 왜 텅 빈 운동장으로 힘 빠진 공을 차보았을까? 학생7이 발표해보겠습니다.

(6) 학생7 : 제가 발표해보겠습니다. 짝꿍과 함께 축구를 많이 했는데 짝꿍이 없어져 전학을 가니까 할 친구가 없어서 힘 빠진 공을 찬 것 같습니다.

(7) 교사 : 친구가 없어서 쓸쓸한 마음에 힘찬 공을 아니 힘 빠진 공을 차 보았어요. 얘들아, 그런데 공이요, 힘찬 공이 아니라 탄탄한 공이 아니라, 힘이 쭉 빠진 공이에요. 공이 왜 힘이 쭉 빠졌을까? 학생7!

(8) 학생7 : 제가 발표해 보겠습니다. 우울해서 그런 것 같습니다.

〈54-고 2009〉

  (5)에서 교사는 〈씁쓸하다-슬프다-신발 코로 모래를 파다-힘 빠진 공을 차다〉라는 계속적으로 연계 질문을 하자 (6)에서 학생7은 '전학을 가니까 친구가 없어서 힘 빠진 공을 찼다.'라는 연계 대답을 하자 교사는 참신한 학생의 대답을 기대하며 지식확산을 유도하기 위해 다시 (7)에서 교사는 〈친구가 없어 쓸쓸한 마음-힘 빠진 공을 차다〉라는 연계 질문을 하자 (8)에서 학생7은 '우울해서 그런 것 같다.'라는 또 색다른 표현을 함으로써 지식확산을 성공적으로 이행했다고 할 수 있다. 이 수업은 한 사람에게 연계 질문을 하는 횡적 심화 대화를 전개하고 있다.

  지식확산 유도 대화 전략은 교사는 학생의 대답에 핵심 낱말을 찾아내고, 다음에 핵심 낱말의 개념정리하며, 핵심 낱말과 관련된 경험을 서로 비교하고 수정·보완하여 재구성하고 재구성된 경험을 연계 질문을 통하여 심화 대화할 때 성공적으로 이루어질 수 있다.

제5장

결론

교사 화법 교육론

| 제5장 |

결 론

 본 책에서는 국어과 수업 대화의 분석을 통해서 나타나는 현상을 분류 기준을 세워 유형별로 분류하고 궁극적으로 다양한 지식 인지 및 지식 확산의 효과적인 수업 대화 교수 전략을 집중적으로 고찰하였다.

 성공적인 교사의 수업 대화 전략이란 아래 그림에서 보이는 것처럼

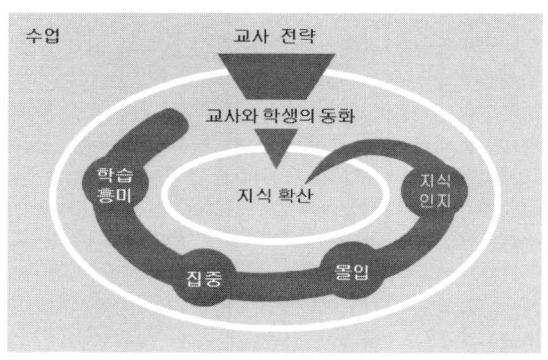

교사가 학생과 함께 동화되어

첫째, 정해진 단위 수업 시간 동안 학습 흥미가 계속적으로 유지가 되며 집중하고 학습 자체에 즐거움을 가지고 몰입하여 학습 과제 및 주제와 관련한 지식을 학생 스스로 인지하고,

둘째, 교사가 의도하지 않은 폭넓은 지식의 세계를 교사와 학생 또는 학생과 학생의 수업 대화를 통해서 경험하게 하여 수정·보완하고 지식 확산까지 성취하는 것이라 할 수 있다.

본 책은 교육 경력이 5년 미만인 저 경력 교사의 국어과 수업 대화 30편을 전사하여 분석·기술하고 국어과 수업 대화 교수전략을 제시한 저서로 성공적인 교사 화법에 관심 있는 교사들에게 교수-학습 지도 면에서 조금이나마 도움을 주고자 집필을 하였다.
앞으로도 수업 대화의 정밀한 분석을 통해서 수업 대화 분류 기준의 재정립과 질적·양적 연구방법을 함께 고려한 다양한 각도의 수업 대화 전략을 이후 연구 과제로 남겨 둔다.

■ 참고 문헌

1. 논문 및 단행본

권순희(2001), 「대화 지도를 위한 청자 지향적 관점의 표현 연구」, 서울대학교 박사학위 논문.
김상희(1995), 「국어과 수업 담화 분석을 통한 교수 전략 연구-말하기/듣기, 언어 영역을 중심으로」, 서울대학교 석사학위 논문.
김윤옥(2007), 「상호 주관성에 바탕을 둔 화법 교육 연구」, 한국교원대 박사 논문.
노은희(1993), 「상황 맥락의 도입을 통한 말하기 지도 연구」, 서울대학교 석사학위 논문.
_____(1999), 「대화의 특성과 지도 방법」, 텍스트언어학 7집.
박종훈(2007), 「설명 화법의 언어 형식화 교수·학습 방안 연구」, 서울대학교 국어교육과 박사학위 논문.
박창균(1999), 「대화 분석을 적용한 말하기 교수-학습 방법 연구」, 인천교육대학교 석사학위 논문.
서현석(2004), 「학생 소집단 대화의 구조와 전략 연구」, 한국교원대학교 박사학위 논문.
양미경(1992), 「질문의 교육적 의의와 그 연구 과제」, 서울대학교 박사학위 논문.
이두헌(1994), 「대화 분석의 방법에 관한 연구」, 한국외국어대학교 박사학위 논문.
이주섭(2001), 「상황 맥락을 반영한 말하기·듣기 교육의 내용 구성에 관한 연구」, 한국교원대학교 박사학위 논문.

정상섭(2006), 「공감적 화법 교육 연구」, 한국교원대학교 박사학위 논문.
김혜숙(2002), 「모둠 활동에 나타나는 말하기·듣기의 개념 틀에 대하여」, 제6회 한국화법학회 전국학술대회.
노명완(1997), 「말하기·듣기 교육의 개념과 탐구 과제」, '97 말하기·듣기 영역 교육 과정 내용의 체계화 연구 보고서, 서울대학교 국어교육연구소.
김정탁(1999), 「대화의 특성과 지도 방법」, 텍스트 언어 학회 7집.
류성기(2008), 「듣기 지도에서 상호 작용식 모형 적용 방법 탐색」, 화법연구 14, 한국화법학회.
박선옥(2003), 「한국어 교사의 질문 유형과 기능에 대한 연구」, 화법연구5.
민현식(2001), 「국어 화법과 담화 전략」, 화법연구 3.
_____(2001), 「교수 화법론, 화법연구3」, 한국화법학회.
박용익(1999), 「대화분석론의 이론과 전망」, 『텍스트언어학』 6집.
_____(2004), 「쓰기 평가를 통해 본 국어과 창의성 개념 설정의 문제」, 국어교육학연구20. 국어교육학회.
사와다 히로유키(2003), 「한국어 말하기 평가에서 전략적 능력과 어휘 구사력의 평가」, 국어교육연구 12집, 서울대학교 국어교육연구소.
서재석(2004), 「학습 소집단 대화 연구」, 화법연구 7, 한국화법학회
손세모돌(2003), 「설명 능력 평가 방법」, 화법연구 11, 한국화법학회.
심영택(2004), 「설득의 원리와 전략 및 설득 논법에 관한 연구」, 화법연구 7, 한국화법학회.
양미경(1992), 「질문의 교육적 의의와 그 연구 과제」, 서울대학교 박사학위 논문
_____(1992), 「질문에 대한 실증적 연구 방식의 비판」, 〈교육학연구〉 30(1), 한국교육학회.
_____(1995), 「질문의 생성을 촉진하는 교육적 조건 연구」, 〈교육학연구〉 33(1), 한국교육학회.
원진숙(2003), 「교실 수업 밖 교사 화법」, 국어교육연구회 발표 논문집, 국

어교육학회.

유동엽(1999), 「말하기·듣기 교육의 현황에 대한 사례 연구」, 화법연구1, 한국화법학회.

윤희원(2001), 「국어 교육학 발전을 위한 연구 방법론 탐색을 위하여」, 국어교육학연구12.

이경우(2003), 「교사의 칭찬 화법. 화법연구1」, 한국화법학회.

이삼형(2003), 「교사의 상담 화법.화법연구1」, 한국화법학회.

이윤옥(1998), 「학습자간 질문 생성 전략의 적용」, 북악논총 제17집.

_____(1998), 「수업과정에서 학습자간 질문 생성 전략이 학습에 미치는 효과」, 국민대학교 박사학위 논문.

이정선(1998), 「초등 교육 연구의 질적 접근, 교육 연구의 질적 접근 그 방법과 쟁점」, 교육학연구회, 1998년 춘계 학술 대회.

이종희 외(2003), 「수학적 의사소통」, 교우사.

이주행(2003), 「교사의 질문과 응답 화법. 화법연구1」, 한국화법학회.

_____외(2004), 「화법 교육의 이해」, 박이정.

이진경(2003), 「화법의 교육 내용에 대한 연구. 화법연구1」, 한국화법학회.

이재승(2006), 「말하기·듣기 교수 학습 방안: 자기 조정 전략을 중심으로」, 서울대학교 교육종합연구원 국어교육연구소.

이재승(2006), 「좋은 국어 수업 어떻게 할 것인가?」, 국어과 교수학습연구 총서1.

이창덕(2003), 「교사 화법연구와 교육의 필요성과 그 과제」, 화법연구5, 한국화법학회.

이한헌(1995), 「부정 언어 행위에 관한 의미 화용론적 연구」, 홍익대학교 박사학위 논문.

임경순(2006), 「듣기·말하기 단원 개발의 방향과 구성」, 한국외국어대학교 한국어문학연구회9.

_____(2004), 「이야기 구연의 방법과 의의 연구」, 국어교육114. 한국어교육

학회.

임칠성(1997), 「화법 교육의 방향 연구」, 국어교육 94, 한국국어교육연구회.

_____(2003), 「수업 대화」, 화법연구5, 한국화법학회.

_____(2003), 「중학교 국어의 말하기·듣기 영역에 대하여」, 한국언어문학, 제31집.

전은주 외(1997), 「말하기·듣기에 대한 인식과 지도 실태 조사」, 1997 국어 교육연구소 학술발표대회자료집, 서울대학교 국어교육연구소.

최영환(1997), 「상위 언어적 능력의 국어 교육적 의의」, 국어교육학연구7, 국어교육학회.

최영환(1995), 「언어 사용 전략의 자동화와 초인지」, 국어교육학연구5.

_____(1995), 「초등 학교 국어과 교수·학습 방법의 변화와 지향」, 국어 교육 연구.

_____(1996), 「읽기 교육의 목표와 내용 설정을 위한 이론적 탐색」, 국어교육학연구6.

최정순(2006), 「의사 소통적 한국어 구어 능력 개발을 위한 제언」, 서울대학교 국어교육연구소12월.

강호선 외(2007), 『수업 컨설팅 바로하기』, 원미사.

구현정 외(2007), 『화법의 이론과 실제』, 박이정.

국립 국어 연구원 편(1999), 『표준 국어 대사전』, 두산동아.

권순희(2004), 『국어학과 국어 교육』, 한국문화사.

김종두(2000), 『교육과 의사소통』, 양서원.

김종택 외(1999), 『화법의 이론과 실제』, 정림사.

김진우(1994), 『언어와 의사소통』, 한신문화사.

김진철 외(2001), 『수업 길라잡이, 초등 학교 교과별 수업 설계』, 학문출판(주).

김용욱(2008), 『몰입의 법칙』, 21세기 북스.

김정탁(2004), 『한국인의 의사소통의 사상을 찾아서』, 한울.

_____외(1988), 『국어과 교육』, 갑을출판사.
민현식 외(2003), 『교사 화법의 이론과 실제』, 역락.
민현식 외(2005), 『국어 교육론 2』, 한국문화사.
박승배 외 역(2001), 『효과적인 교수법』, 아카데미프레스.
박용익(2001), 『대화 분석론』, 역락.
_____(2003), 『수업 대화의 분석과 말하기 교육』, 역락.
_____(2003), 『회화분석론』, 역락.
변영계 외(2008), 『수업 장학과 수업 분석』, 학지사.
서재석 외(1995), 『화용론』, 박이정.
신기철 외(1989), 『새 우리말 큰 사전』, 삼성출판사.
신헌재 외(2005), 『예비 교사와 현장 교사를 위한 초등 국어과 교수·학습 방법』, 박이정.
심영택 (2004), 『교육 과정 및 교수 방법』, 교육과학사.
이돈희 외(2005), 『교육학 개론』, 교육과학사.
이삼형(1994), 『관심 집중』, 삼신각.
이삼출 역(2003), 『몰입의 기술』, 더불어 책.
이성범 외(2002), 『화용론 연구』, 태학사.
이윤호(1996), 『학급 집중-신바람 나는 교실 수업』, 삼신각.
이종철(2004), 『국어 표현의 화용론적 연구』, 역락.
이창덕 외(2000), 『삶과 화법-행복한 삶을 위한 화법 탐구』, 박이정.
임경순(2003), 『국어 교육 학과 서사 교육론』, 한국문화사.
임용운(2003), 『초등 학교 국어과 좋은수업』, 서울국학자료원.
임칠성 외(2006), 『교사 화법 교육』, 집문당.
전은주(2001), 『말하기 듣기 교육론』, 박이정.
조 벽(1999), 『새시대 교수법』, 한단북스.
조 벽(2001), 『조 벽 교수의 명 강의 노하우 & 노와이』, 해냄.
진제희(2006), 『외국인을 위한 한국어 수업 대화 분석』, 커뮤니케이션북스 천호성(2008), 『수업 분석의 방법과 실제-질적 연구 방법을 중심으로』, 학지사.

최영환(2003), 『국어 교육학의 지향』, 삼지원.

하치근(1998), 『화법 개론』, 동아대학교출판부.

한민석(2006), 『교육학』, 형설출판사.

EBS 〈최고의 교수〉제작팀 저(2009), 『EBS 다큐멘터리 최고의 교수』, 예담.

Gail E. M. & Michele T. M.(1985), *The Dynamics of Human Communication* 임칠성 역(1995), : A Laboratory Approach, McGraw-Hill, Inc, 『대인관계와 의사소통』, 집문당.

Hills, P. J.(1986), *Teaching and Learning as a Communication Process*, 장상호 역(1987), Croom Helm, 『교수, 학습, 그리고 의사소통』, 교육과학사.

Burton, G. & Dimbleby, R.(1995), *Between Ourselves*, Edward Anold Ltd, 이주행 외(2005), 『인간관계와 의사소통』, 한국문화사.

Seral, J. R.(1983), *Speech Acts*, 이명현 역(1987), 『언화행위』, 한신문화사.

Ronald T. H.(1979), *Strategic Questioning*, 곽병선 역(1986), Englewood Cliffs, New Jersey:Prentice-Hall Inc. 『질문법』, 교학사.

Lepper. M. R.. Greene, D, and Nisvelt, R. E.(1973) 「Undermining Children' Intrisic Interest with Extrinsic Rewards:A Test of the Overjustification Hypothesis.」 Journal of Persnaoity and Social Psychology.

Desi, E, L(1971), 「Effects of Extermally Mediated Rewards on Intrinstic Motivation.」, Journal of Personality and Socoal Psychology.

Jerome S. Bruner(1960), 「The Process of Education」 (Cambridge : Havard University Press, 1960) ; idem, on Knowing (Cambridge : Havard University Press, 1962)

부록

- ■ 〈11-저2008〉
- ■ 〈16-저2009〉
- ■ 〈31-중2008〉
- ■ 〈34-중2009〉
- ■ 〈41-중2008〉
- ■ 〈43-중2009〉
- ■ 〈51-고2008〉
- ■ 〈54-고2009〉
- ■ 〈61-고2008〉
- ■ 〈62-고2009〉

교사 화법 교육론

부 록

(지면상 수업 대화 전사 기록을 10편만 수록 함)

〈11-저2008〉

학생 : 노래
교사 : 어, 아주 노래를 잘 불렀어요. 지금 그 노래의 제목이 뭐에요?
학생 : 리리리자로 끝나는 말
교사 : "리자로 끝나는 말" 끝나는 말이 무슨자가 와요? 낱말이?
학생 : 리
교사 : 어, '리자'로 끝나는 말이 많이 나오지요? 이번에 선생님이 여러분한테 우리 저번에 수수께끼 배웠지요?
학생 : 예.
교사 : 수수께끼를 내줄 거에요. 한번 맞춰보세요. 지금 아무것도 없지요. 가죽을 먼저 벗기고, 수염을 뽑고, 살을 먹고 뼈는 버리는 것? 어, ~이 알아요?
학생 : 옥수수
교사 : 어, 맞은 것 같아요?
교사 : 맞았어. 옥수수야. 옥수수 모르면, 여기다 붙여놨는데 민영이가 딱 보고 맞춘 것 같은데 —두 번째 문제 주세요. 그냥 보면 보름달, 쪼개보면 반달, 먹고 나면 그믐달인 것은 무엇일까요? 어, 그거 아는 사람이 있네.
학생 : 수박
교사 : 어, 수박 맞는 거 같아요?
학생 : 예
교사 : 어, 너무 잘 아네. 안 해 본 건데 맞았어요. 수박이에요. 그 다음 문제, 마지막 문제에요. 맞춰보세요. 쥐는 쥐인데 날 수 있는 쥐는? 어, 이거 많이 아는데.
학생 : 박쥐
교사 : 박쥐 맞아요?
학생 : 예.
교사 : 오, 맞았어. 박쥐, 박쥐였어요. 선생님이 지금 수수께끼 세 개

를 내고 여기 낱말 카드로 답은 이렇게 붙여 놨는데, 처음에 답은 옥수수, 두 번째는 수박, 세 번째는 박쥐였지요.

학생 : 예.

교사 : 어, 낱말을 붙였는데 이 낱말을 붙여 놓은 규칙이 있어요. 어떤 규칙일까? 알 수 있는 사람? 나는 알았다. 누가 있을까? ~이 한번 맞춰볼까? 어, 일어서서 얘기해.

학생 : 끝나는 말 잇기

교사 : 끝나는 말이 어때요? 끝나는 말이 이어져요?

학생 : 예.

교사 : 어, 옥수수로 끝나서 수박이 되고 박으로 끝나죠. 박쥐가 됐어요.

학생 : 예.

교사 : 오늘 우리가 공부 할 건데, 어떤 것을 공부할 것 같은가요? 누가 얘기 해 볼 사람? 일어서서.

학생 : 끝말잇기

교사 : 끝말잇기. 맞아요. 오늘 공부할 내용이 뭐냐 하면 셋째 마당 한번 들어가 즐거운 하루를 배우는데 오늘은 말의 재미를 느끼면서 오늘 말 주고받기를 해 볼 거예요. 지금 안한 끝말잇기를 배워가고요, 거기에는 활동을 2가지 할건데요, 첫 번째 활동은 어 말 주고받기 놀이를 할 거. 말 주고받기 놀이는 끝말잇기 뭐 시작되는 말이 같은 말, 끝나는 말 같은 말 이런 공부 할거고, 그 다음에 두 번째 활동으로는 꽁지 따기 말놀이를 할 거. 재미있을 것 같아요?

학생 : 예

교사 : 오늘 첫 번째 활동을 시작할 건데요, 우리 교과서 54 쪽 한 번 보세요. 바르게 앉아서 교과서 보세요. 여기 보면 들쥐하고 두더지가 나와 있지요?

학생 : 예.

교사 : 여기 놀이를 하고 있는데, 무슨 놀이를 하는 것 같아요? 끝말 잇기, 지금 여기 보니까 귀뚜라미, 미꾸라지, 지구, 그러면서 이런 식으로 계속 이어가는데 무슨 놀이 같아요?

학생 : 끝말잇기

교사 : 끝말잇기 놀이를 하는 거 같아요? 그러면 끝말잇기 놀이는 어떻게 하는 걸까요? 어떻게 하는 걸까요? 누구 손들고 얘기 해봐. 나는 방법을 알 수 있다.

교사 : 아는데 발표를 안 하네. 어, ~이 말고 아는 사람 있을 거 같아. ~이 얘기해보세요.
학생 : 끝말잇기 끝나는 말 따라서 이어가기
교사 : 어, 첫 번째 말한 사람이 말한 이 끝나는 말을 따라서 또 이어가는 거다. 맞는 거 같아요?
학생 : 예.
교사 : 어, 맞았어. 끝말잇기, 그런데 끝말잇기 할때 주의할 점이 있어요. 뭘 주의해야 될까요? 한번 나온 말을 또 쓰면 될까요? 안 될까요?
학생 : 안돼요.
교사 : 수박을, 수박을 했는데, 나중에 또 박이 나왔어. 또 다른 말이 그래서 또 수박을 쓰면 될까요? 수박이 나와서 또 수박이라고 낱말을 또 쓰면 될까? 안 될까?
학생 : 안돼요.
교사 : 안되지요. 어, 그 점만 주의해 주면 우리 여기 보면 끝말잇기 공책 커버 나오지요?
학생 : 예.
교사 : 이거 책에다가 각자해보세요. 금방 할 수 있지요?
교사 : 1번, 2번 다 해보세요. 어, 다한 사람들도 있네. 다한 사람 손 무릎, 옆에 내려놓고,
교사 : 차려, 내가 발표해 보겠다. 일번 공책 끝말잇기를 발표해보겠다. ~이 한번 발표해 보세요. 크게 읽어 보세요.
책장, 장화, 끝에가 장화야. 어떻게 책을 가져와보세요. 자, ~가 공책, 그다음에 책장, 뭐로 했어요?
학생 : 책장
교사 : 그 다음에 상장, 맞아요. 그 다음에 장화, 맞게 잘했어요.
학생 : 예.
교사 : 어, 두 번째 사과를 어떻게 했냐하면 사과 그 다음에 뭐라 그랬어요? 과수원, 그 다음에 원장, 그다음에 장수, 장수가 뭐야? 오래 사는 것 장수를 했나봐. 맞아요. 어 잘했지요. 한 명만 더 해볼까? 누가 한 번해 볼까? 선생님이 ~이 나와 보세요.
학생 : (책을 가지고 환등기로 가져옴)
교사 : 상환이 어, 상환이도 공책, 뭐했어요? 그 다음에 책상, 상자, 그다음에 뭐했어? 자전거, 잘했어요. 잘했지요. 그다음에 사과, 그다음에 과자, 자매, 매

미, 어 끝말잇기를 아주 잘했네요. 잘 했어요. 저, 이번에는요 여러분들이 끝말잇기를 잘하는 거 같아요. 나중에 선생님이 잘했는지 볼텐데, 어 우리 모둠별로 끝말잇기를 한번 해 볼 거예요. 그래서 모둠별로 선생님이 모둠을 한 개씩 주면요 거기다가 끝말잇기를 하는 건데, 어, 일어나보세요. 여기다가 모둠 이름 쓰고, 끝말잇기를 해보는데요, 여기 낱말 카드를 붙이는 거예요. 모둠장이 나와서 낱말을 뽑는 거예요. 뽑아서 자기네들이 뽑는 낱말을 여기 맨 앞장에 붙이고 그다음에 계속 모둠할 때, 어떻게 차례대로 돌아가며 한명씩 끝말잇기를 하면 되요. 알겠어요?

학생 : 예

교사 : 이해됐나요?

학생 : 예

교사 : 모둠장 나와 보세요.

학생 : (낱말 카드를 받아감) 웅성

교사 : 일학년!

학생 : ~반

교사 : 어 선생님이 시간을 약 지금부터 모둠장이 붙이면 모둠장부터 차례대로 돌아가요. 근데 삼분 주겠어요. 삼분 동안 해보세요. 삼분이 지나면 멈추고 손 머리 얹고 가지고 나오세요. 어느 모둠이 제일 재미있게 이어가나.

교사 : 웅성

학생 : 웅성

교사 : 모두. 시간 내 다 너무 잘했는데 어느 모둠이 제일 잘했나 다 같이 한번 보자. 지금 1모둠은요 시작하는 말이 뭐에요?

학생 : 운동장

교사 : 운동장이었어. 우리 다 같이 재미있는 끝말잇기 박자 맞춰서 하는 거 알지요?

학생 : 예

교사 : 앞에 보고 무릎 피고 이거 다 같이 해보는 건데요, 남자부터 하고 그다음 여자 번갈아가면서 하는 거야 알겠어요?

학생 : 예

교사 : 준비, 준비, 시작

학생 : (쿵짝) 우리 모두 재미있는 낱말 잇기 하기(쿵짝)

학생 : 운동장 (쿵짝), 장화, (쿵짝), 화장실(쿵짝), 실내화(쿵짝), 화장품(쿵짝), 품새(쿵짝), 새화조,

조카, 카메라, 라면, 면발, 빨대
교사 : 어, 지금 3모둠이 잘했는데, 약간 이상한게 하나 있어요. 여기 다 맞았는데요, 어, 이건 조카가 그 친척 조카를 말하는 것 같아. 근데 이 낱말이 틀렸네. 여기서 틀려서 여기까지 2모둠은 잘했어요. 여기까지 그 다음에 한번 틀리면 계속 틀리겠지.
교사 : 좋아 2모둠 한번 보세요. 2모둠은 와 여기까지 내려와.
교사 : 다 같이 준비, 남자부터 이번엔, 시작
학생 : (쿵짝) 우리 모두 재미있는 낱말 잇기 하기. 오이(쿵짝), 이빨(쿵짝), 빨대(쿵짝),대문(쿵짝), 문어(쿵짝),어부(쿵짝), 부자(쿵짝), 자두(쿵짝), 두더지(쿵짝),
교사 : 어 2모둠 틀린 게 있어요? 없어요?
학생 : 없어요.
교사 : 다 완성을 잘했어요. 그 다음에 3모둠은 어떤 낱말로 할까? 3모둠 뭐에요? 학교, 준비, 시작
학생 : (쿵짝) 우리 모두 재미있는 낱말 잇기 하기(쿵짝) 학교(쿵짝), 교육(쿵짝), 육교(쿵짝), 교실(쿵짝), 실내화(쿵짝), 화장실(쿵짝), 실감(쿵짝), 감자(쿵짝), 자전거(쿵짝), 거미(쿵짝), 미로(쿵짝), 로케트(쿵짝), 트럭(쿵짝), 럭키(쿵짝), 키보드(쿵짝), 드라마
교사: 어, 3모둠은요, 와 어려운 걸 잘하네. 다 맞은 거 같아요. 3모둠은 주의할 점이 있었는데, 여기 교자로 끝나는 말이 교육이 나왔고, 또 여기 교가 나왔지요? 근데 같은 말 썼어요? 안 썼어요? 같은 말을 안 쓰고 다른 말을 잘 썼지요?
교사 : 어, 여기까지 다 완성 잘했어요. 그 다음에 4모둠 볼까요?
학생 : 웅성
교사 : 4모둠은 뭐로 시작해요?
학생 : 라디오
교사 : 시작
학생 : (쿵짝) 우리 모두 재미있는 끝 말잇기 하기 (쿵짝) 라디오(쿵짝), 오리(쿵짝), 리본(쿵짝), 본드(쿵짝), 드라큘라(쿵짝), 라면(쿵짝), 면도기(쿵짝), 기차(쿵짝), 차표(쿵짝), 표범(쿵짝), 범인(쿵짝), 인간(쿵짝), 간수(쿵짝), 수학(쿵짝), 수학(쿵짝), 학교(쿵짝), 교장(쿵짝), 장군

교사 : 와, 4모둠은요, 어려운 말이 많아요. 다 맞은 거 같아요.
학생 : 예
교사 : 어, 잘했어요. 아주. 틀린 게 하나도 없는것 같아요. 근데 저기 뒤에 계신 교장 선생님이 단어가 나왔어요. 좋아하더라고, 5모둠 보자. 5모둠은 공부로 시작하는가요? 시작.
학생 : (쿵짝) 우리 모두 재미있는 끝말잇기 하기 (쿵짝) 공부(쿵짝), 부리(쿵짝), 리본(쿵짝), 본드(쿵짝), 드라마(쿵짝), 마차(쿵짝), 차표(쿵짝), 표범(쿵짝), 범인(쿵짝), 인자(쿵짝), 자전거(쿵짝), 거미(쿵짝), 미꾸라지(쿵짝), 지렁이(쿵짝), 이빨, 빨대, 대문
교사 : 오, 5모둠도 아주 끝까지, 여기까지 완성을 잘했네. 좋아요, 지금4모둠 하고 5모둠이 동점이에요. 기차가 제일 길어서 그다음 6모둠 보자.
교사 : 6모둠은 어떻게 했나? 준비. 시작
학생 : (쿵짝) 우리 모두 재미있는 끝말잇기 하기 (쿵짝) 국화(쿵짝), 화장실(쿵짝), 실로폰(쿵짝), 폰트(쿵짝),(쿵짝), 트라이앵글(쿵짝), 글자(쿵짝), 자몽(쿵짝), 몽키(쿵짝), 키 재기(쿵짝), 기차(쿵짝), 차표(쿵짝), 표창(쿵짝), 창문(쿵짝), 문자
교사 : 어, 다 잘했어요. 어려운가? 많이 아네. 그러면 다른 틀린 거 없이 잘했는데, 지금 4모둠하고 5모둠이 동점이야. 하나씩 자석을 더—
학생 : 아이 아이
교사 : 좋아요. 잘했어요. 나중에 주고요, 그 다음에 선생님이 낱말 붙여볼게. 이거는 내리고 낱말은 세 개를 붙일게. 읽어 보세요.
학생 : 모자, 감자, 국자.
교사 : 어떤 규칙을 찾은 사람? 찾은 사람?
학생 : 자, 자, 자
교사 : 어, 아주 잘했어. 끝나는 말이 뭐에요? 그럼 이번에는 자로 시작하는 말, 끝말 이어가기 자로 시작하는 말해야 되지, 뭐가 있을까? 자로 시작하는 말? ~이 앉아서 얘기해 보세요.
학생 : 자전거
교사 : 자전거, 맞아요?
학생 : 예.

교사 : 어, 자전거 맞았어요. 또 뭐가 있을까요? 자로 시작하는 말, 또 뭐가 있을까?
학생 : 자두
교사 : 예,
학생 : 자두
교사 : 자두
교사 : 자두 맞아요?
학생 : 예
교사 : 자두지요. 또 ~.
학생 : 자동차
교사 : 자동차 맞아요? 어. 자동차 또 뭐가 있을까요?
학생 : 자매
교사 : 자매, 어, 형제 자매할 때 자매 또 ~.
학생 : 자,
교사 : 자, 자 뭐 자국, 발자국 할 때, 자국이요? 어 많이 알고 있네. 좋아 이번 에는요, 여러분들이 너무 잘한 것 같아서 선생님이 문제를 어 끝나는 말이 뭐가 있을까요? 나로 시작하는 말 해볼까요? 나로 시작하는 말 뭐가 있을까?
학생 : 나리—
교사 : 어, 손들고 나리 뭐?
학생 : 나리
교사 : 나리 어, 나리, 시작하는 말 나로 하는 거야. 지금 또, ~.
학생 : 나팔
교사 : 나팔, 어, 나팔 맞아요? 잘 알고 있네. 또. ~.
학생 : 나무
교사 : 나무. 어. 나무도 맞고, 또 저기 ~.
학생 : 나사
교사 : 나사 또, ~.
학생 : 나팔꽃
교사 : 어. 나팔꽃 나팔인데 꽃을 붙여서 나팔꽃 맞지요? 이것도—
교사 : 또, 어 한명만 더 할까? 어. ~.
학생 : 나폴레옹
교사 : 어. 나폴레옹. 맞았어요. 잘하고 있네요. 좋아 이번 에는요. 다들 너무 잘해서 우리 두 번째 활동으로 넘어가야 될 것 같아요. 두 번째 활동 여기 보세요. 여기 보면 꽃의 색깔은 빨개 노래가 나오지요. 책에.
학생 : 예.
교사 : 다 같이 한번 불러보세요. 준비. 시작
학생 : 고추의 색깔은 빨개(쿵짝), 빨가면 사과(쿵짝), 사과는 맛있어(쿵짝), 맛있으면 바나나(쿵짝), 바나나는 길어(쿵짝), 길면 (쿵짝), 기차, 기차는 빨라(쿵

짝), 빠르면 비행기(쿵짝), 비행
기는 높아(쿵짝), 높으면 백두
산
교사 : 어, 좋아요. 이게 바로 오늘의
두 번째 활동, 고추장이 뭐에
요? 고추장이 예는 어떻게 하
는 걸까요? 뭐하지? 여기서 빨
가면 뭐다. 사과는 뭐다. 이렇
게 '무엇을 무엇이다'로 바꾸는
거예요. 뒤에 있는 끝말을 연
결해 가면서 바꾸는 거야. 그
래서 어, 우리 모둠별로 활동
을 하기 전에 우리 앞에 고추
의 색깔을 만개를 나누고 나머
지를 다 바꿔 볼 거예요. 모든
거를 바꿔 볼 건데, 선생님이
한번 바꾼 거를 고추의 색깔은
빨개, 빨가면 사과를 지금 뭐
로 바꿀까? 선생님이 우리 바
꾼 거 한번 볼까요? 선생님이
바꿔 본 거 짜짜짜짠 다시 선
생님은 빨개 대신 뭘 넣었어
요? 빨가면 딸기, 딸기는 어때
요?
학생 : 점투성이
교사 : 점투성이, 점투성이는
학생 : 무당벌레
교사 : 무당벌레, 무당벌레는?
학생 : 작아

교사 : 작아. 작으면?
학생 : 개미
교사 : 개미는 부지런해. 부지런하면?
학생 : 시계
교사 : 시계, 이런 식으로 바꿨어요.
학생 : 웅성
교사 : 어. 그렇게 해도 돼. 무당벌레
는 지독해. 이렇게 넣어도 돼
요. 되는 거야. 그래서 이번에
모둠별로 선생님이 주면은 모
둠장이 나와서 이 종이에다가
어, 고추의 색깔은 빨개. 그 다
음에 빨가면 딸기! 선생님이
한 거 넣으면 안 되겠죠? 다른
낱말을 넣어서 모둠별로 어.
꽁지 잡이를 바꿔보세요. 모둠
장이 나오세요. 모둠 쓰고, 같
이, 같이, 어 상의해서 바꾸도
록 하세요. 선생님이 제한 시
간, 제한 시간.
교사 : 좋아요. 1모둠 나와 보세요. 1
모둠. 자, 1모둠 다나오세요. 1
모둠이 한어요. 이게다 이쪽
으로 어. 준비. 여기서 다 같이
잘 따라하는 거예요. 준비. 잘
하나 ---보면서 준비. 시작!
학생 : 하하
교사 : 시작, 다 같이 읽어요. 시작!
학생 : (쿵짝) 우리 모두 재미있는 끝

말잇기 하기(쿵짝)

학생 : 고추의 색깔은 빨개(쿵짝), 빨가면 자두(쿵짝), 자두는 동그래, 동그라면?

교사 : 축구공? 왜 이렇게 소리가 안 나? 크게! 축구공은? 여기부터 시작!

학생 : 축구공은 하얘.(쿵짝), 하야면 구름(쿵짝), 구름은 높아(쿵짝), 높으면 아파트 (쿵짝), 아파트는 길어(쿵짝), 길으면 기차(쿵짝), 기차는 빨라(쿵짝),

교사 : 기차는 빨라 까지. 잘했지요? 모두 근데 소리가 너무 작아서 마이너스. 잘했어요. 잘했어요.

학생 : (웅성웅성)

교사 : 2모둠, 다 같이 박수만 쳐주고 여기 노래만 크게 하세요. 알겠지? 여기, 화면 보고 이렇게. 준비, 시작.

학생 : (쿵짝) 우리 모두 재미있는 낱말 잇기 하기(쿵짝) 고추의 색깔은 빨개(쿵짝), 빨가면 자두(쿵짝), 자두는 동그래(쿵짝), 동그라면 해님(쿵짝), 해님은 더워(쿵짝), 더우면 사막(쿵짝), 사막은 모래(쿵짝), 모래는 놀이터(쿵짝), 놀이터는 재밌어(쿵짝), 재밌으면 놀이기구(쿵짝), 놀이기구(쿵짝),

교사 : 어, 아주 잘했지요? 근데 꽁지 따기는 여기 잘했다가 해님은 더워, 더우면 사막, 여기는 쓰고 했는데, 한 줄을 더 했네. 잘했어요. 그래도, 어. 2모둠은 아주 잘했네. 3모둠 나와 보세요. 3모둠 다 같이 박자를 맞춥시다. 준비. 같이 해요. 박자에 맞춰 준비, 시작!

학생 : (쿵짝), 우리 모두 재미있는 꽁지 따기 하기(쿵짝) 고추의 색깔은 빨개(쿵짝)

교사 : 크게

학생 : 빨가면 토마토(쿵짝), 토마토는 동그래(쿵짝), 동그라면 공(쿵짝), 공은 빨라(쿵짝), 빠르면 기차(쿵짝), 기차는 부지런해(쿵짝), 부지런하면 지렁이(쿵짝), 지렁이는 더러워.

학생 : 아아.

교사 : 더러워요? 잘했어요. 잘했어요. 4모둠. 준비, 시작!

학생 : 우리 모두 재미있는 꽁지 기 하기(쿵짝) 고추의 색깔은 빨개(쿵짝), 빨가면 자두(쿵짝), 자두는 맛있어(쿵짝), 맛있으면 수박(쿵짝), 수박은 커(쿵짝),

크면 어른(쿵짝), 어른은 나이 많아(쿵짝), 많으면 아파트(쿵짝), 아파트는 높아(쿵짝), 높으면 산.
교사 : 어, 어른은 나이 많아? 많으면 아파트 들이 많아서 아파트. 잘했지요? 어. 정말 잘했어요. 얘들아 어느 것이 제일 잘했는지 기억하고 있어? 한 모둠만 뽑을 거예요. 그 다음에 5모둠 나오세요. 5모둠. 준비. 준비. 시작!
학생 : 우리 모두 재미있는 꽁지 따기 하기(쿵짝), 고추의 색깔은 빨개.(쿵짝),빨가면 토마토(쿵짝), 토마토는 맛있어(쿵짝), 맛있으면 사탕(쿵짝), 사탕은 달아(쿵짝), 달으면 설탕(쿵짝), 설탕은 하얘(쿵짝), 하야면 눈(쿵짝), 눈은 차가워(쿵짝), 차가우면 얼음(쿵짝),
교사 : 어, 여기도 잘했지요? 꽁지 따기 아주 잘했네. 좋아요. 잘했어요. 들어가세요. 6모둠 나오세요. 6모둠 준비. (웅성웅성), 같이 보고, 준비, 준비 시작!
학생 : 우리 모두 재미있는 꽁지 따기 하기(쿵짝), 고추의 색깔은 빨개(쿵짝), 빨가면 토마토(쿵짝), 토마토는 달콤해(쿵짝), 달콤하면 설탕(쿵짝), 설탕은 하얘(쿵짝), 하야면 구름(쿵짝), 구름은 부드러워(쿵짝), 부드러우면 비개(쿵짝), 비개는 푹신푹신해(쿵짝), 푹신하면 솜.
교사 : 아, 비개가 아니라, 베게. 말하는 거예요. 자는 베게 어! 잘했지요? 좋아요. 그러면 지금 어, 잘했지요. 지금. 어, 얘들아! 어떤 모둠이 제일 잘 한 것 같아요? 어떤 모둠이 잘 한 것 같아요? 1모둠이 제일 잘한 것 같다. 들어보세요. 2모둠. 다 잘한 것 같아요? 근데 아까 시간이 남아서 2개를 덜 해본 게 있지? 한번 볼까요? 어디까지 했나? 여기 한번 볼까? 다 같이 보자. 여기 병아리 색깔은 노래.
교사 : 노라면 뭐에요?
학생 : 바나나
교사 : 바나나는 맛있어. 맛있으면 메론, 메론은 달콤해. 여기까지만 할게/ 여기 지금 5모둠이 더한 거지? 5모둠 동그라미 하나 줄게요. 그다음에 선생님이 이걸로 했어. 하늘의 색깔은 파래. 파란 것은 뭐래?

학생 : 바다
교사 : 바다는?
학생 : 짜
교사 : 짜면?
학생 : 소금
교사 : 소금은 가다가 시간이 끝나버렸어. 어. 잘했지요? 어. 좋아요. 오늘 우리 꽁지 따기 놀이를 많이 해봤는데, 선생님이 마지막 정리를 하는 의미에서 여기 낱말이 하나있어요. 뭐에요?
학생 : 친구
교사 : 친구는 끝말잇기 한번 해보자. 선생님이 아무나 뽑으면 그 사람이 끝말잇기를 하면 돼. 여자 44번 뭐가 있을까? 예? 크게.
학생 : 구이
교사 : 구이가 뭐야? 아, 구이. 구이 할 때, 구워먹는 구이! 또 무엇이 있을까요? 그다음에 남자 11번. 남자. 11번 어 ~.
학생 : 이빨
교사 : 어. 이빨 그다음 내가 해보고 싶어요. ~.
학생 : 빨대
교사 : 빨대. 아까 끝말잇기 나왔는데, 빨대 그다음 대, 누가해볼까요? 대, ~.
학생 : 대나무
교사 : 대나무? 대나무. 무. 누가해보지? 혜성이 앉아서하세요.
학생 : 무리
교사 : 무리? 어. 무리. 어려운 말 했네. 무리 지어 있다 할 때, 무리. 리. ~.
학생 : 리본
교사 : 리본? 리본, 본, 어. 누가 안 해봤나? 저기 ~.
학생 : 본드
교사 : 본드? 어. 아까 나왔네. 본드는 근데, ~.
학생 : 드라이
교사 : 드라이
학생 : 드라이버 했는데.
교사 : 드라이버. 어, 동현이가 과학 탐구 대회를 하면서 드라이버를 많이 만져서 드라이버를 했네. 하나만 더해볼까? 하나만 더해보자.
학생 : 버섯
교사 : 버섯? 버섯, 어, 섯자로 시작되는 거, 알고 있는 사람? 어, 여기까지만 하자.
학생 : 저 알아요.
교사 : 알아요? 뭐있어요?
학생 : 섯갓

교사 : 섯갓이 뭐야? 삿갓이에요. 섯갓이 아니라, 틀렸지. 좋아. 오늘 공부를 해봤는데, 이번 시간 공부하면서 나는 끝말잇기가 제일 재미있었다. 어, 나는 꽁지 따기가 더 재미있었다. 둘 다 재미있었다. 사실은 어 좋아요. 공부를 다 열심히 했네. 좋아.

교사 : 다음 시간에는 선생님이 말 전하는 거 귀에다가 동무끼리 말 전하는 놀이를 해보도록 할 거.

학생 : 아아

교사 : 말 전하기는 재미없을 거 같아요? 어. 말 전하기 놀이를 할 거고, 이거 실력 학습지 이거 하던 거 마저……지요. 예. 오늘 수고했어요.

⟨16-저2009⟩

교사 : 차려

학생 : 인사, 즐겁게 공부하겠습니다.

교사 : 자, 우리 지난 시간에 자, 우리 지난 시간에 우리 친구들이 어제 읽은 그림 동화를 '잘 읽었는가' 선생님이 몇 가지 질문을 할게요. 어제 읽은 그림동화의 제목이 무엇이었을까?

학생들 : 괜찮아요.

교사 : ~.

학생 : 네.(짝짝) '괜찮아요' 였습니다.

교사 : 응, 선호가 아주 열심히 읽어 보셨네. 그럼 괜찮아요. 어떤, 어떤 동물이 나왔나요? 어, ~.

학생 : 네.(짝짝), 고슴도치하고--(?)입니다.

교사 : 어. 고슴도치. 또? 또 어떤 게 나왔어요? 어. ~.

학생1 : 네(짝짝), 개미와 뱀과 뱀입니다.

교사 : 뱀이 나왔어?

학생 : 나왔어요. (다같이)

교사 : 아니, 어제 읽은거

학생1 : 개미와 타조가 나왔습니다.

학생 : 타조는…(웅성)

교사 : 자, 제대로 말해볼 수 있나? 승환이? 승환이?

학생 : 네. (짝짝), 개미와 고슴도치가 나왔습니다.
교사 : 네. 그렇죠. 그럼 개미가 괜찮아, 괜찮아 라고 말한 까닭은 무엇일까요? 어. ~.
학생 : 네(짝짝). 힘이 세기 때문입니다.
교사 : 그렇군요. 그럼 고슴도치가 괜찮아 라고 말한 까닭은 무엇일까요? 어. ~.
학생 : 네(짝짝), 고슴도치가 있어서입니다.
교사 : 그렇군요. 맞았어요. 자, 그러면 중요한 질문, 그림동화를 어떻게 읽어야 하나요? ~.
학생 : 네. 글과 그림을 같이 읽어야합니다.
교사 : 어. 맞았어. 채원이 공부 열심히 했네. 채원이 최고 해주자. 시작
학생 : 채원아, 최고
교사 : 자, 그럼 선생님이 어떤 동물의 사진의 일부를 보여줄게요. 한번 어떤 동물인지 맞춰봅시다. ~.
학생 : 네(짝짝). 고래.
교사 : 어. 고래 아니에요. 힌트를 더 줄게요.
학생들 : 안보여요(앉아서).

교사 : ~.
학생 : 네(짝짝). 개입니다.
교사 : 어. 맞는지 볼까요? 어. 맞았어요. ~.
학생 : 네(짝짝).원숭이
교사 : 아니에요.
학생들 : 기린
교사 : 어, ~.
학생 : 네(짝짝). 기린입니다.
교사 : 음, 기린 맞는지 볼까요? 어, 이거는?
학생들 : 원숭이. 고릴라
교사 : 제원이,
학생들 : 꿀돼지
학생 : 네(짝짝). 타조입니다.
교사 : 타조 맞는가볼까요? 타조인지 어떻게 알았어?
학생 : 발톱
교사 : 와, 발톱 맞혔어요. 오늘은 우리 지난 시간에 이어서 '괜찮아' 책을 이어서 한번 읽어봅시다. 이어서 읽어보는데, 어떻게 읽어 볼거냐 하면 자, 글과 그림이 나타내는 뜻을 생각하면서, 생각하면서, 그림동화를 읽어보는 거예요. 자, 읽어볼까요? 글과 그림이 시작
학생 : 글과 그림이 나타내는 뜻을 생각하며 그림동화를 읽어보자.

교사 : 어, 우리 그래서 첫 번째 활동으로는 '괜찮아'를 계속해서 이어 읽어 봅시다. 개미랑 고슴도치까지 나왔어요. 그치, 그리고요 우리 괜찮아 책에 나와 있지 않은 동물들을 한번 살펴볼게요. 그리고 어 마지막으로 이거 '괜찮아 투(Two)'를 만들어 볼꺼야. '괜찮아 에 투'를 우리가 직접 만들어 보는 거예요. 자 그럼 우리 읽기 책, 읽기 책 펴볼까? 69쪽부터 71쪽까지요. 아 한번 마음속으로 읽어봅시다. 물론, 물론 글과 그림이 나타내는 뜻을 생각하면서 자 바르게 글 읽는 자세로 하나 둘 셋!

학생 : 백점

교사 : 다시 하나 둘 셋

학생 : 백점

교사 : 어 5모둠 붙어줘야겠다 (자석) 69쪽부터 71쪽까지요 마음속으로 읽어봅시다.

교사 : 어 다 읽었으면 머리 손 다 읽었으면 머리 손 글과 그림 다 봤어요?

학생 : 네

교사 : (?) 우리 그러면 우리 친구들 잘 읽었는지 한번 물어볼게.

자 69쪽 타조의 생김새는 어떠하였나요? 자 머리 손 내리고 볼게 타조의 생김새는 어떠한가요? 어 ~.

학생 : 네(짝짝) (들것)입니다.

교사 : 아니 생김새. 어떻게 생겼어? 어 ~.

학생 : 네(짝짝) 새처럼 생겼습니다.

교사 : 어

학생 : 새처럼

교사 : 새처럼 생겼어? 어 그렇군요. 또 ~.

학생 : 네(짝짝) 못난 것처럼 생겼습니다.

교사 : 못난 것처럼 생겼어요. 또? ~.

학생 : 네(짝짝) 길쭉하게 생겼습니다.

교사 : 어 그러면 다음 쪽을 보니까 아니, 아니 이쪽에 보니까 타조는 무엇을 못 한다고 되어 있어요?

학생 : 날지 못한다고.

학생 : 어 연수해 보세요. 안 해? ~ 해 보자.

학생 : 네(짝짝) 타조는 못 날아 라고 쓰여 있습니다.

교사 : 그렇군요. 하지만 못 날지만 다음 쪽 그림을 보니까 타조가 무엇보다 빨리 달려요? 어 ~.

학생 : 네(짝짝) 얼룩말입니다.

교사 : 어 그렇죠. 그 네모 안에 어떤 말이 들어가면 좋을까요?
학생 : 네(짝짝) 나는 세상에서 가장 빨리 달립니다.
교사 : 어 기발하구나 세상에 가장 빨리 달려 또? 어떤 말이 들어가면 좋을까? ~.
학생 : 네(짝짝) 나는 얼룩말보다도 더 빨리 달리는 타조야.
교사 : 어 또? 어 해보자.
학생 : 네(짝짝) "말보다 빠르다고"입니다.
교사 : 어 비슷한데 얼룩말보다 빠르다. 어, '나는, 나는 꼭 발표를 해야 겠다. 내의견은 정말 좋은 의견이다.' 어!
학생 : 네(짝짝) 세상에서 나는 제일 정말 빨라!
교사 : 있었잖아 보인이랑. 소연이 해보겠습니다.
교사 : ~!
학생 : 나는 얼룩말 나는 세상에서 제일 빨리 달려. 어...? 타조가 이깁니다.
교사 : 어 알았어. 그러면 그 다음 줄을 보니까 동물들이 여자애한테 그럼 너는? 하고 물었지요? 그러니까 여자아이 표정이 어때요? 어 ~!

학생 : 네(짝짝) 멍이(?)됐습니다.
교사 : 어 또 한명만 더 해볼까? 어 ~.
학생 : 네(짝짝) 슬기로운 나라에 펴졌습니다.
교사 : 어 자 그러면 질문에 우리 여자애가 뭐라고 대답했지요? 어 ~.
학생 : 네(짝짝) 가장 크게 웃을 수 있다고 했습니다. 어 우리 시우는 글과 그림이 앞 칸에 뜻을 생각하면서 잘 읽은 거 같아요. 자 그러면 우리 괜찮아 책에 나와 잇는 거 말고 다른 동물들 한번 살펴볼까? 어, 이거 어떤 동물이예요?
학생 : 기린
교사 : 어 자 기린도 개미는 너무 작거나 몸에 돋친 가시가 있고 타조는 못 날잖아요. 기린도 그런 조금 아쉬운 점이 있을까? 기린 한테도요? ~.
학생 : 네 재미있는 일은요
교사 : 응
학생 : 눈이 쪼끔 안 좋아서요 먹을 거를 잘 못 찾아요.
교사 : 어 그럼 뭐 책에서 읽은 거예요? 눈이 나빠요. 또 어!
학생 : 네(짝짝) 물 마실 때가 불쌍합니다.

교사 : 왜?
학생 : 다리는 쭉 벌려서 합니다. (하하)
교사 : 다리가 너무 길다. 다리가 너무 길다. 또? 어 ~.
학생 : 네(짝짝) 목이 너무 길어서!
교사 : 어!
학생 : 어 화장실 갈 때가 어렵습니다. (하하)
교사 : 어 맞아 맞아... 목이 너무 길지? 또? 또있나? 어 ~.
학생 : 네(짝짝) 목이 너무 긴데
교사 : 어.
학생 : 몸이 시계추 같습니다.
교사 : 그래? 어 자 한명만 더 해보자. ~.
학생 : 네(짝짝) 초식이랑 곡식을 먹어서 그래서?
교사 : 어 고기를 못 먹어서 안타깝군요.
학생 : 좋은 의견...
교사 : 좋은 의견 있어? 그럼 동원이 해봅시다. 빨리합시다.
학생 : 목이 길어서.
교사 : 어
학생 : 집에 들어갈 수가 없습니다.
교사 : 그렇군요. 자 그러면 기린한테도 좋은 점이 있을 것 같아요. 개미는 힘이 세고 고슴도치는 무섭지 않고요 타조는 얼룩말보다 빨리 달리고 기린은 어떤 점이 좋을까요?
학생 : 알통이 있어요.
교사 : 응 ~.
학생 : 네(짝짝) 높은 나뭇잎을 먹을 수 있어요.
교사 : 어 그렇군요. 높이까지 닿아요. (웅성) 또 ~.
학생 : 네(짝짝) 선생님 이정석 평풍 해요!
학생 : 목이 너무 길어서 멀리 있는 사자 볼 수 있어서 좋습니다.
교사 : 좋아요?
학생 : 선생님 평풍 해요
교사 : 또 있어? 또 있어요? ~.
학생 : 네(짝짝) 하늘을 볼 수 있습니다
교사 : 자 그러면
교사 : 이번에는 이번에는 뱀을 생각해 봅시다. 뱀한테도 어떤 아쉬운 점이 있을까?
학생 : 다리가 없습니다.
교사 : 누가 자꾸 앉아서 얘기를 하는 것 같아요. 준서 손 든거야? 어 ~.
학생 : 네(짝짝) 다리가 없습니다.
학생 : 아 그거 내가 했어
교사 : 너는 앉아서 얘기 했잖아요.

다리가 없다 그렇군요. 다리가 없어. 엄 맞아 또
학생 : 도마뱀은 다리가 잘라졌어.
교사 : 어 그러면 자꾸 손든 친구만 들까? 어 ~가 해보자
학생 : 네(짝짝) 목이 깁니다.
교사 : 네?
학생 : 목이 길데요.
교사 : 아 목이 길다 뱀이 목이 길다.
학생 : 어 안긴데?
교사 : 이 전체를 목이라고 할까?
학생 : 얘 목 없어요.
교사 : 목 없어? 어 ~.
학생 : 네(짝짝) 귀가 없어서 답답합니다.
교사 : 귀가 없어?
학생 : 네
교사 : 귀가 없어 답답하다 자 그러면 우리 종원이 말대로 ~ 이번에 ~.
학생 : 네(짝짝)
교사 : 어 해보세요.
학생 : 뱀은
교사 : 어
학생 : 눈이 조그만 해서…
교사 : 눈이 작군요
학생 : 눈이 작아서 먹을 거를 아직도 못 찾았습니다. (하하)
교사 : 계속 찾고 있는 중이군요. 아 (?) 그냥 하자!
학생 : 네. 움직여서 뛸 수가 없어서 못 먹었습니다.
교사 : 움직여서 이제 물을 못 먹어. 하나 더 있어요.
학생 : 네(짝짝) 뱀은 사막에 살아서 더울 때 물을 못 마십니다. (웅성)
교사 : 어 시간이 없어. 미안해, 나중에 책 만들때 하자. 알았죠? 아까 뱀한테도 좋은 점이 있을 것 같아요. 어!
학생 : 네(짝짝) 뱀이 빨리 달리니까 좋습니다.
교사 : 빨리 기어갈 수 있으니까 (웅성)
학생 : 어 좋은 점이요.
학생 : 네(짝짝) 뱀이요 잘 어슬렁어슬렁 할 수 있어요. (웅성)
학생 : 네(짝짝) 밑에있는거 잘 밑에 있는 동물을 잘 봐서 밑에 있는 동물을 잘 먹을 수 있습니다.
교사 : 자 그러면 우리 이번에는 토끼를 생각해 봅시다. 자 토끼는 어떤 조금 아쉬운 점이 있을까? 어 ~.
학생 : 네(짝짝) 힘이 약해서입니다.
교사 : (?)

학생 : 네(짝짝) 토끼는, 토끼는 다른 동물한테 잘 잡혀먹을 수 있어서 좋지 않습니다.
교사 : 먹힐 수 있어서? (웅성)
학생 : 네(짝짝) 아니에요
교사 : 토끼의 조금 아쉬운 점 혹은 않좋은 점
학생 : 토끼 꼬리가 짧아서입니다.
교사 : 짧아서 어떤 점이 안 좋지 자 그럼 토끼의 좋은 점을 생각해 봅시다. ~.
학생 : 네(짝짝) 귀가 길어서 들을 수 있습니다.
교사 : 어 자 또 어~.
학생 : 네(짝짝) 껑충껑충 뛰어 갈 수 있습니다.
교사 : 뛰어갈 수 있다.
교사 : 어 잘했어. 자 이번에 자 이번에는 생각해보자. 나중에 아이디어는 책을 만들 때 한번 보죠. ~.
학생 : 네(짝짝) 돌고래는 다이빙을 잘 합니다.
교사 : 아니 안 좋은 점 안 좋은점
학생: 아, 좋은 점인지 알았는데
교사 : 알겠어. 어 좋은 점은 다이빙을 잘하는군요. 상어 안 좋은 점. 웅, 발표 안한 친구.
학생 : 네(짝짝) 상어한테 잡아먹힐 수 있습니다.
교사 : 어 누구한테?
학생 : 상어
교사 : 아 상어한테 잡아먹힐 수 있다? 그렇군요. 자 또 안 좋은점 이 있을까? 어 ~.
학생 : 네(짝짝) 돌고래가, 돌고래도 돌고래가 돌고래를 잡아먹힐 수가 있는데 돌고래 빨리 피해서어. 어디로 숨습니다.
교사 : 좋은 점인지 나쁜 점인지 모르겠는데 잘 숨을 수 있다. (?) 는 때문에 땝니다 (자석)
학생 : 왜요?
교사 : 어 아까 좋은 점 해보자 그러면 아까 다이빙을 잘할 수 있대요. 또 어 ~.
학생 : 네(짝짝) 수영을 잘 합니다.
교사 : 어 수영을 잘 하고요. 또 한 명만 더 해 볼까? 수영을 잘 하고요.
학생 : 네(짝짝) 점프를 해 가지고 홀라후프를 넘을 수 있습니다.
교사 : 어, 홀라후프를 넘을 수 있군요. 자, 그러면 우리 이번에는 이런 생각한 동물들로 '괜찮아 투'를 한 번 만들어 봅시다. 선생님이 모둠 상자에 이렇게 책을 만들어 놨어요.

학생 : 괜찮아 투?
교사 : 어, 괜찮아 투. 자기가 만든 그림 하나 책 만들어서 보는 거예요. 자, 여기에 기린 하나, 뱀 하나, 토끼 하나, 돌고래 하나씩 있어요. 자, 일 번, 일 번이 기린. 자, 2번. ~이, 2번이잖아. 2번이 뱀. 3번 토끼. 4번 돌고래. 알았지요? 4번이에요. (웅성) 자, 1번. 자, 여기 자리 1번, 2번, 3번.
학생 : 저는 뭐예요?
교사 : 1번 손들어 보세요. 1번. 자, 나 1번이다, 1번. 어, 1번은 기린. 동백반.
학생 : 네, 선생님.
학생 : 선생님, 제가…
교사 : ~가 1번. 자, 다시 1번 손들어 보세요. 나 1번이다. 1번 ~아 너 1번이잖아. 자, 다시 1번 손들어 보세요.
학생 : 나 1번이에요?
교사 : ~야, 너 2번이잖아. ~아, 너 1번이다. 자, 2번 손들어 보세요. ~이, ~이, ~이, ~이, ~이, 2번. 자, 3번. ~이 3번이잖아요. 어, 4번. 자, 이렇게 하는 거야. 1번 기린, 2번 뱀, 3번 토끼, 4번 돌고래. 나중에 모르면 조용히 손만 드세요. 자.
교사 : 자, ~반.
학생 : 네, 선생님.
교사 : 어, 선생님이 한 번 예를 들어 봤어요. 자, 이렇게 첫 페이지에는요. 어, 첫 쪽에는요. 기린이 그려져 있어요. 자, 기린은 네모 기린은 단점을 써야겠지? 목이 너무 길어. 그 다음 쪽에는 '괜찮아, 얌얌얌얌 높은 나뭇잎도 문제없어.' 그렇게 적었어요. 선생님이 그리고 높은 나뭇잎에 어, 이렇게 나뭇잎을 먹는 기린을 그려봤어요. 우리 친구들은요 첫 쪽에 그림을 그릴 필요 없지만, 둘 쪽, 2쪽에는 그림을 그려야 돼요. 어떻게 하는지 알겠지요? 자, 그리고 '나는 선생님 나는 1번인데요, 돌고래를 하고 싶어요.' 그럼 돌고래랑 의논해서 바꾸어도 돼요.
학생 : 어, 나 안 바꿀 거야.
교사 : 안 바꾸고 싶으면 안 바꾸면 되지. (웅성)
교사 : 자, 그리고 ~반.
학생 : 네, 선생님.
교사 : ~반.
학생 : 네, 선생님.

교사 : 어, 그리고요 선생님이 이렇게 비어 있는 것도 만들었어요. 나는 선생님, 저는요 ~아, ~아, 저는요 원숭이를 하고 싶어요. 그러면 이렇게 원숭이를 딱 붙여. 자, 원숭이는 꼬리가 너무 길어. 원숭이를 짝 붙이는 거야. 자, 괜찮아. 대롱대롱 어디든 매달릴 수 있어. 그리고 대롱대롱 매달리는 원숭이의 모습을 그리면 되겠지요? 자, 동백반.
학생 : 네. 선생님.
교사 : '선생님 저 질문 있어요. 어떻게 하는 줄 모르겠어요? 어, 동현이.
학생 : 선생님, 저.
교사 : 어.
학생 : 원숭이를 붙였는데.
교사 : 네.
학생 : 원숭이가.
교사 : 네.
학생 : 원숭이가.
교사 : 네.
학생 : 어, 그거 바나나를 먹을 때, 어떻게 먹어요? 입도 안 벌리고.
교사 : 바나나를 까서 잘 먹으면 되지. 자, 모둠.
학생 : 해쳐. (짝짝)

교사 : 자, 모둠 만드세요. (웅성)
교사 : 자, 1학년
학생 : 동백.
교사 : 자, 1학년.
학생 : 동백.
교사 : 다시 1학년.
학생 : 동백.
교사 : 자, 우리 만들 때요, 8분, 7분주면 될까요?
학생 : 네. (웅성)
교사 : 7분 안 돼? 자, 1학년.
학생 : 동백.
교사 : 1학년.
학생 : 동백.
교사 : 손 위로. 다 여자예요. 자, 8분 줄게요. 시작. (웅성)
교사 : 아직 다 못했어요? 선생님이 1분만 더 줄게요. (웅성). 어 시간이 되는 친구들은 색칠도 해 주세요. (웅성), 자, 색칠도 해 봐요. (웅성) 자, 다한 사람, 손 머리 해 볼까요? 다한 사람 손 머리 시영이 다했고, 연수 다했고, 정호 다했고, 영주, 준호, 예인이, 자 우리 이제 글, 글 다 썼으면 그림은 나중에 그립시다. 동백반
학생 : 네., 선생님!
교사 : 1학년

학생 : 동백.
교사 : '선생님 저 나와서 한번 발표해 보고싶어요.'
학생 : 저요.
교사 : 네. 지금 한 친구들 발표들어요. 동백반
학생 : 네. 선생님, 자, 발표해 보고 싶다. 어. 영주 해보세요.
학생 : 영주가 발표하겠습니다.
교사 : 어, 우리 지원이, 시영이 한원이, 칭찬표 줘야겠다.
교사 : 영주가 발표하겠습니다.
학생 : 네. 제가 발표하겠습니다.
교사 : 어, 영주 어떻게 썼어요? 영주는 나비로 했네요. 나비는?
학생 : 나비는 멀리서도 잘 잡힐 수 있어.
교사 : 어. (?) 하지만 괜찮아.
학생 : 달리기를 잘하니까.
교사 : 어. 달리기를 잘하는 나비의 모습이 달리기-
학생 : 달리기
교사 : 자, 박수, 자, 나도 발표해 보고 싶다. 어. 민혁이 네. 자, 우리 민혁이 하는거보자. 5모둠, 동백반
학생 : 네., 선생님,
교사 : 자, 발표해볼까?
학생 : 민혁이가 발표하겠습니다. (짝짝) 뱀은 다리가 없어.
교사 : 괜찮아.
학생 : 괜찮아. 울퉁불퉁한 곳도 잘 기어가.
교사 : 어. 너무 잘했네. 울퉁불퉁 한 곳을 잘 기어가는 뱀을 잘 그렸네. 또 한명만 더해 볼까? 어 태균이 빨리 나와 보세요.
학생 : 태균이가 발표하겠습니다. (짝짝) 돌고래는 땅에서 못살아
교사 : 땅에서 못살아 괜찮아.
학생 : 괜찮아 돌고래는 수영을 할 수 있어.
교사 : 어 돌고래 자가용을 타는 모습을 아주 잘 그렸지요? 자 태균이에게 박수! 자 오늘 시간이 없어서 발표를 많이 못했는데 한명만 더해 볼까요? 한명만 더 해보자. 한 쪽 해야 될 것 같아. 어 지윤이 한번 해볼까? 지윤이는 (?) 도 적었어요. 만원이예요.
학생 : ~이가 발표하겠습니다. (짝짝) 뱀은 다리가 없어.
교사 : 뱀은 다리가 없어.
학생 : 괜찮아 어디든지 갈 수 있어.
교사 : 어 민혁이랑 좀 비슷하네요. 어 잘했어요. 박수 (짝짝) 자 ~ 반.

학생 : 네 선생님.
교사 : 시간이 없어서 발표를 많이 못 하겠네요. 우리 1학년 동백반 오늘 수고했어요. 우리 마지막으로 느낀 점을 발표해 보자. 1명만 어떤 점을 느꼈는지 발표해 볼까요?
교사 : ~이 밖에 없어? 알았어. ~이 해 봅시다.
학생 : 네 (짝짝) 재미있는 점을 느꼈습니다.
교사 : 어 ~이.
학생 : 네 (짝짝) 저도 같습니다.
교사 : 어떤 점이 재미있었어. 어, ~.
학생 : 네 친구랑 같이 수업한 게 재미있습니다.
교사 : 그랬군요. 우리 반 너무 수고했어요. 박수 (짝짝)

-끝-

〈21-저2008〉

TV) 동쪽뿐만아니라 남쪽, 서쪽, 북쪽으로 떨어트리는거야. 괴물 사형제가 일부러 동서남북에 하나씩 해를 떼어내 버렸거든!
교사 : 자, 여기까지 자. 지금 선생님이 문제를 낼 거에요. 여러분 잘 들었는지, 자 등장하는 사람이 있었는데 누구누구였을까? 자, 누가누가 등장했을까?
교사 : 자, ~이가 한번 얘기해볼까?
학생 : ~가 발표하겠습니다. 해치랑 괴물 삼형제랑요, 해요.
교사 : 자, 해치랑 괴물 삼형제라고 얘기 했는데, 자, 틀렸어요. 자 뭔가 하나 틀렸지? 누가 얘기했어요?
학생 : ~가 발표하겠습니다. 해치랑 괴물사형제요.
교사 : 맞았어요?
학생 : 예.
교사 : 어. 잘했어요. 선생님이 별표-- 자 여기 써 있어요. 해치가 무엇인가를 숨겨놨는데 무엇인것 같아요? 쉽지요? 자, ~.
학생 : ~가 발표하겠습니다. (짝짝) 해.
교사 : 자, 해를 숨겨놨어요. 맞아요. 자, 3모둠에서 발표, 자, 해를

숨겨놨는데, 어디다 숨겨놨을까? 어디다 숨겨놨을까? 자, 어,.
학생 : 발표하겠습니다. (짝짝) 산골
교사 : 자, 산골 좀 더 구체적으로 얘기해보세요. 어 크게
학생 : --이가 발표하겠습니다. 바다 속 산골.
교사 : 바닷속 깊은 산골에다 바다 속 깊은 산골에다 해를 숨겨놨어요. 자, 근데 나쁜 괴물사형제가 바다 속에 있는 …해를 훔쳐다가 하늘에 띄워놨는데, 그래서 해가 몇 개가 됐을까? 해가 몇 개가 됐을까? 하늘에? 자. ~.
학생 : ~이가 발표하겠습니다. (짝짝) 4개.
교사 : 자, 4개가 됐어요. 자, 이렇게 4개가 됐는데 여기까지 이야기가 끝났지요? 여기까지 이야기를 들려주고, 자 ~이--- 선생님은 이 이야기를 알고 있었어요. --자, 혹시 자기는 해가 하늘에 4개가 떴어요. 자, 그리고 해치하고 괴물4형제--다음에 어떤 일이 벌어졌을까? 어떤 일이 벌어질 것 같아요? 자, 누가 자신감 있게 손들고 발표

해 볼 사람? 어. ~이가 한번 얘기해봐.
학생 : ~가 발표하겠습니다. 해를 다시 하늘에 돌려줘요.
교사 : 해를 또다시? 누가?
학생 : 해치가
교사 : 해치가 또 다른 사람. 이어지는 이야기 어떻게 되었을까요?
학생 : ~가 발표하겠습니다. 해가 너무 많아서요, 좀 더웠을 것 같아요.
교사 : 해가 많아서 너무 더웠을 거 같다. 다들 너무 잘하고 있는데, 자, 두 명만 더 발표해볼까요? ---
학생 : ~가 발표하겠습니다. 해치가 4명이 될것같아요.
교사 : 해치가 4명이 될 것 같다.? 자. 좋아요. 4명이 —자, 또 4명이 생겨서 네 명의 괴물들은—( ), 자, 어떤 일이 일어났을까? 어. ~.
학생 : ~가 발표하겠습니다. 해치가 싸움이 일어나요.
교사 : 싸움이 일어 났을것 같다. 또 다른 사람. 어.
학생 : ~가 발표하겠습니다. (짝짝) 밤이 없어질 거 같아요.
교사 : 밤이 없어지고, 해가 4개가 떠

가지고 밤이 없어질 거 같다. 여러분들 선생님이 오면서 보니까, ―(웅성) 자, 그러면 지금 여러분이 공부한 내용과 관련해서 자, 오늘 수업에 ―오늘은 둘째 마당 "이야기가 재미 있어요"를 배우는 거에요. 자, 오늘 여러분이 공부를 열심히 하면 학습 목표를 달성하는 거예요. 도달할 수가 있는데, 자 이야기를 읽고 ―를 생각할 수 있다. 자, 첫 번째, 지금 활동이랑 다음에 보여줄 부분이랑 관련 있는 내용이에요. 자 ―를 누가 볼까? 누가 한번 맞춰 볼 사람? 자, 그다음의 이야기를 읽고 아는 ―

학생 : ~가 발표하겠습니다. 이어질 내용.

교사 : 이어질 내용, 맞습니까?

학생 : 예.

교사 : 다른거 생각한 사람 손들어 보세요. 자, 맞았어요. 자, 그럼 다 같이 한번 읽어봅시다. 이야기를. 시작.

학생 : 이야기를 읽고 뒷부분에 이어질 내용을 상상할 수 있다.

교사 : 자, 학습 목표에 도달하기 위해서 세 가지 활동을 할 거. 첫 번째 활동은 글을 읽고 내용을 파악하기, 두 번째는 이어질 내용을 창의적으로 바꾸어 쓰기. 세 번째는 모둠―나와서 발표를 하는 거예요. 자, 그러면 첫 번째 활동으로 들어가도록 할게요. 자, 읽기 책 44쪽을 한번 펴보세요. 자, 요거를 읽어볼 건데요, 내가 "한명 더 있었으면"을 읽어볼 건데―자, 바른 자세로, 책읽기 자세를, 옆에 사람을 시켜 본거에요. 자, 책을 드시고, 허리를 펴시고, 바른 자세, 자, ~가 한번 읽어볼까?

학생 : 내가 한명 더 있었으면, 꽃담이는 텔레비전을 보고 있었습니다. 그때 아버지께서 꽃담이를 부르셨습니다. 꽃담아 신문 좀 갖다 주겠니? 꽃담이는 텔레비전을 더 보고 싶었습니다. 아니, 귀찮아. 내가 한명 더 있었으면 얼마나 좋을까?

학생 : 꽃담이는 눈을 감고 상상하여 보았습니다. 그러자, 정말 꽃담이가 한명 더 생겼습니다. 꽃담이는 새로 생긴 꽃담이에게 말하였습니다.

교사 : 자, 그만―이

학생 : 야, 아버지께 신문을 갖다드리고 와. 나는 텔레비전을 더 볼 테야. 하고 말했어. 새로 생긴 꽃담이가 아버지께 신문을 갖다드렸습니다. 그때 어머니께서 꽃담이를 부르셨습니다.

꽃담아, 심부름 좀 다녀오렴. 꽃담이는 중얼거렸습니다. 아이 귀찮아. 내가 한명 더 있었으면 좋겠어. 그러자 꽃담이가 또 한 명 생겼습니다. 꽃담이는 새로 생긴 꽃담이에게 말하였습니다.

교사 : 그만―이

학생 : 네가 심부름을 다녀와. 나는 텔레비전을 더 볼 테야. 하고 말했어. 새로 생긴 꽃담이는 심부름을 갔습니다. 꽃담이가 텔레비전을 열심히 보고 있는데, 할머니께서 부르셨습니다. 꽃담아 이리 와서 어깨좀 주물러다오. 아이 귀찮아. 내가 한 명 더 있었으면 좋겠어. 그러자 꽃담이가 또 한명 생겼습니다.

교사 : 그만, ~.

학생 : (안 들림)

교사 : 그만.―

학생 : 어른들이 꽃담이를 부를 때마다 꽃담이가 새로 생겼습니다. ―꽃담이가 자꾸자꾸 생겼습니다.

교사 : 자, 그럼 우리 책을 읽어봤는데 같이 ―누구였을까?

학생 : 꽃담이

교사 : 꽃담 이였죠? 자, 이제 손을 들고 발표해봅시다. 꽃담이는 갑자기 초능력이 생겼어요. 어떤 초능력입니까? 자, 어떤 초능력이 생겼을까요? 자, ~가 발표해 볼까요?

학생 : ~가 발표하겠습니다. (짝짝) 꽃담이가 하나씩 하나씩 생기는 거요.

교사 : 어. 내가 또 하나씩 더 생기는 거야. 내가 필요할 때마다 그런 능력이 생겼어요. 자, 그래서 할머니가 어깨를 주물러 달라 그럴 때 아버지께서 신문을 갖다 달라고 말했을 때 꽃담이를 더 만들어서 일을 시켰지요? 자, 그러면 꽃담이가 또 자기를 만들었을 때, 자 좋은점이 있죠? 자, 좋은 점 어떤 좋은 점 있을까? 자, 여러분이 한번 꽃담이가 어떤 게 있을까?

학생 : ~가 발표하겠습니다. 텔레비전을 실컷 봤어요.

교사 : 텔레비전을 실컷 볼 수가 있다. 또, 다른 사람 자. 내가 또 만들어내면 어떤 점이 좋을까?
학생 : ~가 발표하겠습니다. (짝짝) 어, 자신이 일을 안 해요.
교사 : 어. 내가 일을 안 해도 되겠어. 그지? 또 다른 사람 어떤 좋은 점 생길까? 어. ~가 얘기해볼까?
학생 : ~가 발표하겠습니다. 귀찮은 일을요, 하지 않아도 돼요.
교사 : 귀찮은 일을 하지 않아도 된다. 똑같은 생각이죠? 자, 그러면은 좋은 점도 있겠지만 분명히 나쁜 점도 있을 거 같아요. 자, 나쁜 점이 있다면 어떤 게 있을까? 나쁜 점이 있다면.
학생 : ~가 발표하겠습니다. 게으름뱅이가 돼요.
교사 : 게으름뱅이가 된다. 또 나쁜 점이 어떤 점이 있을까? 어, ~.
학생 : ~가 발표하겠습니다. 많은 사람들이 먹어야 되는데, 되잖아요. 그래서 식량이 부족해질 것 같아요.
교사 : 식량이 부족해. 집이 가난해질 것 같아? 다음, 자, 그러면 이렇게 이게 있는데 좋은 점과 나쁜 점이 있을 것 같아. 자, 선생님이 만약에 꽃담이 처럼 이런 초능력이 생기면 선생님 같은 최인희 선생님을 여기다가 세 명 만들어서 그래서 여러분이 질문할 때 마다—보내고, 이쪽에는 최인희 선생님 모둠별로 선생님을 보내면은 모든 게 편할거같아. 선생님이 너무 아플 때 자, 선생님은 집에서 쉬고, 최인희 선생님을 부르면 그러면 너무 편할 것 같은데 자기는 또 나를 만들어내는 초능력이 생긴다면 이런 일을 하고 싶다. 이런 일을 해보고 싶다. 자, 재민이는 자기 생각을 얘기해 볼까? 어. ~가 얘기해볼까?
학생 : ~가 발표하겠습니다. (짝짝) 제가요 만약에 새로 생긴 다면은요, 저는 집에서 빈둥빈둥 거리고, 새로 생긴 애가요 오는 일을 다 도맡아서 할 거 같아요.
교사 : 모든 일을 도맡아서 학교도 보내고, 학원도 보내고. 다른 애. ~이.
학생 : ~가 발표하겠습니다. 제가 더 하나 생기면요, 걔를 심부름은 걔를 보내고 방에서 뒹굴뒹굴

그래요.
교사 : 방에서 뒹굴뒹굴. 살찔 것 같은데;. 또 다른 사람. ~이.
학생 : ~가 발표하겠습니다. 어, 공부도 안 하고요, 집에서 부모님과 놀러가 가지고요. 공부시키고요, 저는요 밖에 나가서 놀아요.
교사 : 너무하다. ~는?
학생 : ~가 발표하겠습니다. (짝짝) 초능력이 생기면요, (……)할 거예요.
교사 : 어.
학생 : 화날 때마다 때릴 거예요.
교사 : 스트레스용으로. ~이.
학생 : ~가 발표하겠습니다. (……)서 밥 먹을 때, 배부를 때 걔가 대신 해요.
교사 : ~가 밥 먹는 것도 힘들어 하는데 밥을 대신 먹어주게 만들 거 같다. 좋아요. 지금 너무 얘기를 잘했는데. 자, 그러면 여기 뒤에 꽃담이가 자꾸자꾸 생겼죠? 자, 꽃담이가 생겼는데, 이야기를 여러 가지 이야기를 꾸며볼 거예요. 여러분들 이야기 꾸미기 많이 해 봤지요?
학생 : 예.
교사 : 자, 다섯 가지 방법으로 꾸며 봤는데 어떤 방법이 있을까? 자, 어. ~.
학생 : ~가 발표하겠습니다. (짝짝) 자유롭게 꾸며요.
교사 : 자유롭게 꾸며요? 자, 다섯 가지 방법 중에 안 들어간 것 같은데? 자, 어. ~.
학생 : ~가 발표하겠습니다. 적응하기.
교사 : 적응하기, 어. 그 다음에 ~이.
학생 : ~이가 발표하겠습니다. 빼기.
교사 : 빼기. 자, 이다음에 또. 어, ~이.
학생 : ~가 발표하겠습니다. (짝짝) 더하기.
교사 : 더하기. 또, 다음에는 어, ~이.
학생 : ~가 발표하겠습니다. (짝짝) 바꾸기.
교사 : 바꾸기. 또. 생각난 거 같은데.
학생 : ~가 발표하겠습니다. (짝짝) 고치기.
교사 : 고치기. 자, 또 하나 있었나? 자. (……)
학생 : 보태기.
교사 : 어. 다 나온 거 같아요. 그러니까 자 선생님이 이야기를 자, 다섯 가지. 어, 여러분이 한 다섯 가지가 있었어요. 적응하기, 보태기, 고치기, 없애기, 바꾸기가 있었는데, 지난번에는 선생

님이 원하는 어떤 제목이 있었죠?
학생 : 예.
교사 : 오늘은 선생님이 뭔지 안 보여주고 그냥 줄 거야. 적응하기 한 번 해본 모둠, 손들어보세요. 적응하기. 자, 적응하기. 어, 잠깐. 유동이. 이따가는 더 이상한 거 할지 몰라. 자, 적응하기. 자, 그러면은 이거 없애기 한 번 해보자. 자, 없애기. 없애기. 없애기. 자, 없애기. 선생님. (……) 에. 없애기. 자……. 없애기 한 번 해보자. 없애기. 없애기 한 번 해보자. 자, 이번에는 없애기 한 번 해보겠다. 없애기. 없애기. (웅성) 자. 바꾸기 한 번 해 보겠다? 어, 바꾸기. 모둠장 가위 바위 보. 자. (웅성) 지금부터 학습지 꺼내가지고 모둠별로 다 돌리고요. 남은 학습지는 선생님한테 가져다 줘요. 자, 요거는 선생님한테 가져다주세요. 모둠 장, 봉투하고 나머지 학습지 선생님한테 가져오세요. 자, 지금부터 출발. 7분 줄게요. 너무 많이 쓴다고 좋은 거 아니죠?

학생 : 예.
교사 : 자, 선생님이 이야기를 쓸 때 세 가지 주의 사항이 있는데, 첫 번째는 어떻게 쓰는 거죠?
학생 : 자유롭게.
교사 : 자유롭게, 그 다음 두 번째는?
학생 : 재미있게.
교사 : 두 번째, 재미있게. 세 번째는?
학생 : 새롭게.
교사 : 어, 새롭게. 이 세 가지를 잘 생각하면서 자, 결말이 어떻게 날지 생각을 하며 써 보세요. 만약에 꽃담이가 착한 애였으면 여러 명이 생겨도 상관이 없을 것 같은데, 만약에 못된 애였으면 어떤 일을 했을 거 같아요……. 착하고 똑똑한 꽃담이가 여러 명 생겼고…….자, 조금 빨리한 친구는 처음부터 쭉 읽어보고 어색한 거나 뭐 이해가 안 되는 부분이 없나 한 번 고쳐 쓰기 해 보세요. 아직 시간 많이 남았으니까요.
교사 : 시간이, 시간이 다 되었는데 자기는 시간이 좀 부족하다라는 사람 손들어 보세요. 부족하다. 어, 좋아. 그러면 선생님이 추가 시간 1분을 더 줄게요. 자, 다된 사람만. (……)

교사 : 자, 그러면 지금부터 돌려 읽기를 할게요. 자, 손 내리고요. 돌려 읽기 하는데 5분 시간 주겠습니다. 친구가 제대로 썼는지 잘 썼는지를 꼼꼼하게 한 번 읽어보세요. 자, 잘 쓴 친구는 별표 2개, 그 다음에 보통이다. (웅성) 친구는 (웅성) 자, 잘 쓴 친구는 별 2개, 잘 꼼꼼하게 읽어보세요. 이상하게 쓴 친구 모둠 왕으로 뽑지 마시고, 잘 쓴 친구를 뽑아야 돼요.
교사 : 자, 1분 남았네. (웅성)
교사 : ~반.
학생 : ~반.
교사 : (웅성) 시작.
학생 : (짝짝)
교사 : (웅성) 세요. 시작.
학생 : (짝짝)
교사 : 이 중에서 진짜 제일 잘 뽑은 친구를 왕으로 뽑은 거예요. 자, 그러면 ……이는 ……. (웅성) 그림이 (웅성) 조 (웅성) 차례. 자, 그러면은 친구들이 어떻게 썼는지 한 번 들어보도록 하지요. 자, 그러면 적응하기부터, 적응하기 누구죠? 적응하기 ~부터 자. 선생님을 향하여

학생 : 쨕쨕 (짝짝)
교사 : 자, 적응하기는 뭔지 한 번 볼게요. 자, 짜잔. 자. 다 같이 읽어 보세요. 시작
학생 : 시간이 흘러. 꽃담이가 엄마가 된다면
교사 : 적응, 이제 꽃담이가 너무 적응해서 자꾸자꾸 다른 꽃담이가 생겨서 적응이 된 사항 이예요. 자 그러면 ~가 한번 발표는 해보겠습니다.
학생 : ~가 발표하겠습니다. (짝짝) 새로운 꽃담이가 자꾸자꾸 생겼습니다. 그런데, 꽃담이가 너무 많아 누가 진짜 꽃담인지 알 수가 없었습니다. 꽃담이는 어른이 돼서도 버릇을 고치지 않았습니다. 꽃담이는 자기의 할 일이 있을 때마다 새로운 꽃담이를, 꽃담이에게 모두 맡겼습니다. 꽃담이는 너무 뚱뚱해져서 예전보다 더 더욱 뚱뚱해졌습니다.
교사 : 오, 너무 어른이 되도 버릇을 못 고치는 바람에 이제는 뚱뚱한 꽃담이 엄마가 되었대요. 자, 이제 여기에 앉아 있으세요. 이따 모둠왕 뽑을거에요. 자, 그러면은 자, 보태기 누구

야? 자, 그럼 보태기는 어떤 상황이. 다 같이 읽어볼게요. 자, 다 같이 읽어보세요. 시작,
학생 : 모두들 꽃담이와 같은 초능력이 생긴다면
교사 : 옆집의 친구들 앞집, 친한 친구도 꽃담이와 같이 초능력이 생겼어요. 어떻게 되는지 한번 보겠습니다.
학생 : 새로운 꽃담이가 자꾸자꾸 생겼습니다. 그런데 알고 보니 옆집에 사는 현민이도 친한 친구 경민이도 꽃담이 처럼 여러 명이었습니다. 그래서 이 세상 모든 아이들이 한명씩 더 생겼습니다. 그러자 아이들은 너무 좋았습니다. 하지만 나쁜 점도 많이 있었습니다. 그것은 바로 집에서만 딩굴딩굴 누워만 있으니까 살만 쪄서 돼지가 될 것 같았습니다. 이제 꽃담이는 살을 빼려고 해보았지만 너무 살이 쪄서 살이 빼지지 않아서 꽃담이는 너무 슬펐습니다.
교사 : 꽃담이가 살이 찌고, ~가 살이 찌고 ~가 찌고, 자, ~도 살이 찌고 이렇게 자 그런 상황에요. 자, 그러면 다음 사항이에요. 보태기 누구에요? 자, 선생님이 이따가 누가 잘했는지 한번 손들어 보라고 할 거. 자, 여기 4모둠이 잘 듣고 있네. 어디 보자, 3모둠, 2모둠도 잘 듣고 있고, 자, 그러면 ~이는 고치기, 고치기 한번 볼게요. 조금만 나오세요. 이쪽으로 자, 고치기는 어떤 상황이냐, 짜짠. 다 같이 한번 읽어볼게요. 시작
학생 : 초능력을 쓸수록 다른 능력이 사라진다면
교사 : 얘가 귀찮아서 다른 걸 시키는 거야. 꽃담이 가짜 꽃담이한테 정말 바라보면 눈이 안보여. 그 다음에 경필쓰기를 시켜, 그러면 여기에 자기가 예쁘게 글씨쓸 수 있는 방법은 잊어버려요. 자, 그런 상황이에요.
학생 : 새로운 꽃담이가 자꾸자꾸 생겼습니다. 그런데 이상한 일이 일어났습니다. 새로 만든 꽃담이에게 경필 쓰기를 시켰더니 진짜 꽃담이는 글씨를 못 쓰게 되었습니다. 그런데, 내일이 경필 쓰기 대회였습니다. 내일이 되자
학생 : 가짜 꽃담이가 없어졌습니다. 진짜 꽃담이가 없어졌습니다.

진짜 꽃담이가 후회하였습니다. 경필 쓰기를 하다 꽃담이는 경필 쓰기를 못하였습니다.
교사 : 오, 그래서 경필 쓰기를 진짜 잘하는 꽃담이었는데 자, 경필 쓰기 대회에서 상을 받지 못했다. 이런 얘기가 나중에 있었어. 자, 여기까지 잘했어요. 못했어요?
학생 : 잘했어요.
교사 : ㅡ반 시켜봤는데 너무 잘했지요? 자, 그래서 자, 그러면은 자, ~는 없애기에요. 자, 없애기 어떤 상황이 ㅡ(웅성웅성)ㅡ자, 없어졌대요. 자, 다 같이 한번 어떤 상황인지 볼게요? 시작
학생 : 꽃담이가 ㅡ갑자기 없어졌다면
교사 : 꽃담이가 이것저것 시켰는데, 갑자기 꽃담이가 없어졌어. 어떤 일이 일어났는지 볼게요.
학생 : ~가 발표하겠습니다. (짝짝) 새로운 꽃담이가 자꾸 시켰습니다. 꽃담이는 점점 편해졌습니다. 그래서 어느 날 꽃담이 하나가 없어졌습니다. 실재로는 꽃담이였습니다. 꽃담이는 화가나서 경찰서에 가서 신고를 (웅성웅성)ㅡ, 꽃담이를 찾았다. 진짜 꽃담이는 좋아했다. 진짜 꽃담이는 진짜 꽃담이한테 혼났다.
교사 : 어. 진짜 꽃담이가 가짜 꽃담이를 일주일 내내 찾아가지고 결국 찾았는데 어디 갔다 왔냐고 혼내는 그런 일이 일어났어요. 자, 조금만 나와 주시고요, 자 ~도 없애는 거예요. 다 같이 ~를 향하여
학생 : ~반 (짝짝짝)
교사 : 자, 1, 3, 5모둠 2모둠까지
학생 : ~가 발표하겠습니다. (짝짝) 새로운 꽃담이가 자꾸자꾸 생겼습니다. 꽃담이는 점점 편해졌습니다.
학생 : 그런데 어느 날 꽃담이 하나가 없어졌습니다. 숙제를 하는 꽃담이었습니다. 또 신문을 갖다 드리는 꽃담이가 없어졌습니다. 꽃담이가 없어졌습니다. 꽃담이가 울었습니다. 그런데 그건 꿈이었습니다. 꽃담이는 진짜인지 알고 놀라웠습니다. 또 그 꿈을 주고 싶다고 했습니다.
교사 : 오, 진짜 꽃담이가 자꾸 없어졌어요. 그래서 꽃담이가 울었는데 나중에 깨보니까 그거 뭐였어요?
학생 : 꿈

교사 : 꿈이였어. 그랬어요. 아주, 자, 온도계가 백합반이 이렇게 잘 해요. 자, 그러면 마지막이야. 자, 다 같이 ~를 향하여
학생 : 백합(짝짝)
교사 : ~는 바꾸기에요. 어떤 상황인지 한번 볼게요. 다 같이 한번 읽어보세요. 시작
학생 : 꽃담이. 엄마가 여러 명이라면,
교사 : 자, 이번에는 꽃담이가 초능력이 있는 게 아니라 엄마가 초능력이 생긴 거야.
학생 : ~가 발표하겠습니다. (짝짝) 어느 날 꽃담이는 이상한 것을 발견했습니다. 엄마는 부엌에서 일을 하시는데 시장에서 어머니가 또 돌아오시는 것이 아니겠어요? 그래서 꽃담이가 깜짝 놀랐어요. 몇 시간이 지나서 또 엄마가 요리를 도와 달라고 그러셨습니다. 아이 귀찮아! 내가 더 있었으면 좋겠어. 하니까 새로운 꽃담이가 또 생겼습니다. 그러자 어머니도 또 한명이 늘어났습니다. 밥을 다, 한 후 꽃담이가 너무 많아서 밥을 하나씩만 주었습니다. 그래서 꽃담이는 굶은거나 마찬가지였습니다. 그 후 꽃담이는 심부름을 잘하는 꽃담이가 되었습니다.
교사 : 오, 엄마가 한명 늘어나고 꽃담이도 늘어났어. 그래서 밥을 줄게 없으니까 밥을 얼마만큼 주었어요?
학생 : 조금
교사 : 한술씩만 줘서 배고파가지고 자 꽃담이가 마지막에 자. 후회를 하고 심부름을 잘하는 꽃담이가 되었어요. 자, 일어서. 자 그러면 모둠별로 한번 서보세요. 모둠별로. 자 모둠별로 한번 서봅시다. 뚱뚱한 꽃담이가 자. ~는 자, 사람들이 다 꽃담이처럼 뚱뚱해졌대요. 일을 안해가지고 자. 이게 제일 잘했다. 한번씩 밖에 못 들어요. 자, 누가 손들었을까? 네. 같은 모둠도. 자 한 번씩만 들 면돼요. 한 번씩만 자. 한번 ~가 제일 잘했다. 손들어봅시다. 하나, 둘, 셋, ㅡ잘했는데, 자, 앉아있고요. 그러면 진우. 자 꽃담이가 없어져서 경찰에 신고하고 난리가 났어요. 자, ~가 제일 잘했다. 손들어봅시다. 하나, 둘, 셋, 몇 명든거야? 5명, 앉아요. ~이 경필 쓰

기를 했는데, 그 다음날에 자경필 쓰기를 하는 꽃담 이가 없어져서 경필 쓰기 대회에서 상을 받지 못했다. 자, ~가 제일 잘했다. 하나, 둘, 셋, 6명, 간발의 차이로 ~가 앞서고 있어요. 자, 앉으시고요, ~가 제일 잘했다. ~이는 자, 꽃담이가 뚱뚱한 꽃담이가 됐죠. 어른이 되서도, 엄마가 돼서도, 고쳐지지 않아가지고 뚱뚱한 꽃담이가 되었어요. 하나, 둘, 셋, 3명, 좋습니다, 앉으세요. 자, 수빈이 엄마도 생기고, 꽃담이 생겨서 너무 많이 늘어나서 배고파, 배고픈 꽃담이가 되었어요. 자, 하나, 둘, 셋, 10명, 앉으시고요. 자, 자, ~가 자, 너무 많이 꽃담이가 생겨가지고 겁이 났는데, 깨어나 보니까 꿈이었다. ~가 제일 잘했다. 하나, 둘, 셋, 자 잘했습니다. 앉으세요. 일어서, 자, 1등이 누구에요? 자, ~는 영광의 왕관.

학생 : 짝짝

교사 : 잘했습니다. (웅성) 자, 여러분들 지금까지 선생님을 향하여

학생 : ~반 (짝짝)

교사 : 이야기 꾸미기를 잘해봤는데, 자 여러분들 이야기 꾸미는 것 재미있어요?

학생 : 예.

교사 : 자, 여러분들 이렇게 이야기 꾸미는것을 지금까지 안 해봐서 우리 반은 이야기를 꾸미기 달인이 될 수 있을 것 같아. 자, 그러면 자 여기까지 잘했고요, 혹시 자기는 발표하고 싶었는데 못했다. 손 들어보세요. 어. 좋아, 자, 그러면은 수업 끝나고 두 번째 시간에 한번 발표를 해보도록 할게요. 자, 오늘 수업 너무 잘했고요, 자, 칭찬의 의미로 자기 머리 한번만 쓰다듬어 주세요. 자, 다음 시간에는, 오늘은 자, 선생님을 향하여

학생 : ~반 (짝짝)

교사 : 자, 오늘은 이야기를 읽고 뒷부분에 이어질 내용을 상상해서 생각한데 다음시간에는중간에 비어져있는 내용을 상상해서 꾸며보는 걸로 하도록 하겠습니다. 자, 너무 잘했고—박수

학생 : 짝짝

-끝-

〈31-중2008〉

교사 : 많이 기대되지요? 그렇죠?
학생 : 네
교사 : 우리가 미래에, 우리 미래의 과학 도시의 모습을 상상해서 아주 기발하게 나타낼건데, 우리 그전에 우리의 창의성을 발휘하기 위해서 우리 두뇌를 어떻게?
학생 : 말랑 말랑하게
교사 : 그렇지, 우리 창의성 공부할 때 항상 하는 것처럼 우리 두뇌를 말랑 말랑하게 해서 창의성을 쏙쏙 뽑아내도록 해 봅시다. 자 옛날 사람들도 미래에 대해서 궁금한 점이 많았어요. 그래서 옛날 사람들이 미래를, 미래를 어떤 모습일까 생각을 많이 했는데, 자 옛날 사람들이 생각한 미래를 한번 봅시다. 자 어때요? 저게 바로 옛날 사람들이 생각한 미래의 모습이에요. 어떤 모습을 찾을 수 있어요? 재미있는 점이?
학생 : 사람들이, 어, 풍선, 커다란 풍선, 사람을요, 다 들고 다녀요.
교사 : 들고 지금 어디에 있어요?
학생 : 물
교사 : 물위에 어, 물위를 걸어 다닐 수도 있고 마차가 다닐 수 있게 풍선을 커다란 걸 달았어요. 또?
학생 : 제가 발표 하겠습니다. 집중. 어, 공기를 해가지고요, 어, 강물 위를 살짝 뜨게 해가지고요, 수증기를 내요. 열기구처럼 올라가는데요 살짝 뜨게 해요.
교사 : 어, 그랬군요. 물위를 걸을 수 있게 열기구를 (안 들림) 이용해서 ……. 자 하나만 볼까요? 자 이게 바로 옛날 사람들이 생각한 하늘을 나는 방법이었는데 어떤 점이 좋을 수 있을까?
학생 : 제가 발표 하겠습니다. 집중. 어, 날개를 만들어 가지고요 하늘을 날 수 있어요.
교사 : 날개를 만들어서 하늘을 날고 있어요. 요즘에 패러글라이딩 같은 것과 비슷하지요?
학생 : 예
교사 : 하나만 더. 선생님은 이게 제일 재미있는 것 같아요. 이게 무슨 그림인 것 같아요? 힌트는 저게 바닷속 이라는 거예요. 지금 저 사람들이~

학생 : 제가 발표 하겠습니다. 집중. 배에서요 (안 들림) 바닷속에 (안 들림) 바닷속에 식물들이 …….
교사 : 그렇죠. 배 위에다가 배위를 유리로 덮어서 그 안에 사람들이 어, 바닷속을 볼 수 있도록 오늘날의 뭐와 비슷해요?
학생 : 잠수함
교사 : 오늘날의 잠수함이랑 비슷해요. 자, 이게 바로 예날 사람이 생각한 미래의 모습인데 우리가 지금 생각할 수 있는 미래의 모습은 어떨까?
교사 : 우리가 얼마 전에 과학 상상을 그리기 대회를 해서 어, 우리 미래를 상상해서 표현해 보기를 했지만 선생님이 이번에는 요즘 사람들이 생각하는 미래의 모습을 나타내는 동영상을 하나 준비했어요. 한번 이걸 보고 요즘 사람들은 미래를 과연 어떻게 생각하나 한번 살펴보자.
TV : (동영상 시청) 학교에 가 있어요.
교사 : 자 이제 아빠는 출근 하겠지요? 어때요 재미있어요?
학생 : 네
교사 : 선생님은 여러분한테 보여주려고 이런저런 자료를 찾다가 이 동영상을 보고 너무나 신기하고 재미있어서 여러분한테 보여주면 딱 좋겠다고 생각했어요. 기억에 남을 장면이 뭐가 있어요?
학생 : 제가 발표 하겠습니다. 집중. 비행기를 타고 가다가요, 유리벽이 씌워져 가지고 어 내려가지고 …….
교사 : 쑥 내려가서 큰 날아다니는 자동차 안에 자그만 날아다니는 자동차가 있어갔고 그걸로 학교를 가요. 한명만 더해 봅시다.
학생 : 제가 발표 하겠습니다. 집중. 우주선이 출근할 때 가방에 …….
교사 : 그렇죠? 엄청, 네 명이나 탈 수 있는 커다란 우주선 우주 자동차가 가방에 쏙들어가네? 그렇죠? 우리가 오늘 이렇게 창의력을 마구 발휘해서 미래 과학 도시에서 일어 날 수 있는 일을 상상해 써 볼 건데 한번 학습 문제를 확인해 봅시다. 다 같이 읽어 볼까요? 시작
학생 : 미래 과학 도시 모습을 상상하여 이야기를 꾸며 써 봅시다.

교사 : 이걸 하기 위해서 첫 번째 미래 과학도시의 모습을 상상하여 쓰기 위한 아이디어를 생성하고, 그다음에 상상한 이야기를 재미있게 써보고, 세 번째, 완성된 글을 발표하고, 평가를 할 거예요. 자, 또 우리가 글을 쓰려면 아이디어를 생성해야 되겠지요. 그래서 우리가 ~. 어, 미래 과학 도시에서 일어난 일을 쓰기 위한 그런 단계를 하나씩 밟아 나갈 거예요. 자, 책에 한번 봅시다. 우리가 어딘가 여행을 하려고 하면은 누군가를, 누군가와 함께 가는 게 더 즐겁겠지요? 그래서 여러분이 어, 누구랑 어디를 가고 싶은지를 정할 건데 자, 장소는 미래의 학교인데, 도서관, 화장실, 교실, 식당, 급식실이에요. 그런데, 그걸 정하기에 앞서 누구랑 함께 여행을 하고 싶은지 한번 생각해 봅시다. 다 쓴 사람은 선생님을 보세요. 간단한 거니까 자기가 평소에 좋아하는 동화책의 주인공이나 만화 주인공이나 우리 반 친구를 정해도 좋아요. 어, 다 쓴 사람은 ~처럼 선생님을 보세요. 다 정했어요? 그러면 자기가 정한 그 주인공과 왜 함께 미래 도시를 가보고 싶어요? 이유가 있을 거 아니에요? 누구랑 친해서 아니면 재미있어서 어, ~ 한번 해볼까?

학생 : 제가 발표 하겠습니다. 집중. 피노키오랑 갈 건데요, 만약에 여기가 재미있다고 말하면요, 아예 거짓말이면 코가 늘어날 거 아니에요? 그래서 저기가 재미없다는 거를 …….

교사 : 어, 이 친구랑 피노키오랑 같이 가면은 여기가 진짜 재미있는지 안 재미있는지를, 어 피노키오 코가 늘어나는지를 통해서 확인할 수 가 있어요. 어, 그다음에 또, ~?

학생 : 저는 도라이몽과 가는데요.

교사 : 네

학생 : 왜냐하면 도라이몽 주머니는 원하는 신기한 게 많이 나와 가지고요…….

교사 : 그렇구나. 여행을 하다가도 도라이몽 주머니에서는 신기하게 뭐든지 나오니까 필요한 게 있을 때 마다 도라이몽한테 부탁해서 꺼낼 수가 있어요. 자 어, 여기까지만 하고 후리가 그러

면 친구도 정했겠다, 그럼 이제 장소를 정할 건데 선생님이 아까, 어, 네 군데 장소를 갈 거라 그렇죠? 그런데 우리 오늘 강제 결합법을 사용해서 강제 결합법을 사용해서 미래의 이야기를 쓸 거예요. 그런데 아까 우리 동영상 본 것 중에서, 동영상 본 것 중에서 선생님이 강제 결합법을 하나를 찾았어요. 이게 뭐냐 하면 자 이런 생각을 하게 된 거야. 만화를 만든 사람이 미래의 자동차를 어떤 모습일까 상상을 하다가 뭐와 뭐를 강제 결합 시켰냐면 자동차를 뭐랑 강제 결합 시켰어요? 아까 ~이가 말한 것……

학생 : 가방, 우주선

교사 : 어 자동차를 가방이랑 결합 시켰어. 그런데 우리가 자동차랑 가방이랑 결합을 시키니까 쉽지 않은데 강제로 결합을 시켰더니 저렇게 놀랍고 신기한 '두둥' 뭐가 나타났어?

학생 : 가방 안에 들어가는

교사 : 쏙 들어가는 자동차가 바로 강제 결합법을 통해서 생성된 거예요. 어, 너무 흥미 진진해요.

그렇죠? 우리가 그래서 오늘 할 방법도 뭐라고요?

학생 : 강제 결합법

교사 : 강제 결합법이예요. 그러면은 선생님이 여러분한테 아이디어를 여러분의 두뇌를 더 말랑 말랑하게 해줄 수 있는 아이디어를 줘야 되겠지요? 선생님이 아이디어 상자라는 걸 만들었어요. 이 안에 보면 아이디어가 여러분한테 여러분한테 주고자 하는 아이디어를 선생님이 이안에 담아 놨어요. 이안에는 각각 세 가지가 있는데 여러분이 그 중에서 두 가지만 골라서 강제 결합을 시키면 되요. 그러면은 우리가 어디부터 한번 살펴볼까?

학생 : 웅성

교사 : 자, 식당에는 과연 우리가 잘 할 수 있을까? 식당이랑 안경이랑 어떤 결합을 가져올 수 있을까? 어, 여기 뭐가 나올까? 여기는 물건도 있고 그림도 있고 글씨도 있어요. 자 피아노, 식당에 왜 피아노? 바구니? 어, 어려워, 어려워, 자 이번에는 도서관, 도서관에서 뭐가 나올까?

학생 : 자판기
교사 : 선생님은 자판기는 길거리에나 있는 거 아니에요? 돋보기, 자 이번에는 교실 먼저 볼까? 교실에는 너무, 과연 또 뭐가 나올까? 선생님이 왜 이렇게 우리 머리를 힘들게 어려운 걸 만드시는 거예요?
학생 : 웅성
교사 : 어려워요, 어려워, 책, 자 그런데 여러분이 우리 항상 우리 강제 결합법 많이 했지요?
학생 : 예
교사 : 그런데 중요한 건 뭐예요? 안경이라고 해서 꼭 이 안경만 생각할 필요가 있나?
학생 : 아니요.
교사 : 안경에 뭐가 있어, 물안경도 있고, 썬글라스도 있고 또 시계에는 손목시계도 있고 벽시계도 있고 여러 가지가 있잖아요? 그러니까 이중에서 여러분이 살 장소를 정해요. 그다음에 그중에서 몇 가지만 고른다?
학생 : 두 가지.
교사 : 어 두 가지를 우선 고른 다음에 미래에서 저 장소에는 저것들이 어떤 역할을 할까? 우선 거기다가 간단하게 메모해 봅시다. 쓰기책 81쪽, 자 상자에서 뽑힌 내용 장소를 한곳만 골라야 되요. 한곳만 골라서 거기에 나온 아이디어 중에서 두 가지만 우선 골라서 거기에다 간단하게 메모를 해 놓읍시다. 시작 이 아이디어가 제대로 나올까 아니면 이상하게 나올까 너무 긴장하지 말고 평상시에 하던 것처럼 편안하게 생각해 보세요
교사 : 밑에 선생님이 하얀 종이, 우리 따로 붙인거 있죠? 거기다가 왼쪽에다가 내가, 내가 만약에 시장에서 바구니를 하고 싶으면
교사 : 바구니를 쓰고 오른 칸에, 오른 칸에다가는 그 모습이 어떤 모습일지 쓰면 되겠죠?
교사 : 자 잠깐만 선생님 한번 봐 보세요. 선생님이 만약에 선생님을 보세요?
학생 : 집중
교사 : 선생님이 만약에 도서관을 골랐어요. 도서관을 하고 싶은데 그 중에서도 내가 자판기랑 돋보기를 이용하고 싶다고 하면은 여기에다 자판기를 쓰고

그 자판기가 미래에는 도서관에서 어떻게 사용될 것인가 여기다 쓰고 그 다음 돋보기를 이용하고 싶다고 하면 돋보기에 대해서 설명하면 되요, 알겠지요? 잘 이해 안 되는 사람은 조용히 손들고 선생님한테 물어보세요. (작성중)

교사 : 자 그러면 다 한사람도 있고 다 못한 사람도 있는데 잠깐만 선생님을 봅시다. 선생님을 보세요.

학생 : 집중

교사 : 다 못쓴 사람은 천천히 생각하면서 완성하고요 다 한사람은 그 뒤에다가 그 친구랑 여행을 했는데 어디를 갔고 거기서 무엇을 보았는지 이야기를 만들어서 써보는 거예요. 알겠지요? 여기다가 우리 옛날에 했던 것처럼 도서관에서 돋보기는 뭐고, 어떻고 자판기는 어떻고 그렇게 쓰는 게 아니라 내가 아까 정한 친구 있죠. 그 친구랑 갔는데 어디를 갔는데 거기서 무엇을 먹고, 느낌이 어땠고 그런 거를 81쪽에다가 앞의 것 두개 한사람은 81쪽에다가 써보세요, 앞의 것을 이어

서 써야 되요. 다른 내용을 쓰는 게 아니라 선생님이 시간을 10분정도 줄게요. 잘 아이디어 떠오르지 않는 사람은 선생님한테 도움을 청해도 되요 (작성 중)

교사 : 우리 반은 실재보다 흥미진진한 아이디어가 많이 나온 거 같아요.

교사 : 여러분이 빨리 쓰면 친구들이 쓴 거를 더 많이 들을 수가 있으니까 마무리를 하세요.

교사 : 자 다 쓴 사람 뒤(?)에는 모둠에서 먼저 바꿔서 읽어보세요, 바꿔서 읽으세요.

교사 : 자 선생님이 아직 검사하러 갈 수 있는 상황이 아니라는 친구 것을 먼저, 친구랑 바꿔 읽어 보세요.

교사 : 자 시간이 다 되었네요, 자 선생님을 보세요

학생 : 집중

교사 : 자 무릎

학생 : 앞으로

교사 : 자 그러면 지금 한(?), 선생님이 시간을 줄 테니까 아직 못 읽어본 친구 것을 한번 서로 바꿔서 읽어보세요. 그리고 다 못쓴 친구가 있으면 그 친구가

쓴 데까지만 읽어보거나 앞에 우리가 간단하게 아이디어를 메모 했던 걸 읽어보면 그 친구가 어떤 생각을 하려고 했는지 알 수 있겠죠? 한번 바꿔서 읽어 보세요. 누가 잘 썼는지 한번 서로 얘기해 보세요.

교사 : 자 충분히 다 바꿔서 읽은 모둠은 선생님 한번 보세요. 천천히 봐.

교사 : 천천히 읽어 보세요. 자 선생님을 보세요.

학생 : 집중.

교사 : 선생님을 보세요.

학생 : 집중.

교사 : 자 무릎

학생 : 앞으로

교사 : 인제 제일 재미있는 시간, 친구들이 쓴 걸 우리 한 번 들어 볼 건데 선생님이 지금 돌아다니면서 거의 다 읽어 봤는데 어 빨리 여러분들한테 들려주고 싶어. 선생님이 지금 기대가 됩니다. 그런데 우리 들을 때 그냥 듣습니까?

학생 ; 아니요.

교사 : 아니지요. 국어책에다가 친구들 발표하는 거 어떻게? 들으면서 무엇을 할지 국어 공책에

우리 세 가지 준비 되었지요?

학생 : 예

교사 : 거기다가 자기가 듣고서 재미있는 거 재미있는 친구 것을 거기다 친구 이름 적고 들은 내용을 간단하게 정리하고 거기 자연스럽게 이어졌는지 새롭고 재미있는지 한번 적어 봅시다. 자 누가 한번 발표해 볼까? 너무 재미난 게 아주 많았는데 ~해 볼까요? 자 큰소리로, 친구를 향하여

학생 : 집중

학생 : 나는 오늘 (안 들림)을 타고 미래 학교로 가보았다. 가서 처음 문을, 연못을 도시가 있길래 칠봉초등학교라고 쳐 보았더니 칠봉초등학교에 대한 설명과 질서가 얼마나 많은지 나왔다. 그리고 나머지 (안들림)가 있어서 모듬을 들어가 보았더니 갑자기 교실 안으로 들어갔다. 너무 순식간이라서 그런지 속이 울렁거렸다. 그런데 나무쪽에서 음악 소리가 들려서 그곳을 가보았다. 로봇이었다. 로봇의 설명을 들어 보니 여기가 학교마다 음악 선생님이 다르다고 말하셨다.

교사 : 오, 아주 신기한 일이 많이 일어났어요. 그런데 뭐지? 연못이, 어, 우리 ~초등학교에 대해서 이렇게 설명이 물위에 둥둥 떴다는 게 선생님은 제일 신기한데? 아 그럼 다른 사람이 누가 해볼까?

학생 : 제가 발표하겠습니다. 집중. (안들림) 에는 교실이 없다. 그곳에는 연못과 로봇이 아이들이 쓸 만큼 있었다. 연못에서는 내가 원하는 책이 나왔다 그리고 로봇은 내가 지금 갖고 싶어 하는 물건이 나왔다. 정말 신기 했다. 우리 반에도 저런 것이 있었으면 좋겠다.

교사 : 어, 그렇군요. 선생님도 그런 게 있었으면 좋겠어. 그런 로봇이 있었으면 얼마나 좋을까?

학생 : 제가 발표하겠습니다. 집중. 나는 (안들림) 친화적 미래 과학도시에 있는 학교에 가서 그중에서도 교실에 갔다. 교실에는 큰 나무가 있었는데 아이들이 문을 열고 들어오는 수만큼 책상과 의자가 나오는 나무였다. 또 로봇이 있었는데 그 로봇은 아이들이 들어온 수만큼 교실 바닥에 나와 원하는 것을 말하면 나오는 그런 로봇이었다. 또 연못이 있었는데 친구가 준비물을 안 가져 오면 준비물이 저절로 나오는 연못 이었다. 나는 너무 신기했고 엄청 재미있었다.

교사 : 어 잘 썼어요. 그런 연못은 여러분이 제일 갖고 싶어 하는 연못이겠네요? 그렇지요? 그런데 화장실에 대해서 한 친구가 한번 해볼래요? 교실이랑 도서관 맞지?

학생 : 제가 발표하겠습니다. 집중. 나는 도라이몽과 함께 화장실에 가봤다. 그런데 책은 바람을 일으켜 냄새를 제거하고 있었고 인형은 싸움을 말려주는, 아이들을 혼내주고 있었다. 그러니 냄새를 나지 않게 하겠다.

교사 : 선생님이, 재미있는 게 책이 바람을 일으켜서 냄새를 없애고 인형이 떠드는 해들을 혼내서 어쨌든 화장실이 조용해지고 냄새도 안 나게 되긴 됐네요. 그래도 선생님이 무섭게 하라고 혼내는 것 보다는 인형이 조용히 하라고 하는 거를 ~ 이는 더 원했나 봐요. 네 또 누가

한번 해볼까요?
학생 : 제가 발표하겠습니다. 집중. 피노키오와 미래의 도시에 가서 도서관에 갔다. 피노키오가 반납을 해야 한다고 했다. 피노키오는 어떤 것을 받았다. 피노키오가 6일 연채 되었다고 했다고 했다. 보니까 꽃잎의 수가 6장이었다. 나는 책, 나는 책을 빌리려고 찾는데 잘 안 찾아졌다. 피노키오가 자판기를 서보라고 했다. 갑자기 내가 찾던 책이 날아왔다. 미래의 도시는 참 편리한 거 같다.
교사 : 어 선생님이 지금 깜짝 놀란 이유는 선생님이 도서관에 자판기를 강제 결합을 만들어서 생각했던 게 그거거든요. 내가 원하는 책을 자판기를 누르면 내가 힘들게 찾을 필요 없이 자판기에서 쏙 나오도록 어 선생님이랑 생각이 같은 사람을 만났네요. 자 ~ 해볼까요?
학생 : 수지와 제리는 나랑 미래 도시에 갔어요. 우리는 학교의 도서실에 갔지요. 그런데 제일 눈에 띈 것이 있었어요. 바로 돋보기예요 우리는 무엇인지 잘 몰랐어요. (?) 안냈고요 우리

는 사람들에게
학생 : 물어봤지요. 사람들은 마음을 읽는 돋보기라고 했지요. 그러면 봤지요. 그때 영리한 제리가 알아챘지요. 돋보기에는 (?) 되고 (?) 에게 주었어요. 그래서 맛있는 음식과 책을 선물로 받았어요. 그때였어요. 수지도 무엇인가를 발견 했어요. 바로 자판기예요. 또 다른 사람에게 물어봤지요. 그것은 마법의 자판기라고 하더군요. 사람들은 책이름을 쓰라고 해서 출입구에 넣으라고 했어요. 그랬더니 원하는 책이 나오더군요. 우리는 너무 재미있게 ……. 너무 재미있었어요, 다음에 또 가고 싶었어요.
교사 : 어 진짜 선생님 작가가, 동화 작가가 쓴 한편의 동화를 본 것 같아요. 그리고 뭐 선생님, 아이디어보다 좀 더 발전한 거 같아요. 선생님은 그런데 자판기에 어떤 식으로 내가 원하는 책을 그 자판기가 알 수 있도록 할까 그것에 대한 것까지 미처 생각을 못했는데 우리가 자판기에 돈을 넣는 대신에 거기다가 우리가 찾고 싶은 책을

써서 종이를 쏙 넣으면 그 책이 쑥 나오네요. 아주 발전된 아이디어였어요. ~이 해볼까요?
학생 : 제가 발표하겠습니다. 집중. 나는 타임머신을 타고 ~와 함께 미래에 갔다. 그곳에 미래의 ~초등학교에서 나는 아직도 내가 남이다(?) ~초등학교에서 나는 아직도 남이다(?)가 돌아왔다. 나는 4학년 3반 도덕 반에 들어갔다. 그런데 그곳에서 신기한 연못과 나무가 있었다. 나는 연못을 보니 어느 사람이 도둑질하고 있어서 쫓아가려 했지만 뛰어내려 쫓아가지 못했다. 나는 교실을 뒤지다 어떤 설명서를 보았다. 설명서에는 나무 사용법이 있었다. (?) 날개와 밧줄을 생각했다. 그래서 날개를 어깨에 달고 도둑을 쫓아 밧줄로 묶어 아주 쉽게 신고를 했다. 미래의 경찰 아저씨께 칭찬을 들었다. 기분이 좋았다.
교사 : 어 ~이는 ~이는 거의 어드벤처, 해리포터와 같은 어드벤처 이야기를 썼어요. 마치 모험과 모험을 한 이야기를 쓴 거 같아요. 그런데 정말 그런 나무랑 연못이 있으면 교실 도둑이
교사 : 없겠다. 그렇죠? 자 우리 그러면 발표를 많이 해봤는데 친구들 이야기 중에서 좀 재미있는 것들이 많이 있었지요. 그러면 자기가 어떤 친구의 이야기가 제일 재미있었고 기억에 남는지 한번 얘기해 볼까요? 누구의 이야기가, 누구의 이야기가 뭐였고 재미있는지 어느 부분이 재미있는지
학생 : 친구들 냄새가…….
교사 : 어 냄새 안 나는 부분이 재미있었어? ~가 아주 잘 썼다고 생각 한데요.
학생 : 제가 발표하겠습니다. 집중. (?) 요, 연못에서 준비물이…….
교사 : 역시 우리가 원하는 물건을 그런 거예요. 그렇지요. 연못에서 준비물이 쏙쏙 나오면 선생님한테 혼나지도 않게 되니까? 그치 자 누가 어떤 친구 이야기가 재미있었어요. 자 한명만 더 했으면 좋겠어요. 누구 이야기가 재미있었나? ~이 아니네. 어, 선생님 ~가 얘기해 볼까요?
학생 : 선재의…….

교사 : 선재의 어떤 작품의 책?
학생 : 인형이요, 인형이 아이들을 혼내주는
교사 : 네 우리 화장실이 조용하고 냄새도 안나고 그런 화장실이 될 거예요. 자 그러면 거기 동그라미 다 쳤어요?
학생 : 네
교사 : 자 그러면 오늘 한 내용을 정리해 봅시다. 선생님을 보세요.
학생 : 집중
교사 : 무릎
학생 : 앞으로
교사 : 자 연필 잠깐 내려놓고 ~이 선생님 봅시다.
학생 : 네
교사 : 강호동이 너무 열심히 하더라 손에서 연필을 놓지 않아요. 자 선생님 보세요. 오늘 우리가 미래 과학 도시의 모습을 상상하여 이야기를 써보기를 했는데 무슨 방법을 활용했지요?
학생 : 강제 결합법
교사 : 어 우리가 제일 자신이 있는 흥미진진한 무슨 법?
학생 : 강제 결합법
교사 : 강제 결합법을 사용해서 선생님은 생각지도 못한 아이디어를 여러분들이 오늘 마구 쏟아 냈어요. 그래서 재미있는 글을 완성할 수 있었던 거 같아요. 선생님이 오늘 너무 기분이 좋습니다. 여러분들도 즐겁게 공부했지요.
학생 : 네
교사 : 그러면은 이상으로 수업을 마치겠습니다. 감사합니다. (짝짝)

⟨34-중2009⟩

교사 : 지난 시간에 원인과 결과에 대해서 알아보고 원인과 결과가 드러나게 짧은 글을 써보았어요. 그렇죠?
학생 : 예.
교사 : 오늘도 그 시간 이어가지고 인제 수업을 시작하도록 할게요. 자, 다 같이 한번 화면을 봅시다. 선생님이 이번 수업을 위해서 재미난 사진, 사진 한 장을 준비를 했어요. 어떤 사진일지 같이 한번 보도록 합시다. 눈을 크게 뜨고 봅시다.
학생 : 하하 저거 영화에 나오는 거 아니야?
교사 : 자, 어떤 사진인 거 같아요? 어떤 사진인거 같다? 뭐가 보입니까? 한번 발표해보세요.
학생 : 스파이더맨이 텔레비전을 보고 있어요.
교사 : 응
학생 : 그 사람이요, 눈에 맞아서요.
교사 : 응
학생 : 눈에 맞아서 이제 그 어떤 가전제품을 보고 있는 것 같아요.
교사 : 어, 한 사람이 눈을 맞으면서 가전제품을 보고 있다. 또? 부연해서 한번 설명해 볼 사람?
학생 : 그 아저씨가요, 저기에 나오는 컴퓨터를 보고 있는데 눈이 너무 많아가지고 머리에 눈이 쌓이고 어깨에도 눈이 쌓일 것 같아요.
교사 : 응, 한 아저씨가 어, 컴퓨터를 보고 있는데 지금 눈이 많이 내려서 머리랑 어깨에 눈이 가득 쌓여 있다. 컴퓨터가 아니라 소형, 쪼그마한 텔레비전이에요.
학생 : 사람이요, 눈이 너무 많이 맞아서 거기에 차고 거기에 어깨가 차가우면서도 텔레비전을 보고 있어요.
교사 : 어, 지금 눈이 내려서 어깨에 눈이 가득 쌓여서 어깨가 차가울 것 같은 데도 텔레비전을 계속해서 보고 있다. 그렇다면 그 이유는 무엇일까요? 왜 이렇게 눈을 맞으면서도 텔레비전을 멍하니 바라보고 있는걸까?
학생 : 집이 없어서, 컴퓨터 하려고
교사 : ~
학생 : 얼어서 못 움직여요.
교사 : 얼어서 너무 추워서 몸을 움직이지 못하고 있다. 또, 여정이
학생 : 신기한 거나 이상한 게 나와서

요.
교사 : 어, 신기하고 이상한 것이 지금 텔레비전에 화면에 띄워져서 지금 멍하니 보고 있다.
학생 : 집이 없어서
교사 : 아, 집이 없어서 집에 들어가지 못하고 이렇게 텔레비전을 보고 있는 것이다. 어. 그렇다면 이 아저씨가 이—한, 사진 나오는 남자가 눈을 맞으면서 텔레비전 보고 있는데 계속해서 이렇게 눈을 이렇게 서 있으면 어떤 일이 일어날 수 있을까요? 어떤 일이 일어나?
학생 : 동상 걸려요.
교사 : ~이
학생 : 계속 보면 주인이 나와서 가라고 해요.
교사 : 아, 가게 주인이 나와서 계속 왜 이렇게 멍하니 쳐다보고 있어, 어서 가세요. 이렇게 할 것 같다.
학생 : 동상이 걸려갖고 조금 못 움직여요.
교사 : 아, 동상이 걸려서 몸을 못 움직일 수가 있다.
학생 : 봄이 될 때까지 계속 거기에—
교사 : 어, 봄이 될 때까지 계속—, 봄이 될 때까지—

학생 : 계속
교사 : 응
학생 : 거기 있어요.
교사 : 계속 가게 앞에 있을것 같다. 그렇습니다. 어, ~이 해볼까요?
학생 : 얼어서 청소부 아저씨가 데리고 갈 것 같다.
교사 : 아, 얼어서 청소부 아저씨가 사람을 데리고 갈 것 같다. 네 그렇습니다. 지금 이렇게 사진 한 장으로 우리가 얘기를 해보았는데 이렇게 눈을 많이 맞은 결과 아마 감기에 걸릴 것이다. 동상에 걸릴 것이다. 얼 것이다. 바로 친구들이 아주 잘 이야기를 해주었어요. 사진은 원래 눈이 —광고사진이에요. 뉴스를 이제 광고하는 사진인데 이제 너무 추워서 벌벌 떨면서도 눈을 뗄 수 없을 정도로 재미있고 신기한 뉴스다'라는 이야기를 담고 있어요. 자, 그러면 화면을 선생님이—오늘 우리가 같이 공부할 내용이 무엇인지 한번 살펴보도록 하겠습니다. 자, 오늘은 셋째 마당 생각하는 생활 공부할거에요. 학습 문제 뭐와 뭐가 드러나게 짧은글을 써보자 라고, 써있는

데요 물음표 안에 들어갈 말은 어떤 것일까요? 물음표 안에 들어갈 —예.

학생—안 들림

교사 : 그렇죠. 원인과 결과가 드러나게 짧은글을 써보자. 자, 다 같이 큰소리로 읽어봅시다. 시작

학생 : 원인과 결과가 드러나게 짧은 글을 써보자.

교사 : 활동1에서는 선생님이 동화 한 편을 들려줄 거예요. 활동 2에서는 짧은 글을 써보고 활동 3 에서는 우리가 배운 내용을 토대로 창의 도구로 글을 한번 써보도록 하겠습니다. 자 그러면 선생님이 이번 시간과 관련해서 재미있는 동화책 한편을 너희들에게 읽어 줄려고 해요. 어, 지금 움직이고 있는데, 한번 어떤 내용인지 잘 들어보도록 하자.

학생 : 텔레비전?

학생 : 화면으로 뛰어보자.

학생 : 모기하고 개구리인가? 거북인가?

교사 : 자 어느 날 아침 모기가 작은 샘에서 물을 마시고 있는 이구아나를 보았습니다. 모기가 말했어요. 이구아나야 내가 어제 무얼 봤는지 아니? 이구아나가 대꾸했어요. 뭔데 그래. 어떤 농부가 고구마를 캐는지 글쎄 너무 나만큼이나 크더라고. 모기하고 고무마를 견주 다니 그게 말이나 돼? 이구아나가 툴툴거렸어요. 내가 헛소리를 듣느니 차라리 귀를 막겠다. 그러더니 이구아나는 (안들림) 여기 모기 소리가 나죠? 그러더니 이구아나는 나뭇가지 두 개로 귀를 막고 갈대밭 사이로 가버렸습니다. 이구아나는 계속 툴툴거리다, 가다가 비단뱀 옆을 지나게 되었어요. 뱀은 고개를 들고 인사를 했어요. 이구아나야 뱀 목소리예요. 하지만 이구아나는 대답도 안하고 머리를 까닥까닥이며 걷기만 했습니다. 제가 왜 나한테 대꾸도 안하지 왜 단단히 화가 났나봐. 나한테 나쁜 일이 생기라고 주문을 거는 거 아니야? 뱀은 당황해서 어디로도 숨으려고 여기저기 두리번거렸어요. 그 모습을 본 원숭이는 위험한 짐승이 다가오고 있는 게 틀림없다고 생각하며 꺅꺅 소리를 지르며 나무 꼭대기를

뛰어 다녔어요. 그 통에 아기 올빼미 한 마리가 그만 깔려죽고 말았답니다.

학생 : 잘됐어.

교사 : 둥지로 돌아온 어미 올빼미가 죽은 아기를 발견했습니다. 엄마 올빼미는 너무나 슬퍼서 날마다 해지는 (?) 이어서 새벽을 깨우는 일을 담당하고 있지만 그날은 그일을 하지 못했어요. 그러자 어떻게 됐을까?

학생 : 죽었어요.

교사 : 하하. 해가 떠오르지 않으니까? 어떻게 돼?

학생 : (안 들림)

교사 : 그렇지. 밤이 끝없이 계속 되었어요. 마침내 동물의 왕 누구죠?

학생 : 사자

교사 : 그렇죠. 사자가 회의를 열었습니다. 사자 왕이 물었어요.

학생 : 강아지가 사자보고

교사 : 어미 올빼미야. 왜 해님은 부르지 않는 거냐? 엄마 올빼미가 대답했습니다. 원숭이가 내 아들을 죽였어요. 그래서 나는 일을 더는 할 수가 없습니다. 사자 왕이 말했어요. 다들 들었지. 원숭이 때문에 아기 올빼미가 죽었단다. 그래서 엄마 올빼미가 해를 안 깨우고 그래서 낮이 오지 않는 거란다.

학생 : 올빼미가 말을 걸어요.

교사 : 사자 왕은 원숭이를 불렀습니다. 원숭이야 너는 왜 아기 올빼미를 죽인 거냐?

교사 : 어 임금님 그건 뱀 때문 이예요. 비단뱀이 강 주변을 두리번거렸거든요. 위험한 동물이 와서 그런 줄 알고 뛰어 다니다 나뭇가지가 부러져서 올빼미 둥지로 떨어진 거예요. 사자 왕이 동물들에게 말했습니다. 어허, 뱀 때문에 원숭이가 이리 뛰고 저리 뛰고 그런 바람에 아기 올빼미가 죽었단다. 그래서 엄마 올빼미가 해를 안 깨우고 그래서 낮이 오지 않는 거란다. 응, 사자 왕은 비단뱀을 불렀습니다. 비단뱀은 임금님 그건 아 비단뱀 목소리죠. (하하) 비단뱀은 그건 이구아나가 인사를 했는데 대꾸도 안 하잖아요. 저는 나한테 나쁜 일이 생기라고 주문을 거는 줄 알았어요. 그래서 그냥 숨으려고 그런 거라고요. 무서워하는 바람에 원숭이가 이리 뛰고 저

리 뛰는 바람에 아기 올빼미가 죽었단다. 그래서 엄마 올빼미가 해를 안 깨우고 그래서 낮이 오지 않는 거란다.

학생 : 또 이구아나군.

교사 : 사자 왕이 이구아나에게 물었어요. 이구아나야. 너는 도대체 왜 비단뱀에게 나쁜 일이 생기라고 주문을 건 거니 그게 무슨 소리예요? 이구아나가 펄쩍뛰었어요. 비단뱀은 내 친구인걸요. 그럼 왜 내가 인사했는데 대꾸도 안했어? 뱀이 따졌습니다. 네 말을 못 들었어. 이구아나가 말했어요. 모기가 어찌나 터무니없는 거짓말을 하던지 들어줄 수가 없더라고. 그래서 나뭇가지로 귀를 막았지. 어 홍 사자 왕이 동물들에게 말했습니다. 아하, 모기 때문에 이구아나가 화가 난 바람에 뱀이 무서워하는 바람에 원숭이가 이리 뛰고 저리 뛰는 바람에 아기 올빼미가 죽었단다. 그래서 엄마 올빼미가 해를 안 깨우고 그래서 낮이 오지 않는 거로구나.

학생 : 끝

교사 : 네. 끝입니다. 이야기를 들어봤는데 자. 여기 이야기에서 나오는 동물. 어떤 것이 있는 거 같아요?

학생 : 사자, 비단뱀, 이구아나, 모기

교사 : 주연이.

학생 : 올빼미

교사 : 올빼미 또?

학생 : 비단뱀

교사 : 비단뱀 또?

학생 : 사자

교사 : 사자가 나왔어요.

학생 : 원숭이

교사 : 원숭이가 나왔어요. 네.

학생 : 이구아나

교사 : 이구아나도 나왔고요. 자 그러면 선생님이 너희들이 이야기를 잘 들었는지 몇 가지 질문을 한번 해보도록 하겠어요. 자 처음에 이구아나가 등장을 했는데 이구아나가 나뭇가지 두개로 귀를 꽉 막아버렸죠?

학생 : 네

교사 : 원인은 무엇일까요? 그 원인은 무엇일까?

학생 : 모기가 고구마를 그 고구마 얘기를 해서요.

교사 : 어 모기가 고구마 이야기를 해서 이구아나가 어떻다고 생각을 했어요?

학생 : 모기가요 고구마만큼 컸다는 게요 이구아나는 거짓말…….
교사 : 어. 거짓말이다 터무니없다고 생각을 했기 때문이지요. 그렇습니다. 그럼 이런 이구아나가 인사를 하지 않자 뱀은 어떠하였어요?
학생 : 땅속으로 도망갔어요.
교사 : 어 다른 곳으로 도망을 갔다. 굉장히 당황하면서 그 모습을 본 원숭이는 어떻게 했나요? 그 모습을 본 원숭이는 나뭇가지 위를?
학생 : 하이에나처럼 날뛰었어요.
교사 : 어 그렇지. 하이에나처럼 날뛰면서 돌아다녔죠? 그 결과 어떤 일이 발생했나요? 그 결과?
학생 : 올빼미를 밟았습니다.
교사 : 올빼미를 밟아서 어떻게 됐죠? 그 결과?
학생 : 죽었어요.
교사 : 죽었어요. 아기 올빼미가 죽었어요. 그래서 엄마 올빼미가 어땠을까?
학생 : 아기 올빼미
교사 : 굉장히 슬펐지요? 그래서 해님은 부르는 일을 했어요. 안했어요.
학생 : 안 했어요.

교사 : 안하자 어떠한 결과가 어떠한 일이 일어났을까?
학생 : 밤아 (웅성)
교사 : 그렇죠. 밤이 끝없이 계속되고 그래서 사자 왕이 회의를 했죠. 자 그렇다면 이 일들이 쭉 일어난 원인은 모든 출발은 누구 때문일까?
학생 : 모기
교사 : 어. 모기 때문에 그렇다 라 는 것을 공부를 했습니다. 같이 공부할 내용과 관련해서 재미있는 대화 책을 (?) 소개를 해 줬고요 이제는 우리가 쓰기 책으로 펴 넘어가서 원인과 결과에 대해 이어보기는 해보게 ……. 49쪽 펴세요.
학생 : 49쪽 폈어요.
교사 : 49쪽 다 폈지요? 자 4번 보고 하겠습니다. 그림의 내용을 원인과 결과가 들어나게 써보자. 자 그림을 한번 볼게요. 분홍색 셔츠를 입은 여학생이 뭔가 생각하고 있는데 어떤 그림 인지 한번 이야기해 볼 수 있는 사람?
학생 : 한 여학생과 남학생이 가위 바위 보를 했는데요.
교사 : 응

학생 : 어 여학생은 남학생을 져서요. 남학생 표정은 시무룩하고요 여학생 표정은 즐거운 표정 같아요.

교사 : 아 그런 거 같다. 또 누가 설명해볼까?

학생 : 여학생 하고 남학생이 가위 바위 보를 했는데 져서 여학생 가방까지 다 들고 집으로 가고 있어요.

교사 : 응. 가위 바위 보를 했는데 남학생이 져서 시무룩한 표정으로 여학생의 가방을 덜어주고 있다. 라고 잘 얘기를 해 주었습니다. 그러면 지금부터 선생님이 약 5분정도를 줄 테니까 이 그림의 내용을 바탕으로 해서 원인과 결과 드러나게 글을 한번 써보도록 할거예요. 자 잠깐 어재 우리가 공부를 했었는데 이렇게 원인과 결과가 이어지는 말을 쓰기 위해서는 어떤 말을?

학생 : 그래서

교사 : 써야할까? 그래서 또?

학생 : 때문에

교사 : 때문에 그렇지요. 그런 말들을 넣어서 원인과 결과가 드러나게 한번 글을 써보도록 합시다. 시작.

교사 : 다한 사람은 손 머리.

교사 : 자 1분정도 남았습니다. 다 다한 사람도 다시 한 번 글을 읽어보면서 원인과 결과를 드러나게 글을 쓸 때 넣어야 할 말들이 잘 들어갔는지 확인을 하세요.

교사 : 자 10초. 자 적은사람은 손 머리. 응 거의 다 적어주었는데요 자 그러면 지금 어 같이 발표하기 전에 먼저 자기 짝꿍끼리 바꿔서 읽고 짝꿍이 쓴 글을 평가해 주도록 합시다. 원인과 결과가 잘 드러나게 썼는지 한번 바꿔서 읽어보도록 합시다.

교사 : 자 이제 다시 자기 교과서 찾고, 자 그럼 자기가 쓴 글을 한번 발표해 보고 싶은 사람. 선생님이 아까 돌아다니면서 봤는데 다들 잘 썼지요? 자 이번에는 손 안든 친구들 중에서 시켜 봐도 되나요?

학생 : 어자아이와 남자아이가 가위 바위보를 해서 진 사람이 가방 들어주기를 벌칙으로 했다. 그래서 가위 바위 보를 했는데 여자아이가 이기고 남자아이

가 져서 남자아이가 여자아이 가방을 들어주었다.
교사 : 어 여자아이와……. 여자아이와 남자아이가 가위 바위 보를 해서 진 사람이 가방을 들어주기를 벌칙으로 했다. 그래서 가위 바위 보를 했는데 아이 가방을 들어주었다. 그래서 들어가서 원인과 결과를 잘 드러나게요. 잘했습니다. 또 누가 발표해볼사람?
학생 : 여자아이가 가위 바위 보에서 졌기 때문에 여자아이 가방을 들어주었다.
교사 : 세원이는 뭐뭐 했기 때문에는 넣어서 원인과 결과가 잘 드러나게 글을 써 주었네요. 자 혹시 왜냐하면 넣어서 글을 써 본 사람 중에서 한번 발표 해볼까요?
학생 : 남학생이 가위……. 아니 남학생이 가방을 들고 있다. 왜냐하면 가위바위보에 졌기 때문이다.
교사 : 남학생이 가방을 들어 주었습니다. 왜냐하면 가위 바위 보에서 졌기 때문입니다. 잘 썼습니다. 마지막으로 한명만 더 발표를 해보겠습니다.

학생 : 한 여자아이하고 한 남자어린이가 있는데 둘이 가위 바위 보를 했다. 근데 남자 어린이가 지고 여자 어린이가 이겼기 때문에 남자어린이가 여자어린이 ……. 가방을 들어 준다.
교사 : 어 뭐뭐 했기 때문에 가방을 들어주었다. 예, 역시 원이노가 결과가 잘 드러났습니다. 예, 참 잘했어요. 자 그다음으로는 선생님이 활동 3으로 넘어가서 활동지를 한 장씩 나누어 줄 테니까 그럼, 자 다 받았지요. 자 선생님 보세요. 자 어제부터 우리가 수상한 상자를 조사를 했는데……. 다 받았어요? 엄청 무거워요.
학생 : 뭐예요? (웅성웅성)
교사 : 선생님이 큰 상자를 왜 준비했을까
학생 : 집에.
교사 : 있을 수도 있고 여러 가지 물건이 있는데 선생님이 이 물건 중에서 선생님이 보지 않고 어 아무거나
학생 : 과자 (허허)
교사 : 과자가 나올 수도 있고요……. 아무거나 두개를 고를 거예요. 그러면 그 두개 나왔지? 낱말

을 이용해서 우리가 원인과 결과를 잘 드러나게 글을 써 보는 거예요. 잘 할 수 있겠어요?
학생 : 예.
교사 : 잘 할 수 있겠어?
학생 : 예.
교사 : (안 들림) 한번 선생님이 그럼 너희들한테 시범을 보여주기 위해서 물건을 두개 골라보도록 합니다. (웅성)
학생 : 혹시 마술 아니야? 어, 과자다. (웅성)
교사 : 아무거나 넣어놓지 않았기 때문에 아무거나 골라도 상관없어.
학생 : 에이 모자다 에이 줄넘기도 있어요.
학생 : 다 선생님 물건이니까 선생님 물건 ……. 이건 뭐예요.
학생 : 모자.
교사 : 이건 뭐예요?
학생 : 줄넘기.
교사 : 그러면 누가 줄넘기를 넣어서 글을 쓰는 거야.
학생 : 저 모자요.
교사 : 예를 들어 볼게요. (웅성) 생각을 해야지.
학생 : (웅성) 모자를 쓰고 줄넘기를 했다. (웅성)
교사 : 자, 줄넘기를 하다가 너무 햇살이 강했습니다. 그래서 모자를 썼습니다. 어때요. 괜찮지요?
학생 : (웅성) 아니요.
교사 : 거기에 활동지를 보세요. 선생님이 책상과 바로 예제를 들어봤는데, 한 번 크게 읽읍시다. 쉬는 시간에, 시작.
학생 : 쉬는 시간에 교실에서 뛰다가 책상에 걸려 넘어졌습니다. 그래서 배를 다쳐 병원에 갔습니다.
교사 : 어, 그러면 이제 너희가 지금 써야 되잖아. 자, 여기 안에다가 처음에 물건 낱말을 쓰고 이제 너희가 글쓰기를 할 거예요. 근데 물건을 뽑아 줄 사람 2명이 필요한데, 2명. 다들 너무 하고 싶으니까, 그걸로 한 번 해보자.
학생 : 아이……. (웅성)
교사 : 자, 일단 한 명만 해볼까?
학생 : 한 명이요? (웅성) (컴퓨터 추첨)
교사 : 어, 수빈이와 주연이 앞으로 나오세요. (웅성)
교사 : 자, 보지 말고. 안에다 손을 집어넣어서 아무 물건이나 하나를…….

학생 : 후진 거 꺼내지 마.
학생 : 우와, 와. (컵라면 꺼냄)
교사 : 들어가세요.
학생 : 야, 먹는 거 골라. 초콜릿. 와아. (물병)
교사 : 이거는 뭐죠.
학생 : 컵라면.
교사 : 이거는 뭐죠?
학생 : 물.
교사 : 안에다가 라면, 라면이라고 쓰고.
학생 : 라면이 너무 매워서 물을 먹었습니다. (와우.) (웅성)
교사 : 자기 이름 쓰시고요, 선생님이 시간 한 3분정도 줄 테니까, 라면과 물 낱말 넣어서 한 번 원인과 결과가 잘 드러나게 글을 써보도록 합시다.
학생 : 나는 그림까지 그려야지. (작성)
교사 : 자, 선생님이 시간 1분만 더 줄 테니까, 마무리를 해 보세요.
교사 : 자, 다 한 사람 손 머리. 자, 우리 반 친구들이 물건을 잘 뽑아줘서 여러분들이 어렵지 않게, 쉽게 글을 쓸 수 있었던 것 같아요. 자, 손 무릎. 자, 이제 마무리를 하고, 그 다음 여러분들이 쓴 글을 한 번 앞으로 나와서 큰 소리로 발표해 보도록 할게요. 자, 누가 한 번 나와서 발표를 해 볼까요? 라면과 물. 자, 잠깐만 손 내려. 너희들 발표할 때 선생님이 아까 아침에 나눠준 거 뭐 있어?
학생 : O, X 예에~
교사 : 자, 그래서 자, 친구가 발표할 때 자, 잘 했다고 생각하면, 무얼 해야겠어요?
학생 : O
교사 : 조금 부족한 거 같은데? 일단 이것은 원인과 결과가 잘 드러나지 않았다면?
학생 : X
교사 : 일단 이것은 내려놓으세요. 내려 놔. 자, 누가 한 번.
교사 : 나와서 한 번 발표해 볼 사람. (웅성)
학생 : 라면을 먹고 있습니다. 그런데 라면이 너무 매웠습니다. 그래서 물을 한 컵을 다 마셨습니다. 그러나 라면은 너무 너무 맛있었습니다.
학생 : X
교사 : 물을 한 컵을 다 마신 원인이 뭐예요?
학생 : 매워서.
교사 : 라면이 너무 매웠기 때문에 어

떻게요. 자, 그래서 나는 말을 한 번 넣어서 아주 잘 원인과 결과가 잘 드러나게 표현이 된 것 같습니다. 한 번 들어보세요.

학생 : X

교사 : 도현이는 왜 X라고 생각하는지 자, 다 내리고. X라고 생각한 사람은 왜 X라고 생각하는지 한 번 발표해 보세요.

학생 : 너무 길게 써서요.

교사 : 글씨가 너무 길었다. 지금 평가지는 원인과 결과가 잘 드러났는지 그것을 주의해서 들어주세요.

학생 : 안 드러났어요. 잘 안 드러났어요.

교사 : 자, 그 다음 또 한 번 발표해 볼 사람. 평가판 내려놓고. 평가판 내려 놔. 주연이 나와 보세요. 자, 발표해 봅시다.

학생 : (?)가 라면을 먹고 있습니다. 그런데 너무 매워서 물을 마셨습니다. 너무 많이 마셔서 물배가 찼습니다. 그래서 라면을 얼마 먹지 못 하였습니다.

교사 : 네, 잘 했지요? 평가판 한 번 들어보자.

학생 : 우~ X

교사 : 자, 다시 내려놓구요. 자, 한 명만 더 발표해 봅시다. ~ 나와. 자, 평가판 내려놓으세요. (웅성) 평가판 내려.

학생 : 라면을 먹었습니다. 그런데 라면이 너무 매워서 물을 마셨습니다. 그런데 물을 너무 많이 마셔서 라면을 다 ……. 못 먹었습니다.

교사 : 어, 너무 매워 물을 마셨고, 물을 너무 많이 먹어서 라면을 못 먹었다. 평가판 하나, 둘, 셋.

학생 : 우~

교사 : 잘 했습니다. 그래서 나는 말을 넣어서 원인과 결과가 잘 드러난 것 같아요. 자, 내리세요. 평가판 들어가시고요. 자, 집어넣어. 자, 수업을 마무리하면서 선생님이 오늘 같이 공부한 내용을 확인을 해 보지요. 오늘 어떤 내용을 공부했을까?

학생 : 원인과 결과가 드러나게 짧은 글을 써 봅시다.

교사 : 시작.

학생 : 원인과 결과가 드러나게 짧은 글을 써 봅시다.

교사 : 자, 오늘 이렇게 원인과 결과가

드러나게 짧은 글을 써 봤는데, 한 번 느낀 점이
교사 : 있나 생각한 점을 발표해 볼 사람?
학생 : 그거…….
교사 : 예, 그거를 더 잘 한 것 같고, 도움이 된다. 또?
학생 : 원인과 결과를 드러나게 쓰면은 글을 쓸 때는 더 편리하게 쓸 것 같아요.
교사 : 원인과 결과가 드러나게 글을 쓰면, 글을 쓸 때.
학생 : 편리하게 글을 쓸 것 같습니다.
교사 : 좀 더 편리하다는 사실을 느꼈다. 또 있나요? 네, 알겠습니다. 자, 그러면 다음 시간에는 쓰기 책 50쪽을 한 번 펴 보세요. 다음 시간에는 우리 경험을 떠올려서 원인과 결과가 드러나게 글을 써 보도록 하겠습니다. 자, 오늘 수업은 여기까지입니다.
학생 : 만세~
-끝-

〈41-중2008〉

교사 : 포함 관계에 있는 말이 낱말사이에 있었지요. 우리가 지난시간에 배운 내용을 바탕으로 해서 선생님이 스피드 퀴즈를 한 번 만들어 봤어요. 스피드 퀴즈를 맞게 풀면서 지난시간에 배운 내용을 한번 복습 해보도록 하겠습니다. 첫 번째 문제 귀찮은 일이 생겼을 때 골치가 아프다고 하는데 골치란 우리 몸의 어디를 가리킬까요? 손들고?
학생 : 머리요
교사 : 머리 머리를 가리키지요 (안 들림) 4단계로……. 자 두 번째 퀴즈? (칠산 해운대 뒷산은 어디를 나타낼까요? 손들고.
학생 : 뒤통수
교사 : 응 음 ~.
학생 :
교사 : 자 힌트는 우리가 자주 가는 곳인데, 매일
학생 : 아
교사 : 쉬는 시간에도 가고
학생 : 화장실
교사 : 어 화장실 화장실을 가죠. 자 정말 슬프고 무서운 일을 당하

면 치가 떨린다고 얘기를 하는데 이때 치는 신체의 어느 부분을 나타낼까요? 치, 치가 떨린다.
학생 : (안 들림)
교사 : 어 치아를 나타내지. 자 마지막 문제 남학생과 같이 학교를 다니는 학생, 남학생과 같은, 누가 학교를 다닐까? 누구학교를 다녀?
학생 : ~.
교사 : 바위?
학생 : 여학생
교사 : 여학생 어 맞았어요. 자 오늘 배울 학습문제를 다함께 읽어 보도록 하겠습니다. 시작
학생 : 낱말사이의 여러 가지 관계를 생각하며 글을 읽어 봅시다
교사 : 자 낱말사이의 여러 가지 관계를 생각하며 글을 읽어보는데 활동을 첫 번째로 신문을 보면서 낱말을 찾아보고 두 번째 활동은 십자 말을 만들어 보고, 마지막으로 우리말겨루기를 통해서 정리해 보도록 하겠습니다. 먼저 첫 번째 활동으로 선생님이 나누어준 미리 나누어준 신문이 있을 거예요. 자 신문을 함께 볼까요? 신문 내용을 초록색 만에 위의 글을 생각하고 밑에 있는 초록색 안에 있는 글을 누가 한번 읽어 볼까요?
학생 : 선생님 (안 들림) 아이들은 선생님을 (안 들림)
교사 : 어 잘 읽었습니다. 자 신문내용에 초 중 고등학교 선생님들이 모여서 생태계 자연생태에 관한 사진을 찍고 전시회를 연다고 어 그런 신문기사가 났습니다. 지금 읽은 신문기사에 나오는 여러 가지 낱말들이 있는데 그 낱말들을 바탕으로 해서 선생님이 미리 나누어준 학습지 학습지를 보면 뜻이 비슷한말, 반대말, 포함관계에 있는 말들이 지금 제시가 되어있는데 거기에서 알맞은 답을 찾아서 학습지를 한번 완성해 보도록 합시다. 학습지를 완성하고 시간이 남는 친구들은 빈칸에 자기가 직접 문제를 만들어서 한번 해결해 보도록 합시다.
교사 : 자 벌써 완성한 친구들이 있는데 어 나오는 빈칸에 신문에서 다른 낱말, 선생님이 제시한 낱말 중에 다른 낱말들을 찾아서 문제를 한번 우선 내보도

록 합니다.
교사 : 헷갈리는 낱말들은 국어사전을 통해서 한번 확인해 보면서 문제를 풀어봅시다.
교사 : 자 선생님을 봅시다.
학생 : 집중
교사 : 자 이제 하던 거 멈추고 연필 놓고 그만 합시다. 자 선생님과 함께 정답을 한번 맞히어 보고, 발표 한번 해봅시다. 1번, 선생님 비슷한 말은?
학생 : 교사
교사 : 교사입니다 2번 덕유산에 포함관계에 있는 말은?
학생 : 산
교사 : 산 3번 흙에 반대말?
학생 : (?)
교사 : 4번 맨 위의 포함관계에 있는 말은?
학생 : (?)
교사 : 5번 꽃의 포함관계에 있는 말은?
학생 : 개나리
교사 : 개나리 6번 아이의 반대말은?
학생 : 어른
교사 : 어른 7번 계속의 반대말은?
학생 : 중지
교사 : 중지 8번 자세히의 비슷한 말은?
학생 : 상세히
교사 : 상세히 자 다맞은 친구? 오 은혜 틀렸나요?
학생 : ..
교사 : 자 그밖에 다른 거 한번 찾아보기 찾아본 거 발표해 볼 사람?
학생 : 잠자리와 포함관계에 있는 말
교사 : 자 잠자리가 포함관계에 있는 말?
학생 : 곤충
교사 : 다 같이 뭐죠?
학생 : 곤충
교사 : 곤충 또?
학생 : 작은의 반대말?
교사 : 작은의 반대말?
학생 : 큰
교사 : 큰 또 다른?
학생 : 우포늪에 포함된 말
교사 : 우포늪에 포함된 말
학생 : 늪
교사 : 또 자 우리 ~이?
학생 : 자연의 반대말
교사 : 자연의 반대말?
학생 : 우리 인공
교사 : 인공 자 마지막으로 한명만 더 해볼까요?
학생 : 일반인의 반대말
교사 : 일반인의 반대말

학생 : 특이한
교사 : 특이한 뭘까요?
학생 : 특별히
교사 : 또 특이한 또?
학생 : 유명인
교사 : 유명인 또?
학생 : 연예인
교사 : 연예인? 다 나옵니다. 자 정답은?
학생 : 유명인
교사 : 어 유명인 이라고 합니다. 자 지금까지 활동 1번 우리가 신문을 찾아내서 낱말 찾기를 해봤네요. 이번에는 두 번째 십자를 만들기를 한번 해보도록 하겠습니다. 자 화면을 한번 볼까요? 자 우리가 화면에 나오는 거 많이 본 적 있지요?
학생 : 예
교사 : 본적 있어요. 없어요?
학생 : 있어요.
교사 : 저거 뭐라고 할까요? 우리가
학생 : 십자퍼즐 놀이
교사 : 십자 맞추기 또 퍼즐 이런 말도 많이 들어 봤지요 자 십자말풀이와 퍼즐을 지금부터 여러분들이 직접 만들어 볼 건데 자 짝꿍하고 한번 만들어 볼 거예요. 짝하고 만들 건데 문제는 총 4문제 비슷한말 반대말 포함관계에 있는 말이 한 가지 이상 들어가도록 만들어 보도록 합시다. 자 이거죠, 이거 학습지

교사 : 자 다하고 난 친구들은 선생님이 만들어놓은 십자말풀이 문제를 남는 시간, 시간이 남는 친구들은 한번 풀어보도록 합니다.

교사 : 자 비슷한말 반대말 포함관계에 있는 말이 한 가지 이상 들어가게 만들어 봅시다.

교사 : 자 이제 한개 남은 친구도 있습니다.

교사 : 다했어, 다한 사람들은 선생님이 만들어 놓은 십자말풀이 문제를 한번 풀어보도록 합니다.

교사 : 자 선생님을 봅시다.

학생 : 집중

교사 : 자 연필 놓고 이제 한번 여러분들이 직접 친구들에게 문제를 한번 내보도록 하겠습니다. 자 누가한 번 문제를 내볼까?

학생 : (안 들림)

교사 : 자 다시 한 번 읽어주세요

학생 : 결심의 비슷한 말

학생 : 각오

교사 : 각오 맞았데요. 잘했어요. 또

자 우리성지? 자 몇 글자인지 손가락으로 가르쳐 주세요. 두 글자 인지 세 글자인지
교사 : 자
학생 : 해뜨는, 해돋이
교사 : 어 일출의 비슷한 말 해돋이 잘했습니다. 또?
학생 : (……)
교사 : 자 손가락으로 몇 문제인지, 몇 글자인지
학생 : 우리나라이고, 내가 살고 있는 곳이고, 의정부시, 포천시,
교사 : 의정부시, 포천시 등이 포함된 곳
학생 : 민락동
교사 : 포함된 곳
학생 : 경기도
교사 : 경기도 맞았습니다. 잘했습니다. 자 또?
학생 : 전문적의 반대말
교사 : 어
학생 : 전문적의 반대말
교사 : 전문적의 반대말? 세 글자로 된 전문적의 반대말?
학생 : 종합적
교사 : 전문적이다 아 어려운 문제입니다. 전문적이다.
학생 : (웅성웅성)
교사 : 자 어떤 일

학생 : 종합적
교사 : 반대말 자
학생 : 종합적
학생 : 일반적
교사 : 일반적, 전문적이라는 거는 다시 한 번만 손 내리고, 전문적이라 는 거는 어떤 일을 특정적으로 하는 사람들을 말합니다. 전문적이다 의사선생님 어때요 환자 보시는 일을 전문적으로 하시죠, 그런데 그거 말고서 전체적인 일을 관리하는 거, 일반적이라는 뜻입니다.
학생 : 이 년의 반대말
학생 : 어
학생 : 이 년의 반대말
학생 : 이년
교사 : 이년의 반대말 이년의 반대말, 이년?
학생 : 웅성
교사 : 자 이년의 반대말
학생 : 일 년
교사 : 평년 이예요, 평년 자 또 우리 자 친구들 보고 발표해 주세요.
학생 : 아빠의 반대말
교사 : 아빠의 반대말?
학생 : 엄마
교사 : 자 엄마 어 아주 잘했어요. 자

그래요 또 우리 발표안한 친구가 누구지?
학생 : 윤여름에서 초가을까지 피는 꽃이 포함된 말?
교사 : 윤여름에서 초가을까지 피는 꽃이 포함된 말? 어렵습니다.
학생 : 땡땡 국수
교사 : 어 땡땡 국수
학생 : 메밀
교사 : 어 아주 잘했습니다. 잘했어요. 메밀이야 메밀, 잘했습니다. 또?
학생 : 고뇌의 비슷한 말
교사 : 어
학생 : 고뇌의 비슷한 말
교사 : 고뇌?
학생 : 고뇌
교사 : 고뇌의 비슷한 말?
학생 : 저뇌
교사 : 고뇌 고뇌하다 고뇌의 비슷한 말
학생 : 좌절
교사 : 좌절 나왔습니다. 또
학생 : 고민, 저뇌, 절망
교사 : 절망 나왔습니다. 자 정답은?
학생 : 고민
교사 : 고민, 고민이었습니다. 자 안 해본 친구 발표 안 해본 친구 발표 한 번도 안했다 오늘 발표 한번…….
학생 : 손님대접에 쓰는 차나 과일 같은 먹을 음식
교사 : 손님대접에 쓰는 차 차나 과일 같은 먹을 음식은? 우리 예절 시간에…….
학생 : 과일 (웅성)
교사 : 자 정답은?
학생 : 다과
교사 : 다과. 과일
교사 : 다과 자 발표 한 번도 안한 친구? 오늘 발표 한 번도 안했다?
학생 : 편식의 반대말
교사 : 편식의 반대말
학생 : 과거 과식
학생 : 과다
교사 : 과다 (,) 어 잘했습니다. 또 다시 오늘 한 번도 안한 친구 ~?
학생 : 액체를 병에 부을 때 쓰는 반달모양으로 생기고 밑에 구멍이 있는 기구
학생 : 깔때기 열기구
교사 : 깔때기, 정답입니까? 어 깔때기 자 오늘 발표 마지막 한명 자 발표 한 번도 안한 친구 마지막 한명?
학생 : 시험의 비슷한 말
교사 : 시험의 비슷한 말?
학생 : 테스트

교사 : 두 글자 두 글자 시험
학생 : 평가
교사 : 자 정답 나왔습니다. 정답은?
학생 : 고사
교사 : 고사 자 여기까지 발표 하도록 하겠습니다. 자 그러면 선생님이 낸 문제를 여러분들이 맞춰 보는 시간을 가져볼 거예요. 한번 선생님이 낸 문제 맞춰보도록 하겠습니다. 자 선생님이 낸 문제 다하지는 못하겠고, 오늘 다섯 문제만 풀어보도록 하겠습니다. 첫 번째 봄 여름 가을 겨울 등을 포함하는…….
학생 : 계절
교사 : 자 두 번째 외부의 반대말
학생 : 내부
교사 : 내부입니다. 내부 자 그다음 세 번째, 짧다의 반대말
학생 : 길다
교사 : 길다 그다음 세로 옆에, 자유형 평형 접영 배영
학생 : 수영
교사 : 수영 경기에 대한 종목이죠. 자 마지막 벗, 동문, 동료등과 비슷한 말?
학생 : 친구
교사 : 다 같이 뭐죠?
학생 : 친구
교사 : 이제까지, 자 정답 다 맞았나요?
학생 : 네
교사 : 자 그러면 이제 마지막 활동으로 우리말 겨루기 활동을 해볼 건데요 지금 다 손 안에 있는 골든 벨 판과 매직을 꺼내 주세요. 자 학습지는 다 모아서 골든벨판, 골든벨판 밑에 안보이게 가려 주세요. 모아서
학생 : 선생님
교사 : 예 펜이 잘 안나요?
학생 : 응성
교사 : 자, 자, 자, 선생님이 도전하면 여러분들이 골든 벨 하면서 이렇게 흔들어 주세요. 도전
학생 : 골든 벨
교사 : 약해, 약해, 안되겠다. 다시 다 판 잡고, 이렇게 골든 벨 목소리 크게 도전
학생 : 골든 벨
교사 : 자 내려놓으세요. 자 첫 번째 문제 자 방언의 비슷한 말.
교사 : 자 선생님이 첫 자음으로만 모았습니다. ㅅ ㅌ ㄹ 방언의 비슷한 말 자 방언의 비슷한 말 세 글자 경상도 지역도 이거 있고 전라도 지역도 있고

학생 : 아
교사 : 자 이렇게 말하니까 아나봐 첫 번째 문제 선생님도 씁시다. 경상도, 전라도 지역 비리리 자 정답은 다 같이 하나 둘 셋
학생 : 사투리
교사 : 정답 확인합니다. 자 어 바를 정자로 맞은 개수를 옆에다가 표시해 주세요. 자신이 맞힌 수를 자 두 번째 문제 개학의 반대말 여러분들이 좋아하는 이것이죠.
학생 : 아
교사 : 말은 하지 말고 손으로 해 주세요. 자 정답을 들어주세요. 자 정답은 방학입니다. 자 세 번째 문제 과일에 포함관계 ㅂ ㅅ ㅇ 으로 시작하는 과일에 포함관계가 있는 말. 자 맛있는 건데
학생 : 맞아
교사 : 맛있는 건데, 털이 약간
학생 : 아
교사 : 선생님이 힌트를 너무 많이 준 것 같아요.
학생 : (웅성) 이제부터 주지 마세요.
교사 : 이제부터 주지 말까요?
학생 : 아니요
교사 : 자 정답을 들어봅시다. 정답은?
학생 : 복숭아
교사 : 자 힌트가 없습니다. 아이의 비슷한 말 아이의 비슷한 말 자 이제부터 힌트가 없습니다. 아이의 비슷한 말 아이의 비슷한 말 자 다같이 정답을 들어 봅시다. 자 정답은?
학생 : 어린이
교사 : 자 다섯째 문제 밝다 의 반대말,
학생 : 아
교사 : 자 밝다 의 반대말 정답을 들어주세요? 자 정답은?
학생 : 어둡다
교사 : 자 여섯 번째 문제 포함관계가 있는 말입니다. 악기의 포함관계 악기의 포함관계 자 악기의 포함관계 세 글자인데 자 세 글자인데 네 글자로 쓴 사람이 있네. 세 글자인데 자 정답을 들어주세요. 정답은?
학생 : 리코더
교사 : 일곱 번째 문제 동물의 포함관계에 있는 말? 세 글자 자 정답을 들어 주세요 자 정답은?
학생 : 호랑이
교사 : 호랑이입니다. 호랑이 자 여덟 번째 문제 형의 반대관계에 있

는 말? 형
학생 : 웅성
교사 : 지금까지 다 맞으면 이것까지 다 맞으면 여덟 문제, 자 정답을 들어주세요. 자 정답은?
학생 : 동생
교사 : 자 아홉 번째 문제 자 운동에 포함관계 자 운동의 포함관계 자 정답을 들어주세요. 자 정답은?
학생 : 축구
교사 : 축구입니다. 자 열 번째 문제 꽃의 포함관계 꽃의 포함관계 꽃의 포함관계 자 어려워하는 친구도 있습니다. 꽃의 포함관계 자 정답을 들어주세요. 정답은?
학생 : 진달래
교사 : 열한 번째 문제 화단의 비슷한 말 화단의 비슷한 말 화단
학생 : 아
교사 : 화단 화단의 비슷한 말 자 화단 화단의 비슷한말 앞에 ㄲ으로 마치는데 화단의 비슷한 말 입니다. 자 정답은?
학생 : 꽃밭
교사 : 자 열두 번째 문제 음식에 포함관계에 있는 말
학생 : 뭐요

교사 : 음식 음식하면 생각하는 거 자 (웅성)
학생 : (웅성)
교사 : 자…….
교사 : 선생님이 힌트를 너무 줘버렸어. 힌트를 주지 말라 그랬는데……. 자 (웅성)
학생 : (웅성)
교사 : 자 정답 다 같이 들어봅시다. 자 정답은?
학생 : 콩국수
교사 : 열세 번째 문제 색깔의 포함관계에 있는 말? 색깔의 포함관계 색깔색깔
학생 : (웅성)
교사 : 열세 번째 문제 자 색깔의 포함관계에 있는 말? 다 같이 정답을 들어 주세요.
학생 : 초록색
교사 : 자 정답은?
학생 : 초록색
교사 : 자 이제 거의 마지막 문제에 다다른 것 같습니다. 목숨에 비슷한 말 목숨.
학생 : 너무 어려워 (웅성)
교사 : 자 목숨의 비슷한 말 자 다같이 정답을 들어주세요? 자 정답은?
학생 : 생명

교사 : 자 지금까지 열네 문제 전부다 맞은 사람? 열네 문제 전부다 맞은 사람은 선생님이 이다가 조별로 일인당 플러스 천점씩 주도록 하겠습니다.

학생 : 와

교사 : 자 그다음 열두 문제 이상 맞은 사람? 열두 문제 이상? 열두 문제 이상? 열두 문제 이상 맞은 사람에게는 조별로 플러스 800점 그다음 열 문제 이상 맞은 사람 열 문제 이상 맞은 사람 어 열 문제 이상도 잘 했습니다. 열 문제 이상도 선생님이 플러스 500점씩 주겠습니다. 자 나머지 사람들은 다 열 문제 못 맞은 사람들은 선생님이 손을 들지 않고 공부를 좀 더 해야겠어. 자 이제 골든벨 판을 집어넣으세요. 서랍에, 잘 자 지우는 거는 이따가 지우세요. 판 집어넣으세요. 판하고 매직하고 넣으세요. 이따가 지우세요. 집어넣으세요. 자 골든벨 판 아직 안 집어넣은 사람이 있어요. 자 집어넣고 자 아직까지 안 집어넣은 사람이 있어요. ~야 자 선생님을 봅시다.

학생 : 집중

교사 : 자 지금까지 우리가 지난시간에 이어서 이번시간까지 무엇에 대해서 공부했죠?

학생 : 낱말 사이의 관계

교사 : 낱말 사이의 관계를 공부했죠. 낱말 사이에는 어떤 관계들이 있어요?

학생 : 비슷한말, 반대말, 포함관계에 있는 말

교사 : 세 가지 다 기억할 수 있겠습니까?

학생 : 네

교사 : 자 여러분들이 평상시에 책도 많이 읽고 신문도 많이 읽죠?

학생 : 네?

교사 : 안 읽어요?

학생 : 하하

교사 : 책 읽어요 안읽어요?

학생 : 읽어요.

교사 : 신문은 읽어요? 안 읽어요?

학생 : 읽어요.

(동영상 끝남)

-끝-

⟨43-중2009⟩

교사 : 4일 동안 쉬었지요?
학생 : 예.
교사 : 4일 동안 쉬는 동안 뭐했어요?
학생 : 컴퓨터 했어요.
교사 : 컴퓨터 했어요?
학생 : 예. (웅성)
교사 : 자기는 절에 가본 사람?
학생 : 저요.
교사 : 손 내려 보세요. 자, 5월 2일 날이 무슨 날이었어요?
학생 : 석가탄신일.
교사 : 석가탄신일은 무슨 날이에요?
학생 : 부처님 오신 날.
교사 : 부처님 오신 날이죠. 선생님도 5월 2일 날 집근처에 있는 절에 갔었어요. 절에 가니까 평상시 전화—거기 절에다가 그 여러 가지 등을 막 매달고 있죠? 그걸 뭐라 그래요? 연등이라고 그래요. 연등, 연등이란 것은 부처님한테 바치는 등이라는 의미가 있어가지고 보통 등에다가 여러분들 신자들이 밑에다가 이름을 쓰고 우리 가족들의 건강과 행복 그런 것을 기원하려고 쓰거든요. 선생님 딱 갔어. 갔더니, 선생님도 하나를 써보고 싶었거든요. 그래 가지고 너희들 일 년 동안 건강하고 까불지 않고 선생님 말 잘 듣게 해주세요. 쓸려고 그랬는데 너무 비싸가지고 못했어요.
교사 : 자, 그러면 오늘은 자 말하기 듣기 쓰기책 70페이지, 70페이지에 보면 중심문장과 뒷받침 문장이 자연스럽게 이어지도록 써봅시다. 라는 주제를 가지고 1교시 수업을 시작할 거라고 하겠습니다. 자, 혹시 자기는 링컨, 미국의 대통령중의 한명이죠, 자 링컨에 관련된 책을 읽어 본사람? 읽어본 사람? 그래도 많이 읽어봤네요. 자, 여러분들 링컨하면 생각나는 말이 뭐가 있어요?
학생 : 대통령
교사 : 미국의 대통령이죠? 또 생각나는 거 뭐 없어요?
학생 : 노벨평화상
교사 : 노벨 평화상?—자, 링컨이 한 일 중에 가장, 뭐야 가장 뭐 훌륭한 일이라 할 수 있는 것 뭐가 있을까요?
학생 : —(웅성)
교사 : 여러분들 안 읽어봤구나. 자,

원래는 미국에는 흑인과 백인이 살았죠?
학생 : 에.
교사 : 자, 흑인은 백인의 뭐였어요?
학생 : 노예.
교사 : 예. 그렇죠. 아프리카에서 백인들이 많이 데리고 와가지고 힘든 일을 시키고 막 그랬었어요. 그래가지고 그렇게 노예로 데리고 있었죠? 그거를 링컨이 어떻게 했어요?
학생 : 해방
교사 : 그렇죠. 노예를 해방해가지고 백인도 흑인도 똑같은 사람이라는 것을, 똑같은 사람이라는 것을 강조하면서 남북전쟁에서 승리를 하게 되가지고 노예 해방을 시킨 대통령이 되는 거죠. 그래서 여러분들은 아마도 링컨에 대해서 많은 이야기를 들어 봤을 거예요. 그런데, 그 링컨이라는 사람이 처음부터 그렇게 대통령이 되기 위해서 여러분처럼 유복한 환경 속에서 엄마가 아침에 학교가라고 깨워주고, 밥 다 챙겨주고 그렇게 부유한 환경 속에서 자란 사람이아니라, 아주 어려운 환경 속에서 그런 여러 가지 역경들을 딛고 대통령이된 사람이에요. 자, 그래서 선생님이 간단하게 링컨대통령의 그 일대기를 얼마나 힘들었는지를 간단하게 영상을 보여줄 테니까 여러분들이 한번 봐보세요. 자, 이 TV로 보세요.
TV(링컨 동영상-음악-자막)
교사 : 자, 잘 봤지요? 잘 봤지요?
학생 : 예.
교사 : 자, 링컨이 어땠어요? 어렸을 때는 집이 파산 당했지요? 친구한테 돈을 빌려서 또 사업을 했지만 파산했지요. 여러 가지 국회의원, 하원, 상원 출마했지만 다 어떻게 됐어요?
학생 : 낙선
교사 : 다 떨어졌지요. 그렇지만 결국 마지막에 대통령선거에서 어떻게 됐어요? 당선이 돼가지고 미합중국의 대통령이 되었어요. 여러분은 우리학교 학기 초에 3월 달에 반장선거 했었죠?
학생 : 예.
교사 : 그 때 여러분들 후보를 출마를 몇 명 안했었죠?
학생 : 예.
교사 : 선생님이 그걸 보면서 참 안

타깝다. 왜냐하면 떨어지더라도 열심히 도전하다 보면 언젠가는 뭐야 반장이 될 수도 있고 그런데, 너희는 떨어지는 사실에 대해서 너무나 두려워하는 마음이 컸던 것 같아요. 그래서 선생님이 좀 안타까웠는데, 혹시라도 에이브러햄 링컨에 대한 책을 안 읽어 본 사람들은 다시 한 번 읽어보시길 바랍니다. 자, 그래서 이번시간에는 어, 선생님이 여러분들한테 링컨이 대통령이 된 다음에 간단한 일화를 한 가지 들려줄 거에요. 그 일화를 듣고 그 일화에 대해서 여러분들이 느꼈던 생각이나 그런 것들 의견들을 간단하게 글로 써보는 활동을 해보도록 하겠습니다. 자, 우리 지난시간에 우리 지난 시간에 읽기 시간에 이걸 해봤었죠. 중심문장과 뒷받침 문장에 대해서 살펴봤었지요?

학생 : 예.

교사 : 진짜 기억나요?

학생 : 예.

교사 : 진짜 물어봐도 돼요?

학생 : 아니요.

교사 : 자, 오래됐으니까 선생님이 설명해줄게. 자, 중심문장이라는 것은 그 문단에서 대표적으로 나타낼 수 있는 문장을 중심문장이라 그랬지요?

학생 : 예.

교사 : 그럼 뒷받침 문장은 뭘보고 뒷받침 문장이라 그랬어요?

학생 : 중심문장을—

교사 : 손들고 한번 얘기해보자. 누가 한번 발표해 볼 사람? 그래 ~가 한번 얘기해볼까? 자, 뒷받침 문장이란?

학생 : 중심문장을 뒷받침해주는 문장.

교사 : 그렇죠. 중심문장을 뒷받침해주는 문장이에요. 조금만 더 자세하게 누가 이야기해 볼 사람? 어떻게 뒷받침 해줄까요? 뭐라고 그렇지요? 자세하게 그 다음, 중심문장이라는 것은 그 문단을 대표하는 문장이기 때문에 많은 것을 자세하게 표현할 수가 없어요. 예를 들어서 우리반은 착한 어린이들만 모여 있다고 하더라도 그거는 중심문장이 된다면 자, 뒷받침 문장은 누구도 착하고 누구도 착하고 또 우리반은 어떤 활동을 했기 때문에 우리 반은 착

하게, 착하다고 이야기할 수 있다고 썼을 때, 구체적으로 자세하게 설명해주는 문장이 바로 뒷받침 문장이라고 그랬죠?
학생 : 예.
교사 : 그러면 우리가 이러한 중심문장과 뒷받침 문장을 어. 적어가지고 문단을 간단하게 한번 써 볼 수 있는 활동을 해보도록 하겠습니다. 그래서 이번시간의 학습목표는 자, 큰소리로 읽어볼까요? 시작
학생 : 중심문장과 뒷받침 문장이 자연스럽게 이어지도록 글을 써보자.
교사 : 중심문장과 뒷받침 문장을 어떻게 부자연스럽게?
학생 : 자연
교사 : 아니라, 자연스럽게 이어지도록 글을 써보는 활동을 하겠습니다. 자 이걸 하기위해서 첫번째 우리가 무엇을 할 것인가하면 교과서에 나와 있는 구두를 닦는 대통령이라는 일화를 선생님이 여러분한테 들려줄 거예요. 그러면 그 일화를 여러분들이 읽고 여러분들의 생각을 먼저……. 생각을 여러분들이 먼저 정리하시고요 그 다음에 그 정리한 글을 바탕으로 해가지고 중심문장과 뒷받침 문장을 활용해서 글을 써보는 활동을 세 가지를 해보도록 하겠습니다. 자 그러면 먼저 교과서 70 페이지 한번 펴볼까요? 자 거기에 털이 덥수룩하게 나있는 아저씨가 보이죠?
학생 : 예
교사 : 자, 이 아저씨가 누구일까요?
학생 : 링컨
교사 : 링컨이겠죠, 자 그러면 첫 번째, 두 번째, 세 번째, 네 번째 네 가지 글이 나와 있는데, 첫 번째 그림은 뭐하는 그림 같아요?
학생 : 구두 닦는 그림
교사 : 그렇죠. 링컨이 자기 구두를 닦고 있죠?
학생 : 예
교사 : 그랬더니 그 뒤에 있는 아저씨가 어때요? 표정이?
학생 : 깜짝 놀랐어요.
교사 : 깜짝 놀라는 표정이죠? 자 두 번째 그림은 뭘까요?
학생 : 어떤 노란머리 아저씨가…….
교사 : 깜짝 놀랐던 아저씨가 구두를 닦고 있는 링컨을 어떻게 하기 위해서

학생 : 말리기 위해서
교사 : 말리기 위해서 허겁지겁 달려오고 있는 그림이죠?
학생 : 예
교사 : 세 번째 그림은
학생 : 링컨 대통령이 …….
교사 : 자 링컨이 구두를 반짝반짝 닦아진 상태에서 그 파란색 옷을 입고 있는 아저씨하고 링컨이 대화를 하고 있는 모습이죠?
학생 : 예
교사 : 자 네 번째는 처음에 깜짝 놀라서 허둥지둥 달려왔던 아저씨의 표정이 어떻게 됐어요?
학생 : 무서워요
교사 : 어떻게 됐어요? 자, 링컨이 뭐라고 이야기 하니까 거기에 대해서 아, 링컨이 이런 생각으로 구두를 닦았구나! 라는 그러한 표정을 짓고 있죠?
학생 : 예
교사 : 그래요? 그러면 선생님이 구두를 닦고 구두를 닦는 대통령의 일화를 들려줄 테니까 한번 인물이 여기서 나타나는 인물은 두 명이죠?
학생 : 예
교사 : 자 링컨하고 링컨의 보좌관이에요 자 이 두 사람이 어떠한 대화를 나누고 또 어떠한 행동을 했는지 한번 훑어보면서 들어보시기 바랍니다. 자 들어보세요.
TV : 구두 닦는 대통령 미국의 노예제도를 없앤 에이브리험 링컨이 대통령이었을 때의 일입니다. 어느 날 링컨이 자기 구두를 닦고 있었습니다. 비서관이 이 모습을 보고서는 송구스러워 하며 자기가 구두를 닦아 드리겠다고 하였습니다. 그러나 링컨은 괜찮다고 하며 열심히 구두를 닦았습니다. 구두를 다 닦은 링컨은 비서에게 물었습니다. 여보게, 내 구두를 왜 자네가 닦겠다고 하는가? 비서는 선뜻 대답하지 못했습니다. 대통령이라고 구두를 닦으면 안 된다는 법이 있는가? 자기가 할 수 있는 일이라면 자기가 직접 하는 게 좋다고 생각하네. 링컨의 말에 비서는 고개를 끄덕였습니다.
교사 : 자 들어봤죠. 자 이야기를 듣고 그림을 보니까 자 그림에서 어떠한 일이 발생했는지를 더 잘 파악할 수 있겠죠?
학생 : 예

교사 : 자 그러면 선생님과 간단하게 정리를 한번 해 봅시다. 자 이런 이야기 같은 경우는, 이야기 같은 경우는 중요한 게 세 가지가 있다 그랬죠? 그랬죠? 뭐하고, 뭐하고, 뭐하고가 있다고 그랬어요?
학생 : 등장인물, 사건, 배경
교사 : 등장인물과?
학생 : 사건과
교사 : 그다음에 사건과?
학생 : 배경
교사 : 배경이 있다고 그랬죠? 자 이야기를 우리가 이해를 하려면 이 세 가지 것을 반드시 우리가 파악을 해야지만 이야기를 제대로 이해할 수 있다고 얘기를 했었어요. 자 이 글에서 등장인물은 누구와 누가 나타나요?
학생 : 링컨과 비서
교사 : 그렇죠. 링컨과?
학생 : 비서
교사 : 비서가 등장하게 되죠. 자 그리고 링컨과 비서 사이에서 발생한 일은 무엇이었을까요?
학생 : ……. (웅성)
교사 : 손들고 이야기 한번 해볼 사람? 자 어떠한 사건이 발생했을까요? 4학년은 은지밖에 없어요? 선생님이 막 시켜도 돼? 다 알죠? 예 어 ~이 한번 발표해 보도록 합시다.
학생 : 제가 발표하겠습니다. (안 들림)
교사 : 좋아. 링컨이 자기가 먼저 구두를 닦고 있었죠?
학생 : 예
교사 : 그다음에 발생한 일이 뭐가 있을까요? 그다음 발생한일? 그래
학생 : 제가 발표하겠습니다. 링컨이 구두를 닦고 있는 비서가 링컨이 구두를 닦는 걸 말렸습니다.
교사 : 어 링컨이 구두를 닦고 있는 것을 비서가 말렸죠?
학생 : 네
교사 : 자 그다음에 발생한 일은? 뭐가 있을까요? 그다음 발생한 일은? 뜨세요 눈을 피하시네. 자 ~가 한번 얘기해 볼까요?
학생 : 제가 발표하겠습니다. 링컨이 구두…….
교사 : 응?
학생 : 링컨이 비서
교사 : 비서에게?
학생 : (안 들림)
교사 : 그렇죠. 링컨이 비서에게 뭐라

고 얘기했어요? 자기가 할 수 있는 일을?
학생 : 자기가
교사 : 그렇죠. 자기가 한다고 이야기를 했죠. 자 그래서 이렇게 사건이 발생했던 것을 기억해 주시기 바랍니다. 자 그러면 선생님이 다시 한 번 다시 한 번 여러분 들 한데 구두 닦는 대통령을 들려줄 거예요. 자 구두 닦는 대통령을 들어보고 여기서 링컨이 했던 일들 있죠. 뭐 예요 자기 구두를 직접 닦는 거였죠? 거기에 대해서 여러분들의 의견을 여러분들의 생각을 간단하게 정리를 해보도록 하겠습니다. 그렇게 정리를 하는데 그냥 정리를 하는 게 아니라 여러분 PMI
교사 : 해봤죠?
학생 : 예
교사 : 그래서 여러분들한테 선생님이 이렇게 학습지를 나눠줄 거예요. 자 그러면 학습지를 보면 자 P 하고 네 가지 M 하고 네 가지, I하고 네 가지가 있어요. 자 PMI가 어떤 의미를 가지고 있는지 여러분들 다 알고 있지요?

학생 : 예
교사 : 그러면 여러분들이 선생님이 나눠주고 자 뭐뭐뭐를 해라 그러면을 뒤쪽에서는 이런 식으로 설명을 해볼 수 있도록 할 게요. 자 작성을 해볼 수 있도록 합니다. 자 링컨의 저 행동이 지금 구두 닦고 있는 행동을 반드시 옳다고 이야기 할 수만은 없어요. 왜 그러냐하면 링컨은 지금 어떤 위치에 있죠?
학생 : 대통령
교사 : 대통령이지요? 자 국민들이 대통령한테 구두 닦으라고 뽑아준 건 아니죠?
학생 : 예
교사 : 그러한 면까지 넓게 너무 교과서적으로만 나는 착한 어린이가 돼야 해. 그렇기 때문에 착한 쪽으로만 설명해야 돼. 그렇게 생각을 가다듬지 말고 한 번 여러분들이 넓은 범위 내에서 이야기를 해봅시다. 생각을 해볼 수 있도록 알겠지요?
학생 : 예 이야기를 만드는 거예요?
교사 : 이야기를 만드는 게 아니라 여러분들의 생각을 간단하게 정리를 해보시기 바랍니다. 자

다시 한 번 들려줄 테니까 들어보시기 바랍니다.

TV : 구두 닦는 대통령 (전의 내용과 동일 - 도중에 정지)

교사 : 어 아니다 잠깐만 여러분들한테 요 세 가지는 다 하라고 하면 너무 시간이 오래 걸리니까 선생님이 정해주도록 할게요. 그래도 되겠지요?

학생 : 예

교사 : 자 그러면 P하고 싶은 분들? P하고 싶은 모둠……. 그래 1모둠하고 2모둠이 하세요. 자 M하고 싶은 모둠? M하고 싶은 모둠? 3모둠 밖에 없어? 3모둠 자 I하고 싶은 모둠? 너희 둘은 아무거나 해도 된다는 소리지? 그러면 4 모둠하고 5모둠이 I를 하고요 그 다음 6모둠하고 3모둠이 M을 한번 해보시기 바랍니다. 알겠지요? 알았어. 알았어. 지금 하면 다 알아요.

TV : 계속 (전과 내용과 동일)

교사 : 자 정리를 해보시기 바랍니다. 문장으로 쓰세요. 문장으로

교사 : M이 M으로 하는 모둠이 좀 어려울 거예요. 그런데, M을 잘 하면은 ……. 아니 잘 쓰면……

교사 : 자기가 도저히 생각이 안 난다. 하는 친구들은 P조 하셔도 됩니다. 생각을 해보세요. 링컨이 지금 어느 위치에 있는데 지금 한일이 어떻게 되는지 그거를 바라보는 시각에 따라서 긍정적인 수도 있지요. 부정적일수도 있거든요? M같은 경우에는 부정적인 의미에는 참아야겠죠.

교사 : 링컨이 한 일에 대한 자신의 생각을 나타냅니다.

교사 : 자 다 정리 했어요?

학생 : 아니요

교사 : 느낀 점이 4개 있다고 꼭 네 가지를 다 채울 필요는 없어요.

교사 : 자 다한 사람 손들어보세요. 내려

교사 : 자 시간이 얼마 없기 때문에 자 빨리 쓰시고요 자 이제 선생님이 또 학습지를 나눠 줄 거예요. 자 이거는 뭐냐 하면 뭐가 어야? 자 첫 번째 장에다가 여러분들이 정리했던 그 여러 가지 생각들을 활용해가지고 자연스럽게 문장을 써볼 수 있도록 합니다. 중심문장과 뒷받침문장을 활용해서 잘 그런데 문단을 쓸 때 중심문장은

보통 어디에 있다 그랬어요?
학생 : 첫 번째
교사 : 첫 번째 또는?
학생 : 끝에
교사 : 그렇죠. 맨 뒤에 있다 그랬죠. 자 그런걸. 형식을 잘 지켜가지고 한번 어이 윗부분에 다가는 글씨를 쓰시고요 그 다음 이 밑에 있는 것을 나중에 조금 있다가 친구들 그 쓴 글을 발표를 할 거예요. 글을 읽고 얼마나 자연스럽게 써져있는지 중심문장과 뒷받침 문장이 잘 드러나 있는지 자 아직도 ⋯ 아니, 다 한 사람 빨리해라 선생님이 지금 웃고 있는 게 아니다
교사 : 자 다 한 사람은 글 까지 마무리 해가지고 써보세요. 선생님이 제일 처음에는 여러분들한테 이거를 준비하면서 일부러 글씨를 쓸 수 있는줄을 많이 썼어요.
학생 : 왜요?
교사 : 너희들이 창의력이 풍부해가지고 글을 정말로 잘 쓰는 줄 알았더니 한 절반으로 줄였어도……. 세 줄만 딱딱 그어놓고 그랬다 (작성 - 웅성)

교사 : 자 글씨를 쓸 때에는 그냥 아무렇게나 쓰지 말고 여러분들이 링컨의 썼던 학습지를 참고해가지고 글씨를 쓰면 됩니다. 그대로 써도 되겠지요? 다만 어떻게? 자연스럽게 연결되도록 중심문장을 어디다 배치할 것인지, 이런 것들을 생각하며 쓰셔야 되죠.
교사 : 여러분들이 PMI에 적은 거는 아마도 뒷받침문장이 되겠지요? 그거는 다 포함 할 수 있는 중심문장을 새로 만들어서 중심문장 쓰고 그 다음에 여러분들이 생각하는 뒷받침 문장들을 하나 둘 셋 넷 연결하면 간단하게 문단이 될 겁니다.
교사 : 자 다 쓴 사람 손 높이 들어 빨리 쓰세요. 2분안에 마무리 짓습니다.
교사 : 준비 다했지요?
학생 : 아니요.
교사 : 시간이 얼마 없습니다.
교사 : 자 못한 친구들은 다른 친구들의 발표를 들으면서
교사 : 마무리 지으시도록 하고요 자 다한 친구들은 선생님이 시키는 친구들의 글을 읽어보도록

아니 글을 들어보고 자연스럽게 연결이 되어 있는지 자 중심문장과 뒷받침문장이 잘 연결되어 있는지 그리고 중심문장을 중심문장대로 잘 나타나 있는지를 한번 그 밑에다가 간단하게 정리를 해 보시고 그 다음에 그 친구가 말한 중심문장을 찾아가지고 적어보시기 바랍니다. 알겠습니까?

학생 : 예

교사 : 자 자기가 한번 자기가 쓴 글을 발표해 보겠다. 손? 없어? 자 발표해볼 친구? 그래 ~이 한번 해보자 일어서서

학생 : 제가 발표 하겠습니다….

교사 : 해봐 괜찮아

학생 : ….

교사 : 못하겠어? 야 그런데 왜 나한테 다했다고 그래. 자 또 다른 사람 한번 해볼 사람 너무 어려워?

학생 : 예

교사 : 뭐가 어려워

학생 : (웅성)

교사 : 선생님 땀난다. 땀나 (구경하는 사람 - 선생님 피를 말린다 킥킥) 자 ~가 한번 발표해 보자 잘 들어 보세요 큰소리로

학생 : 링컨은 책임감이 있는 것 같다. 왜냐하면 자기가 할 수 있는 일을 (안 들림) 사람 (안 들림). 시키지 않기 때문이다. (안 들림)

교사 : 잘 들었어요?

학생 : 아니요

교사 : 안 들렸죠? 다시 한 번 큰 소리로 큰 소리로

학생 : 링컨은 책임감이 있는 것 같다. 왜냐하면 자기 스스로 할 수 있는 일은 스스로 했기 때문이다. 그 사람을 버리지는 않았을 것이다. 대통령은 비서가 있는데 링컨은 비서를 시키지 않기 때문이다. 또 링컨은 대통령인데 스스로 하려고 노력하는 사람인거 같다. 그래서 링컨은 책임감 있는 대통령인거 같다.

교사 : 아 그렇죠. 자 그러면 방금 은지가 이야기한 거중에 중심문장은 무엇이예요?

학생 : 링컨이 책임감 있는 것 같다.

교사 : 링컨이 책임감이 있다가 바로 중심문장이 되고 나머지 문장은 그것을 보충해 주기 위한 뒷받침 문장이 되겠지요? 자 또 자 오늘 며칠이죠? (킥킥)

오늘 며칠이죠?
학생 : 5월 6일
교사 : 5월 6일이죠 16번, 다 못썼어? 46번 선생님이 기억해 놓는다. 이제 46번 그래 자 ~이 일어나서 한번 발표해 보시기 바랍니다. ~이는 발표하는데 까지 시간이 무진장 오래 걸려요. 큰 소리로
학생 : 링컨은 훌륭하다고 생각한다. 링컨은 자기일 을 자기가 했다. 링컨은 대통령이었는데도 자기구두를 링컨이 닦았다. 나는 링컨이 (?)는 훌륭하지 않았다.
학생 : 나는 커서 링컨을 본받을 것이다.
교사 : 자 채영이가 쓴 글 중에서 중심문장은 무엇일까요?
학생 : 링컨은 참 훌륭하다고 생각 한다.
교사 : '링컨은 훌륭한 사람인 것 같다' 라고 치고 나머지 글은 뒷받침 문장이 되겠어요. 자 또 쓰느라고 정신이 없네. 56번 56번 없나? 55번 아직 못썼어요? 54번 못썼어요? 자 마지막 한영, 마지막……. 닌텐도 갖고 와도 돼 mP3 가져와도 돼 내일은.
학생 : 야
교사 : 발표한 사람만.
학생 : 와 MP3없어요.
교사 : 엄마한테 사달라고 해 자 마지막. ~ 다 썼어요? 아니요? 다 썼어? 응 자 마이너스에서 한번 해보자 마이너스에서 두 번다. P에서 했으니까 M으로 한번 해볼까? 자 ~가 한번 발표 해보자.
학생 : 하지만 저는 대통령이 구두를 닦는 것을 옳지 않다고 생각합니다. 왜냐하면 대통령이 시간이 없는데 느긋하게 구두나 닦으면 시간이 아깝기 때문이다.
교사 : 어 그렇죠. 자 대통령이 바쁘신 몸인데 국민들을 보살피라고 앉혀진 자린데, 거기서 구두나 닦고 있으면 안 되겠죠? 자 또 M
학생 : I했어요.
교사 : I는 조금 끝에 하자고 ~가 한번 해볼까? ~는 어때? 어? 아직 써야 되요? 빨리 좀 하지 자 그러면 못한 친구들은 쉬는 시간에 할 수 있도록 하고 선생님이 생각했었을 때 여러분들이 너무 많이 쉬고 와가지고 아직

그 수업을 참여하는 것을 잃어버린 것 같아요. 자 부족한 부분은 2교시때 마무리를 지을 수 있도록 하겠고요 자 못한 친구들은 일단 볼펜 내려놓으세요. 연필 내려놓으세요. 자 우리 이번시간에 뭐에 대해서 배웠지요?

학생 : 중심문장과 뒷받침문장이 자연스럽게 이어지도록 글을 써보자

교사 : 자 중심문장이 무엇인지 뒷받침문장이 무엇인지 여러분들은 잘 알고 있고요 그걸 이제 글로 써야 되는데 역시나 선생님이 걱정했던 대로 잘 못 썼네요. 야, ~는 이렇게나 많이 써놓고

학생 : 아니……. 하지 마.

교사 : 뭘 하지 마.

학생 : 하하

교사 : 자 그래가지고 자 선생님이 여러분한테 해줄 거는 이거밖에 없어요. 중심문장이라는 것을 그 문단을 대표하는 생각이고요 중심문장은 보통 문단의 시작이나 끝 부분에 위치 한다는 것을 기억을 해 주시고요 다음에 혹시라도 글을 이렇게 만들 때에는 중심문장이 어디에 있는지 잘 찾아보시도록 하고 뒷받침문장을 찾아보도록 바랍니다. 자 이제 알겠어요?

학생 : 예.

교사 : 너희들은 조금 있다 보자 자 다음에는 다음시간에는 우리가 그 중심문장과 뒷받침문장의 관계를 파악을 해가지고 다음시간에는 잘못된 문단을 한번 고쳐

교사 : 보는 시간을 가져질 수 있도록 하겠습니다. 자 그럼 수고하셨고요 자 다른 반 수업중이죠 조용히 …….

-끝-

⟨51-고2008⟩

교사 : 자, 오학년
학생 : 와와
교사 : 오늘은 여러분 선생님들 모시고 여러분들하고 같이 읽기 174쪽에 있는 행복한 만남쪽에서 첫 번째 단원에서 수업을 하도록 하겠습니다. 선생님은 여러분들도 뒤에 선생님들 많이 계시기 때문에 긴장이 되죠?
학생 : 예, 긴장 안돼요.
교사 : 긴장 안 돼?
학생 : 예.
교사 : 선생님은 등에서 식은땀 나는데—
학생 : 웅성
교사 : 자, 선생님 긴장하지 않도록 여러분들이 조금 더 수업에 적극적으로 참여해주었으면 좋겠습니다. 자, 그리고 오늘은 선생님이 여러 가지 준비했기 때문에 평상시 안했던 것을 많이 보일 거예요. 그러면은 어 선생님 왜 저기는 만날 안하다가 오늘같은 날만 하세요. 이런 말을 하지 말고, 박수를 쳐주지고 선생님을 응원해주시기 바랍니다. 알겠어?
학생 : 예.
교사 : 그러면 174 페이지 봐. 봅시다. 자 174페이지 보셨습니까?
학생 : 예.
교사 : 그러면 선생님이 파워포인트를 준비했습니다. 먼저 TV를 같이 보도록 할게요. 자, 174페이지에 보면 밑에 삽화가 두 개가 있죠.
학생 : 예
교사 : 자 그 삽화는 여러분들이 봤을 때, 어떠한 이야기에 대한 삽화인 거 같아요?
학생 : 인어공주요
교사 : 인어공주인거 같아요? 그렇죠. 자, 인어공주에 결말에 관련된 삽화가 두 가지가 있어요. 왼쪽에 하나 있고, 오른쪽에 또 하나가 있죠. 자 보니까 삽화의 그림을 보니까 왼쪽과 오른쪽이 다르죠.
학생 : 예
교사 : 자, 여러분들이 알고 있는 일반적인 인어공주의 이야기의 결말은 어떻게 됐나요? 혹시 자기가 간단하게 정리해서 이야기 해볼 사람, 인어공주의 결말, 너무 오래돼서 기억에 없나?

학생 : 예.
교사 : 그렇죠. 여러분이 유치원 때나 읽어봤을 만한 이야기겠죠. 자 한번 이야기 한번 해볼 사람. 어제 선생님이 약속했던 것 기억하죠?
학생 : 예
교사 : 선생님은 아직 기억하고 있어요. 예, 현빈이가 한번 이야기 해 보세요.
학생 : 인어공주하고, 인어공주가요 왕자랑 결혼하려다가요
교사 : 왕자를?
학생 : 왕자하고 결혼하려고, 결혼식이 열렸는데요, 바다에서요 인어공주하고, 또, 어 무슨 말했지?
교사 : 자, ~ 대신 얘기해 볼 사람, ~가 먼저
학생 : 결론만 말하면 돼요?
교사 : 어
학생 : 인어공주하고 남자하고 결혼했어요.
교사 : 결혼했어요?
학생 : 아니요, 결혼했는데! (웅성)
교사 : 다른, 다른 결말을 아는 사람? ~가 한번 해보자.
학생 : 왕자가 인어가 됐어요.
교사 : 왕자가 인어가 돼요? 자, 여러분들이 너무 오래전에 읽어 봤던 이야기라 잘 기억이 안나는 것 같으니까 선생님이 이야기 해 줄게요. 자, 인어공주가 그 나라에 살고 있는 왕자를 짝사랑하게 되죠. 그래가지고 밤마다 바다위로 올라와 가지고 노래를, 노래를 부르면서 그 왕자를 그리워하게 되죠. 그러던 어느 날, 그러던 어느 날 그 왕자가 어때요, 난파된 배에서 구출하기 위해서 인어공주가 구출해 주었지만 자기 모습이 사람이 아닌 모습이기 때문에 다시 물속에 들어갔죠. 그래서 더욱 그 뒤에 그리움만 커진 거야. 그런데 어느 날 바다속에 살고 있는 마녀하고 인어공주가 계약을 해요. 자기 목소리를 마녀에게 줄테니까 자기를 사람으로 만들어 달라고 그러죠. 그래가지고 마녀가 그래 좋다. 네가 원하는 대로 해 줄 테니까, —단, 조건이 하나 있다. 언제까지 한 달이 지나기 전까지 왕자의 사랑을 얻지 못하면 왕자와 결혼하기 전까지 왕자의 마음을 사로잡지 못하면 너는 물거품이 되어서 사

라져 버린다. 라고 이야기를 해요. 그런데 우리 왕자는 자기가 물속에 빠져 있던 자신을 자기를 구해주던 그 인어공주의 목소리를 기억하고 있어요. 그런데 하필이면 마녀가 그 인어공주의 목소리를 빼앗아 갔지요. 그 목소리를 이용해가지고 마녀가 왕자에게 접근을 하게 되요. 진짜는 내가 왕자를 구해줬지만 진짜는 내가 왕자를 구해 주었지만 자기는 인어공주는 말을 못하기 때문에 거기에 대해서 정확히 말을 못하게 되겠지요. 결국에 결론은 마녀가 목소리로 왕자를 ― 해가지고 둘이 결혼을 함으로써 인어공주는 물거품이 되어 사라졌다는 그런 이야기에요. 자, 선생님이 방금 이야기해 줬던 것은 결론이 인어공주가 물거품이 되어 사라지는 그런 이야기를 가지고 있죠. 그런데 아까 분명히 창안이가 무슨 이야기를 했었냐 하면 왕자하고 인어공주하고 결혼을 해가지고 결혼했다는 이야기를 해 주었어요. 그거는 어디서 나온 거냐하면 여러분들이 많이 함께 봤겠지만 TV에니메이션있죠. 거기서는 여러분들에게 꿈과 희망을 심어주기 위해서 그런 비극보다는 해피엔딩으로 끝내주기 위해서 그런 중간에 마녀가 했던 것을 다 바꿔가지고, 바꿔가지고 결론은 행복하게 살았다는 그리고 이러한 그림 나오죠. 자, 그러면 이러한 이야기들을 이렇게 한 가지 이야기를 가지고 있다고 하더라도 여러 가지 결론으로 나타날 수가 있겠지요. 그렇겠죠. 자, 그렇다면 이 이야기의 결말은 우리가 이 이야기의 결말을 알아보기 위해서는 결말을 이렇게 바뀌게 된다는 것을, 이 결말이 나온 앞부분에서 힌트를 많이 준거에요. 그렇겠죠. 자 그러면 그 힌트를 바탕으로 해서 오늘은 무엇에 대해서 살펴볼 거냐하면 이야기를 읽어보고 그 다음에 그이야기 내용을 파악하고 그다음에 이야기 뒷부분이 어떻게 전개가 될 것인지, 거기에 대해서 살펴보는 방법에 대해서 알아보도록 하겠습니다. 그래서 이번 시간의 학습목표는, 이번시간 학습목

표는 한번 큰소리로 읽어볼까요? 시작

학생 : 이야기를 읽고 이어질 내용을 예측하는 방법을 알아보자.

교사 : 자, 그렇죠. 이야기를 읽고 이어질 내용이 이어질 내용이 어떻게 될 것인지 예측하는 방법에 대해서 알아보도록 하겠습니다. 그래서 이 학습목표는 달성하기 위해서 우리는 세 가지 학습활동을 할 계획입니다. 그중에서 첫 번째는 이어질 내용을 예측하는 방법을 먼저 알아볼 것이고요, 그 다음에 정말로 교과서에 있는 느티나무라는 제목의 이야기를 한번 읽어보고 그 이야기, 그 읽어본 이야기의 ―말을 파악해 보도록 하겠습니다. 그 다음에 파악을 해본 다음에는 여러분들이 이해한 그러한 내용을 바탕으로 해가지고 예측한 내용을 뒷이야기 꾸미는 마지막 활동을 해보도록 하겠습니다. 자, 그 아이 그 아이 손가락 보이시죠? 자, 이손가락이 뭐냐 하면 지금 우리가 어떤 활동을 하는지를 나타내는 손가락입니다. 잘 참고를 하시기 바랍니다. 자, 그러면 첫 번째 이어질 내용을 예측하는 방법에 대해서 살펴보도록 하겠습니다. 자, 우리는 넷째 마당에서 이야기의 일부분을 바꾸는 활동을 해봤었는데, 해봤었죠.

학생 : 예

교사 : 그래서 글의 종류는 다섯 가지가 있고 설은 뭐예요? 음악작품에 포함이 된다고 이야기했었죠?

학생 : 예

교사 : 그렇다면 그 소설을 구성하고 있는 세 가지 요소에 대해서 우리 학습을 했었어요. 자, 그게 무엇인지 얘기 먼저 해볼 사람? 오, (웅성웅성)―말이야. ~이가 한번 이야기해 볼까? 뭐가 있었어요? 주완이가 기억에 남는 소설의 구성요소.

학생 : 일 아니, 사건

교사 : 그렇죠. 사건 그 다음 무엇이 있을까, 그때 선생님이 무엇을 예를 들어 설명했냐하면, 로미오와 줄리엣을 이야기를 설명하면서 같이 이야기를 했는데, ~가 한번 얘기해봐. 뭐가 있을까요? 인물의 수학적 그렇죠. 사건, 등장인물 두 가지가 있

었어요. 또 마지막 한 가지. 마지막 한 가지. 설명이 기억나, 기억나, ~가 한번 얘기해봐.
학생 : 타당한 근거
교사 : 타당한 근거는 다른 목적이고, 혹시 기억나는 사람, 정확히 기억나는 사람, ~가 얘기해봐.
학생 : 때와 장소
교사 : 때와 장소, 비슷했어요.
교사 : 자, 시간적 배경과 공간적 배경을 나타내고 있는 바로 소설의 배경이 되는 부분이 되겠습니다. 그래서 첫 번째는 그 소설 속에 나타나있는 등장인물 그다음에 그 등장인물들 사이에 발생했던 여러 가지 사건들 그 다음에 그러한 사건들이 발생하게 된 공간적인 배경과 또는 시간적인 배경이 나타난다. 그랬죠. 그래서 이 세 가지 것들 인물과 사건과 배경이 서로 연관이 되어가지고 소설에서 나타나는 이야기가 이끌어간다고 보면 되겠어요. 기억나시죠.
학생 : 예.
교사 : 자, 그렇다면 이 세 가지 것을 잘 살펴보게 된다면 우리가 어떠한 이야기를 읽어봤을 때, 그 결말이 어떻게 되는지 살펴볼 수 있을까요? 알 수가 있을까요? 예측을 해 볼 수 있겠지요. 그러면 교과서 176페이지 한번 펴볼까요?
학생 : (웅성)
교사 : 자, 거기 보면 가운데 노란색 상자를 봐 보세요. 자, 그 부분이 바로 여러분들이 이야기를 읽고 이어질 내용을 예측하는 방법에 대한, 방법이 정확하게 기술이 되어 있습니다. 그러면 선생님이 읽어보면서 살펴보도록 하겠습니다.
교사 : 자, 이야기를 읽고 이어질 내용을 예측하려면 자 먼저 무엇을 파악을 해야 한다고 나와 있어요?
학생 : 일이 일어나는 순서
교사 : 일이 일어나는 순서죠. 자, 그렇다면 이 세가지중에 어떤 걸까요? 세가지중에 어떤 것일까요?
학생 : 사건
교사 : 그렇죠. 사건이 되겠지요. 인물들 간에서 어떠한 사건이 발생했는지. 그것을 먼저 파악을 해야 된다고. 파악을 해야 한다고 합니다. 자, 그다음에 그

리고 일이 일어난 원인이 무엇인지 살펴보고 자, 그런 사건이 왜 발생했는지 그 원인을 살펴봐야 되겠지요. 자, 그럼 그 원인에는 어떠한 것들이 있을까요?

학생 : (조용)

교사 : 이 사건에 영향을 주는, 저 사건에 영향을 주는 관련된 어떠한 원인이 있을까요?

학생 : 인물

교사 : 인물, 인물 그리고 무엇일까요?

학생 : 인물의 성격

교사 : 그렇죠. 바로 인물들의 가지고 있는 성격에 따라서 성격에 따라서 그러한 일들이 발생하게 되는 거겠지요. 자, 이래서 그러한 일들이 일어난 원인 즉, 등장인물 성격이 포함이 되겠지요. 무엇인지를 살펴보고 그 결과를 책을 보아야합니다. 또, 그 일과 관련된 경험을 떠올려 볼 수도 있습니다. 즉, 이것 이외에도 여러분들이 경험했던 사실. 경험했던 것을 근거로 해 가지고 소설속에 등장하는 등장인물도 자기랑 똑같은 경험을 할 수가 있기 때문에 자기의 경험을 바탕으로 그

다음 예측된 일을 예측해볼 수가 있겠죠. 그러다 이어질 내용을 예측하며 이야기를 읽으면 더 재미있게 읽을수 있습니다. 하고 말했습니다. 얼마 전에 선생님이 얼마 전에 여러분이 아침마다 독서 활동하죠.

학생 : 예

교사 : 독서 활동하죠. 근데 여러분들이 너무 만날 만화책만 읽어 그래서 선생님이 한명을 조용히 불렀어요. 우리 반 아이들 중 한명을 불러가지고 야, 너는 5학년이나 됐는데, 왜 아직도 만화책을 읽고 있어? 그랬더니 그 아이가 하는 말이 무슨 말이었나 하면 선생님 글을 읽는 글로 되어 있는 책을 읽으면(14:40) 재미가 없어요. 그 말을 하는 거야. 그래서 자기는 그림이라고 재미있게 보기 위해서 만화책을 보는거에요. 그래서 선생님이 그 아이에게 이런 이야기를 해주었어요. 너는 아직 독서 하는 방법, 재미있는 독서를 하는 방법을 모르고 있다. 똑같은 내용을 가지고 있다 하더라도 글로 되었을 때 읽는 훨씬 더 재미있는,

재미있을 수가, 재미있게 읽을 수가 있어요. 여러분들이 읽는 방법을 올바로 한다면, 그중에 한 가지 재미있게 할 수 있는 방법이 바로 이거에요. 이어질 내용을 예측하며 읽는 거에요. 그러니까 그저 책에서 주어진 내용을 그대로 읽기만 하는 게 아니라 내가 처음부터 끝까지 다 읽은 다음에 파악을 하는 게 아니라 첫 번째 장을 읽었어. 아 여기서 등장인물이 이러이러한 관계를 가지고 있네. 그렇다면 두 번째 장에서는 어떠한 관계를 또 나낼까? 또 어떠한 사건이 발생할까? 두 번째 장에서 봤더니 또 이러한 사건이 발생했어. 이러한 사건에서 아 등장인물 c는 어떻게 헤쳐 갈까? 라는 식으로 여러분들이 순간순간마다 예측을 하고 독서를 하게 된다면 아마도 훨씬 더 재미있게 독서를 할 수가 있을거 같아요. 무슨 말인지 알겠지요?

학생 : 예

교사 : 이번 시간에 배웠으니까 예측하는 방법을 활용— 독서 활동을 해봤으면—. 자 그러면 이제 이어질 내용을 예측하는 데는 미래에 일어날 사건의 순서 그 다음에 그 사건이 일어나게 된 여러 가지 원인들을 살펴보면서 책을 읽으면 된다고 그랬지요.

학생 : 예.

교사 : 자, 그러면 교과서에 있는 느티나무라는 글을 이번에는 직접 읽어보고 그다음에 등장인물의 성격 그다음에 일이 발생할 순서를 살펴본 다음에 마지막 부분에서 결론이 어떻게 나올 것인가를 한번 예측을 해보면 글을 읽어볼 수 있도록 하겠습니다. 자 176페이지 느티나무, 누가 한번 큰 소리로 읽어볼 사람.

학생 : (손듦)

교사 : 자, 다른 친구들은 눈으로 읽으면서 이글에서 나타나는 등장인물들이 누구누구인지 그 다음에 등장인물의 성격은 어떤 것인지, 그 다음에 이 등장인물 간에 어떠한 일이 발생하는지 그 순서를 잘 파악하면서 같이 눈으로 읽어보시기 바랍니다.

학생 : 읽음.

교사 : 자, 잘 읽어봤죠? 자, 이글에 등장하는 인물은 총 몇 명이죠.
학생 : 세 명이요
교사 : 첫 번째,
학생 : 철수
교사 : 철수가 있고 그다음에
학생 : 경수
교사 : 경수가 있고
학생 : 어머니
교사 : 어머니가 있죠. 철수와 경수와 어머니 사이에서 지금 어떠한 일이 벌어지려고 하고 있어요. 자 그러면 여러분들이 읽었으니까 먼저 이 사건이 전개되는 원인이 되는 등장인물의 성격을 파악해 봐야 되겠지요.
교사 : 자, 그런데 등장인물의 성격은 우리가 예전에 배웠었을 때 무엇을 통해서 등장인물의 성격을 알 수 있다고 그랬어요.
학생 : 말과 행동
교사 : 등장인물이 이야 기속에서 나타나는 말과 그다음에 행동을 통해서 이 사람이 어떠한 성격을 가지고 있는지 알 수가 있다고 그랬죠. 자 그렇다면 먼저 어, 철이의 성격이 어떤, 철이의 성격이 내가 봤을 때는 자기가 봤을 때는 어떻게 보였는지 같이 한번 이야기를 해볼 사람?
학생 : 잘난 척을 많이 해요.
교사 : 잘난 척을 많이 해요? 현우는 그대로 일어서 가지고 어느 부분에서 그러한 면을 느낄 수가 있었어요?
학생 : 어, 여기까지만 해도 갈 수 있는 철이의 으스대는 말에 가지가 없었으니까, 올라오지 못해―
교사 : 자, 그렇죠. 느티나무 꼭대기에 올라갔던 철이는 누구를 보고
학생 : 경수
교사 : 경수를 보고 약을 올리죠.
학생 : 예
교사 : 겁쟁이야 너는 겁쟁이기 때문에 못 올라온다.
교사 : 못 올라올 거야라고 그렇게 이야기를 하게 됩니다. 자, 이번에는 경수의 성격을 한번 파악해보죠. 경수는 어떠한 성격을 가지고 있을까요? 선생님하고 약속, 기억나지?
학생 : 손듦
교사 : ~가 한번 해보자.
학생 : 무서움을 많이 타요.
교사 : 무서움을 많이 타요, 어느 부분에서 그렇게 느꼈어요?

학생 : 조용
교사 : 느티나무 꼭대기에 올라가서 어떻게 되었어요?
학생 : 밑동을 바라보았을 때, 갑자기 열이 확 올라와서—
교사 : 그렇지요. 올라갔더니 너무 무서워가지고 내려올 수가 없었죠. 자, ~ 의견에 조금 더 보충해 볼 사람? ~ 의견에 조금 더 보충해 볼 사람?
학생 : 손듦
교사 : 만날 손든 사람 말고, 손 안든 사람도 한번 시켜볼까? ~ 한번 이야기해봐.
학생 : 선생님 똑같은 내용
교사 : 똑같은 내용이야?
학생 : 똑같지는 않아요.
교사 : 그러면
학생 : 다른데?
교사 : 그러면 한번 이야기해봐
학생 : 경수는 자신감이 넘쳐요.
교사 : 자신감이 넘쳤을까요?
학생 : 예
교사 : 어느 부분에서 그렇게 느낄 수가 있었어요?
학생 : 철이 보다도 더 높이 올라갈 수 있었어요. 좀 더 오를 수 있었어요. 철이가 앉았던 곳에 앉을 수 있었어요.

교사 : 그렇죠. 그런 부분에서 자신감을 느낄 수 있겠지만 결론적으로 어떠했어요? 경수는 내려올 수 있었어요? 내려올 수 없었죠? 그랬다면 자신감이 있다고 생각하는 게 맞을까요? 아니면 경수는 어떠한 성격을 가지고 있었을까요? 자, 그 부분 선생님이 힌트를 하나 줄게요. 경수가 왜 느티나무에 올라가게 되었을까요? 그 부분을 생각한다면 아마 경수의 성격을 파악할 수 있을 거에요.
학생 : 철이가 느티나무에 못 올라 갈 거라고 말해가지고
교사 : 막, 그렇게 약 올렸더니 그랬더니 올라갔어요. 그렇다면 그걸 통해서 경수는 어떠한 성격을 가지고 있었을까요?
교사 : 어떠한 경우에 그렇게 할 수 있었을까요? 경수는 자기가 느티나무에 올라가고 싶어서 올라간 걸까요?
학생 : 아니요?
교사 : 아니면, 왜 올라갔을까요?
학생 : 철이가 약 올려서요.
교사 : 철이가 약 올리기 때문에 올라갔겠죠. 아니 잘 말했어. 그러면 경수가 아마도 자존심이 강

한 아이기 때문에 자기 자존심을 건드린 철이를 이겨보기 위해서 더 높은 곳에 올라가려고 하는 그러한 성격을 가지고 있었던 거예요. 자, 이번에는 어머니의 성격을 한번 파악해볼까요? 자, 어머니는 판단하기 어려워요. 왜 그러냐하면, 말하는 내용도 짧고요, 행동도 별로 없기 때문에 그걸 통해서 어머니의 성격을 파악 한다는 것이 조금 어려웠어요. 자, 어머니의 성격 자, ~가 한번 얘기해볼까?

학생 : 아들을 걱정해요.

교사 : 아들을 걱정해요. 어, 당연히 아들을 걱정해—어느 부분에서 그런 것을 느낄 수 있었을까요?

학생 : 접시가—

교사 : 접시가 부엌 바닥에 떨어져 깨졌어요. 그러면 그거는 어떤 의미를 가지고 있을까요?

학생 : (너무 작게 얘기함)

교사 : 그렇지요. 철이가 어머니한테 가가지고 이야기 했을 때, 지금 경수가 갑자기 느티나무 꼭대기에 올라갔는데, 떨어질지도 모르겠다고 이야기를 했죠.

그 이야기를 들은 어머니는 접시를 닦고 계시다가 접시를 깨뜨렸어요. 그래서 그거는 많이 놀라셨기 때문에 그러한 행동을 가지고 있을 거라고 생각을 할 수가 있죠. 자, 또 다른 의견요, 물론 아들을 걱정하는 마음이 큰 것도 사실이에요. 그리고 또 한 가지, 또 한 가지 사실은 또 한 가지 성격을 알 수가 있어요. 어느 부분에서 알 수가 있을까요? 힌트 줄까요? 이건 좀 어려우니까 선생님이 힌트를 줄게요. 자, 마지막 부분을 한번 봐보세요. 마지막 부분을 보면, 어머니께서는 얼굴이 백지장같이 하얗게 되어서 아들을 쳐다보셨다. 그 다음에 말하는 것을 보죠. 철이야 너는 집에 가 있어라. 라고 한 것은 왜 그랬을까요? 굳이 철이가 옆에 있어도 상관없고 또 너무 맞았는데 왜 옆에 있는 철이를 집으로 가라고 했을까요? 손 안든 사람 중에서 그래 ~가 한번 해요.

학생 : 경수가 나무에서 내려올 때 곤란할까봐요.

교사 : 그렇죠. 혹시라도 경수가 나무

에서 내려올 때 떨어져서 다치면 그것을 본 철이가 깜짝 놀랄까봐 먼저 들어가 있으라고 이야기를 한거죠. 그것을 통해서 어머니 성격을 어떻다고 보세요? 선생님은 봤을 때 어머님이 상당히 어느 정도 현명하신 분이다라는 것을 선생님은 느꼈어요. 여러분들은 그렇게 생각하시나요?

학생 : 예

교사 : 그러면 우리가 이제 등장하는 세 명의 등장인물 경수하고 철이 하고 어머니의 성격을 파악 했으니까 자, 이 세 사람 사이에서 발생한 사건에 대해서 한 번 순서를 파악해 보도록 하겠습니다. 자, 가장먼저 어떠한 사건이 발생했었어요?

학생 : 철이가 느티나무에 올라갔어요.

교사 : 그렇죠. 높은 느티나무에 철이가 올라가가지고 누구를 보면서?

학생 : 경수

교사 : 경수를 보면서 겁쟁이라고 놀리게 되죠?

학생 : 예

교사 : 자, 그렇게 하니까 어떠한 사건이 그다음에 연결 되서 나타났어요?

학생 : 경수가 느티나무에 올라갔어요.

교사 : 그렇죠. 경수가 혼자 있을 때, 철이가 약 올리는 것에 계속 마음이 걸려가지고 나도 거기에 올라갈 수 있을 거라는 생각에 아무도 없는 아무도 없었을 때에 느티나무에 혼자 올라가게 되었죠. 그다음에 또 어떠한 사건이 발생했을까요?

학생 : 겁쟁이 ―꼭대기 까지 올라갔어요.

교사 : ~아, 그 다음에 어떠한 일이 발생했을까?

학생 : 꼭대기까지

교사 : 누가?

학생 : 어, 경수가

교사 : 꼭대기까지 올라갔는데 어떻게 되었어요?

학생 : 못내려 왔어요.

교사 : 그렇죠. 즉 경수가 꼭대기까지 올라갔지만 꼭대기가 너무 높은 바람에 아찔해가지고 내려올 만한 용기가 생기지 않게 되었어요. 그러한 상태가 됐겠죠. 그다음에 어떠한 상태가 되었습니까?

학생 : 철이가 어머니를 불러와요.
교사 : 그렇죠.
교사 : 철이가 그런 광경을 보고 경수가 곧 나무에서 떨어질 것만 같은 그런 모습을 가지고 있기 때문에 누구에게? 어머니에게 가서 이야기를 하게 되는 거죠. 그래가지고 어머니는 이제 철이가 혹시라도 거기서 떨어지는 모습을 볼까봐 철이를 조용히 먼저 들어가 있으라고 이야기를 한 거지요. 자, 그리고 교과서에서의 내용은 끝나게 됩니다. 그다음은 그렇다면 과연 이다음에, 이다음에 연결되어있는, 연결되어있는 내용에는 지금까지 살펴본 세 가지 등장인물의 성격과 그다음 이러한 사건순서를 파악, 그다음에 이어질 내용을 간단히 이야기하면—
학생 : 경수어머니가 철이를 구한 다음에 조금 혼내줄것 같아요.
교사 : 아, 그래요. 자 근데 어머니께서 어떻게 구했을까요? 거기까지만 한번 자세하게 이야기해 볼 사람? 신재. 자, ~가 알고 있는 어머니의 성격은 어때요?
학생 : 침착하세요.
교사 : 침착하고
학생 : 현명해요.
교사 : 현명했을 것 같아요.자, 그렇다면 어머니께서 경수에게 어떠한 말을 했을 것 같아요?
학생 : 마음을 침착히 먹으라고 하시고 한발 한발 천천히 내려오라고—
교사 : 그래요. 마음을 침착하게, 지금 두려워해서 떨고 있기 때문에 어떻게? 마음을 침착하게해서 한 걸음씩 한 걸음씩 내려오라고 그랬을 것 같아요. 자, 그러면은 그렇게 이야기를 한 다음에 결론은 어떻게 됐을까요?
학생 : 경수가 천천히 내려와 가지고 엄마한테 무섭다, 미안하다, 다음부터 안 할 거라고 얘기할 거—
교사 : 그렇죠. 그래서 경수가 안전하게 내려와 가지고 다치지 않고 내려올 수 있었다라고 이야기를 하고 있어요.
교사 : 자, 방금 ~가 이야기한 것처럼 등장인물의 성격과 다음에 일의 순서를 파악함으로써 그 다음에 이어질 내용을 예측할 수가 있게 되는 거죠. 자, 자 근

데 사실은 여기까지 함으로써 우리가 도달하고자 하는 학습 목표 이야기의 이어질 내용을 알 수가 있어요. 그런데 이것만 하면 너무 재미없기 때문에 선생님이 이야기의 세 가지 요소 중에서 등장인물의 성격을 바꿔가지고 등장인물의 성격을 바꿔가지고 그 이어질 내용들을 예측하는 연습을 한 번 더 해 볼 거에요. 자, 그러면 선생님이 학습지를 나눠줄테니까 받아서 한번 보시기 바랍니다.

교사 : (학습지 나누어줌)

교사 : 자, 선생님이 나누어준 학습지를 보면, 자 하나의 표가 나와 있어요. 하나의표! 하나의 표를 보면 어머니의 성격과 그다음에 그 어머니의 성격에 따른 뒷이야기가 나와 있고요, 한 쪽에는 PMI라는 알파벳이 적어져 있습니다. 그러면 어떻게 하는지 선생님이 설명을 할 테니까 잘 보시고, 잘 보시고 직접 한번 해보시기 바랍니다. 자 먼저 위에 있는 어머니의 성격과 뒷이야기 꾸미기, 여러분들이 어떻게 하시는지 알겠죠? 그럼 PMI가 어떠한 뜻을 가지고 있는지 보여드릴게요. 보세요.

교사 : 자, 이거 한 번 봐보세요.P는 P는 플러스라는 긍정적인 의미를 가지고 있어요. 즉 무슨 말이냐 어머님의 성격이 긍정적인 성격을 가지고 있습니다. 예를 들어서 교과서에 나오는 것처럼 현명하시거나 침착하시거나 그러한 성격이 나올 수가 있으니까 그러한 성격으로 지정해서 하시면 되고요, 그 다음에 M은 부정적인 성격을 가지고 있어요. 부정적인 성격에는 어떠한 것들이 있을까?

학생 : (웅성)

교사 : 오두방정을 떤다거나

학생 : 호들갑

교사 : 호들갑을 떤다거나 경수보다 더 초조하게 보일 수도 있겠죠. 자, 그러한 부정적인 성격을 나타내는 게 M입니다. 그리고 I는 어머님 성격이 아주 독특해요. 선생님 생각해도 아주 독특하고 개방-독특하고 특별하고 창의적인 성격을 가지고 있죠. 그렇다면 어떠한 방법으로 해 가지고 만약에 우

리 어머님이 독특한 성격을 어떠한 방법을 가지고 기발한 아이디어로 경수를 구해 내게 되는지를 여러분들이 성격을 먼저 결정하고요, 그 성격에 따라서 이야기를, 뒷이야기를 간단하게 정리를 해 보시기 바랍니다.

교사 : 지금부터 시작
학생 : (학생들 작성)
교사 : 이어질 내용의 이야기는 너무 길게 쓸려고 하지 말고요, 한 4줄 정도만 간단하게 정리를 해주시면 됩니다.
학생 : (웅성웅성)
교사 : 자, 2분후에 종료하겠습니다.
교사 : 자, 우리 ~이 다한 거 없나?
학생 : 예
교사 : 다했죠? 자, 보면 자 학습지를 보면 자 안한 사람은 계속하세요. 마무리를 지으세요. 마무리를 지은 사람은 손들어보세요. 자, P같은 경우는 이 책에서 나와 있는 긍정적인 성격을 가지고 있는 어머니의 결과이기 때문에 아마 결론이라는 것은 그렇게 많은 이야기가 적히지 않을 거 에요. 좀 뭐냐 M하고 I부분만 한번 발표를 해

보도록 하겠습니다. M에서 자기가 한번 발표해보고 싶은 사람.
학생 : 저요.
교사 : ~가 이야기해볼까?
학생 : (소곤소곤)
교사 : 아니 앞의 어머니 성격이 이러이러하다. 그리고 이러이러했을 때, 이렇게 이야기가—이런 거
학생 : 어머니의 성격은 너무 호들갑이시고 말이 많으시다. 뒷이야기꾸미기 : 어머 우리 아들 어떻게, 누가 좀 도와줘요. 우리 아들이 떨어지려고 해요하며 긴장하셨다. 이 소리를 듣고 동네 아저씨가
교사 : 동네아저씨가 달려와 주셨다. 시간이 없으니까 —M은 되었고, I 혹시 I를 자기가 발표해볼 사람? I ~가 한번 발표해볼까요?
학생 : 사다리를 가져와요.
교사 : 아, 사다리를 가지고 와 가지고 구해 주었을 것 같다. 자, 또 I 한명만 더.
학생 : 어머니의 성격은 —성격입니다. 뒷이야기 꾸미기 : -자-이불을 내려주었으니까 뛰어내려. 뛰

어내려, 경수는 어쩔 수 없이 뛰어내려서 무사히 집으로 가게 되었다.
교사 : 그럴 수도 있겠죠. 자 한명만 더 해볼까요? I ~이—
학생 : 어머님의 성격은 똑똑하다.
학생 : 뒷이야기 꾸미기 : 나무를 잘 타는 동네아저씨를 불러서 경수를 구출 했을 것이다.
교사 : 그랬을까요? 자, 이렇게 해서 우리가 이야기를 뒷이야기를 예측할 때에는 소설의 삼요소인 등장인물과 사건, 이 두 가지가 어떠한 연관을 가지고 있는지를 살펴보면 우리가 충분히 예측을 하면서 예측을 할 수가 있다 그랬죠? 자, 우리가 이러한 것을 설명해서 아침에 독서했던 것을 여러분들이 한다면 지금보다 훨씬 더 재미있게 할 수 있을 거 같습니다. 그래서 내일부터 내일부터는 이러한 방법으로 사용해 볼 수 있도록 하고요, 자 다음시간에는 우리가 다음시간에는 명탐정 필립이라는 이야기를 들어보고 —글의 이어지는 내용을 직접 써보는 활동을 해보도록 하겠습니다. 자 그러면 이번 수업을 마치겠고요, 자 다른 반 지금 수업중이니까 뛰어다니면 안 되겠지요.
학생 : 예.
교사 : 자, 1교시 바로 시작 할 테니까, 조용히 화장실만 다녀오고요, 1교시 과학준비하시기 바랍니다.
—끝

⟨54-고2009⟩

교사 : 5학년
학생 : ~반(짝짝)
교사 : 자, 이제…아…야, ~ 자리에 있는 거 서랍에 넣어주세요. ~ 오늘 학교 안와요.
교사 : 자, 수업을 시작 하도록 하겠습니다. 반장,
학생 : 5학년 ~반 바로 앉기, 인사, 선서, 열심히 공부 하겠습니다.
교사 : 자, 우리 지난 시간에 무엇에 대해서 배웠나요? 기억나요? 무엇에 대해서 배웠어요?
학생 : 제가 발표하겠습니다. (짝짝), 시에 대해서…
교사 : 자, 아침이라고, 자 이럴 때에 아랫배에 힘을 주고…
학생 : 제가 발표해보겠습니다. (짝짝) 시에 대해서, 시의 일부분을 바꾸어 쓰는 것을 배웠습니다.
교사 : 그렇습니다. 정확하게 잘 기억하고 있네요. 시의 일부분을 바꾸어 쓰는 것입니다. 그러면 여러분 시에 대해서 한 것 중에 선생님이 한 가지 여러분과 함께 읽어 볼게. 누구의 시가 좋을까?
학생 : 웅성

교사 : 어, 애들아 누구의 시야?
학생 : ~
교사 : ~가 뽑혔습니다. 이게 무엇입니까?
학생 : 우리 엄마 마트 갔다 오시면,
교사 : 우리 엄마 마트 갔다 오시면, 우리 다 같이 한번 맞추어볼까요? 시작
학생 : 우리 엄마 마트 갔다 오시면, 우리 엄마 마트 갔다 오시면 마트가 다 따라와요. 이건 엄마가 시식한 삼겹살 냄새, 이건 엄마가 공짜로 쓴 향수냄새, 이건 엄마가 세일에서 산 은빛 갈치, 제발 한번만 비싼 거 사 주면 좋을 텐데,
교사 : 자, ~의 시는 아주 잘 썼지요? 선생님은 아주 잘 썼다고 생각해. 그런데 이 시는 어떤 시를 바꾸어서 쓴 시에요. 어떤 시일까? 지웅아? 어떤 시…
학생 : 안 들림
교사 : 어떤 시, 이거는 시를 보고 그 시를 바꿔 쓴거 거든, 우리 예전에 공부했던 시가 있어요. ~가 발표해보겠습니다.
학생 : 제가…우리 아빠 시골 갔다 오시면 을 바꾸어 쓴 것입니다.
교사 : 그렇습니다. 우리 아빠 시골 갔

학생 : 다 오시면 이라는 시…66쪽 한번보세요. 66쪽에 "우리 아빠 시골 갔다 오시면" 이라는 시를 바꾸어 쓴 시입니다. 거기 보시면 우리 아빠 시골 갔다 오시면 인데, 이 시에서는 제목이 어떻게 바뀌었습니까?
학생 : 우리 엄마 마트 갔다 오시면
교사 : 우리 엄마 마트 갔다 오시면 으로 바꿨어요. 그러면 동재는 시의 어떤 부분을 바꾸었을까? 어떻게 바꾸었어요? ~이가 발표해보겠습니다.
학생 : 제가 발표해보겠습니다. 이 시에서는 아버지를 어머니로 바꾸고 시골을 마트로 바꾸었습니다.
교사 : 그렇습니다. 소재를 바꾸었고 인물을 바꾸었습니다. 아주 잘 했어요. 자, 그러면 애들아 이렇게 우리 ~의 시를 화면에서 같이 보았는데, 그렇다면 시에 대해서 공부하고 있는 시는 뭐에요? 그렇다면 과연 시는 뭘까요? …시는 뭘까요? 시를 공부하고 있어요. 시는 뭘까? ~이가 발표해봐,
학생 : 제가 발표해보겠습니다. 시는 마음을 춤추게 하는 글입니다.

교사 : 어, 시는 마음을 춤추게 하는 글이라고 배웠어요. 그러면 우리가 시를…마음을 춤추게 하는 글을 쓰려면 어떻게 해야 할까? 어떤 방법이 있을까? ~이가 발표해보겠습니다.
학생 : 제가 발표해보겠습니다. 솔직하게 써야 합니다.
교사 : 예, 거짓말이 들어있는 시는 여러분의 마음을 춤추게 하지 못할거에요. 솔직하게 써야 해요. 또 어떻게 써야할까? ~가 발표해보겠습니다.
학생 : 제가 발표해보겠습니다. 재미있고 감동적으로 써야 합니다.
교사 : 그렇습니다. 재미있고 감동적으로 써야 할 것입니다. 자, 또 있어요? ~가 발표해보겠습니다.
학생 : 제가 발표해보겠습니다. 경험을 살려서, 자신의 경험을 살려서 시를 써야합니다.
교사 : 그렇습니다. 자신의 경험을 살려서 솔직하게 재미있게 시를 써야합니다. 그런 의미에서 우리 ~가 쓴 시 어때요? 여러분? 감동적인가요? 감동적이니까 여러분의 마음을 춤추게 해요?

학생 : 아니요. 히히
교사 : 예, 재미있어요. 재미있으면 얘들아 마음이 춤추는 거예요. 재미있게 여러분 마음을 춤추게 하는 시입니다. 자, 그러면 오늘 우리가 과연 뭐에 대해서 공부할지 다 같이 읽어봅시다. 시작,
학생 : 친구와 겪은 일을 떠올리며 시를 써보자.
교사 : 오늘은 친구와 함께 겪었던 일을 머릿속에 떠올리면서 여러분이 시의 일부분을 바꾸어보는 게 아니라 시 전체를 한번 써 볼 거예요. 자, 처음에는 학습 활동에 보면, '친구 생각'이란 시가 있습니다. 친구생각이라는 시를 한번 같이 감상해보고 어떤 시인지 알아보고요 경험을 여러분의 친구에 관련된 경험을 떠올려보고 여러분이 마지막으로 시를 창작하는 시간을 갖도록 하겠습니다. 여기 보면 '친구 생각'이라는 시 찾았어요?
학생 : 예.
교사 : 다 같이 한번…이게 무엇입니까?
학생 : 친구 생각
교사 : 친구 생각입니다. 어떤 시일지 너무너무 궁금한데요, 어떤 시일지를 다 같이 한번 읽어볼까요? 시작!
학생 : 친구생각, 이을령, 등나무에 기대서서 신발코로 모래 파다가 텅 빈 운동장으로 힘 빠진 공을 차본다. 내 짝꿍 왕방울 눈 울보가 오늘 전학을 갔다.
교사 : 여러분 한번 읽어보니까 이 시가 아, 어떤 느낌의 시구나 라는 감이 잡힐까?
학생 : 예.
교사 : 그러면 어, 나 이시 감이 이제 팍 왔어요. 감동을 …감정을 써서 혼자 낭독해볼래요? (교사가 손들고 몸짓언어)
학생 : 하하
교사 : 왜 다 웃고, 혼자 낭독해보겠어요. 용기 있게
학생 : 하하
교사 : 없어요? 다 같이 ~를 향하여
학생 : 집중(짝짝)…(낭독함)
교사 : 선생님 생각에 ~는 나중에 커서 책을 읽어주는 여자 되어, 시를 읽어주는 여자가 되지 않을까? 시를 너무너무 정확하게 잘 읽었어요. 그러면 선생님이 이 시와 관련해서 여러분에게

한 가지 질문을 할 거에요. 자, 시를 다 같이 읽어봤는데, 이 시는 오늘 이시 내용에서 어떤 일이 있었을까? 오늘 과연 어떤 일이 있었어요? ~가 발표해보겠습니다.

학생 : 제가 발표해보겠습니다. 짝꿍이 전학을 갔다.

교사 : 짝꿍이 전학을 갔다. 자, 얘들아 짝꿍은 그러면 어떤 친구였을까? ~가 발표해보겠습니다.

학생 : 제가 발표해보겠습니다. 왕방울 눈 울보였습니다.

교사 : 어, 왕방울 눈, 울보에요. 울보는 무엇입니까? 어떤 사람을 울보라 그래요?

학생 : 많이 우는 사람

교사 : 많이 우는 사람을 울보라고 그래. 내 짝은 많이 우는 울보에요. 그런데 신발코로 모래를 계속 팠다고 그랬죠? 나는 왜 신발코로 모래를 팠을까? ~가 발표하겠습니다.

학생 : 제가 발표해보겠습니다. 친구가 떠난 후에 심심해서

교사 : 심심해서 어, 친구가 떠난 후 같이 놀던 친구가 떠난 후 심심해서, 심심하기만할까요? ~가 발표해보겠습니다.

학생 : 제가 발표해보겠습니다. 내 짝, 내 짝꿍, 왕방울 눈 울보가 전학을 가서 쓸쓸해요. 그래서 할일이 없어서.

교사 : 할일이 없어서, 쓸쓸해서 맞아요? 쓸쓸합니다. 아, 잘했습니다. 쓸쓸합니다. 여러분 쓸쓸합니다 비슷한 말은 무슨 말입니까? 쓸쓸하고 슬프고, 친구가 가서 너무나 슬퍼요. 울음이 아마 친구가 전학을 갔는데 눈물이 막 나오려고 하나 봐요. 눈물이 나오는 거를 다른 일을 하면서 참아보려고 하는 거예요. 그래서 신발코로⋯ 마지막 줄 텅 빈 운동장으로 힘 빠진 공을 차본다, 그랬거든요? 왜 텅 빈 운동장으로 힘 빠진 공을 차보았을까? ~가 발표해보겠습니다.

학생 : 제가 발표해보겠습니다. 짝꿍과 함께 축구를 많이 했는데 짝꿍이 없어져 전학을 가니까 할 친구가 없어서 공을 찬 것 같습니다.

교사 : 친구가 없어서 쓸쓸한 마음에 힘찬 공을 아니 힘 빠진 공을 차 보았어요. 얘들아, 그런데 공이요, 힘찬 공이 아니라 탄

탄한 공이 아니라, 힘이 쭉 빠진 공이에요. 공이 왜 힘이 쭉 빠졌을까? ~가 발표해보겠습니다.
학생 : 제가 발표해보겠습니다. 우울해서 그런 것 같습니다.
교사 : 친구가 전학을 가서 우울한 마음에 힘이 쭉 빠진 공처럼 나도 힘이 쭉 빠져서 쓸쓸한 거 같…공을 차본 거예요. 자, 그러면 여러분도 이런 친구가 전학 갔던 경험을 해본 적이 있습니까?
학생 : 예.
교사 : 있어요? 친구가 전학을 가서 쓸쓸하고 씁쓸하고 슬펐던 경험이 있어요?
학생 : 예.
교사 : 있어요? 그러면 또는 혹은 그런 경험 아니면 친구와 같이 즐거웠던 기뻤던 신났던 그런 경험 있습니까?
학생 : 예.
교사 : 없어요?
학생 : 있어요.
교사 : 예, 모두 있을 거예요. 자, 그래서 준비했습니다. 짜잔-자, 여러분이 어제 우리 같이 설문조사를 했었어요. 그런데 깜짝 설문조사를 했었어요. 여러분이 친구랑 즐거웠던 일, 슬펐던 일, 선생님이 혼자 드니까 너무 힘들어. 선생님이 연약하거든요.…-하하 친구가 한명 나와서…팔 빠지겠다. 경민이가 나와서, 팔 힘이 좋으니까…(하하) 선생님이 제목을 얘기하면 여러분이 힘차게 외쳐주는 거…자, ~반이 뽑은 친구랑 즐거웠던 일 BEST 3
학생 : 쓰리.
교사 : 멋있다. 선생님이 친구랑 즐거웠던 일 BEST 하면 '삼'할 줄 알았는데, 그럼 이제 여러분이 맞춰보는 거예요. 자, 자 내 경험에서 이런 일이 친구들이랑 같이 했던 너무너무 즐거웠어요. 기뻤어요. ~가 발표해. ~아 앉아서 그냥 얘기해볼까? 어떤 일이 있는지
학생 : 어, 저번에 선생님이랑 친구들이랑 같이 한옥 남산 한옥 마을에 갔을 때
교사 : 즐거웠어요?
학생 : 예.
교사 : 오, 현장 체험 학습을 함께 갔던 일이 매우 재미있었어요. 짜잔 과연 몇 위일까? 1위? 3

위?

학생 : 2위?

교사 : 2위에 있었습니다. 짠 (짝짝) 한 번에 바로 맞췄네. 현장학습을 갔던 일이 여러분 매우 기뻤었데요. ~이?

학생 : …운동회…

교사 : 아, 운동회 했던 거? 아쉽지만…여기에 없어. 그냥 운동회 때 우리 반이 즐거웠어요. 줄다리기 마지막까지…또 다른 친구들은 항상 얘기하죠? 어렵게 생각할 거 없어. 여러분이 쓴 겁니다. 어렵게 생각하지 마시고 또 ~.

학생 : 강당에서 무서운 얘기 들었던…하하

교사 : 강당에서 무서운 얘기 들었던 것이 재미있었다, 아, 강당에서 무서운 거…재미있었어요? 어. 얘들아…그런데 없었구나. 참 재미있었는데 여기에 없네. 다른 친구들도 막 생각해보세요. 과연 어떤 게 있었을까? 너희들 이거 다 쓴 거야? 어렵지?1위는 딱 두 글자에요.

학생 : 제가 발표해보겠습니다. 야영 갔을 때가 즐거웠습니다.

교사 : 어디 뭐했을 때?

학생 : 야영 갔을 때

학생 : 야영 갔을 때, 야영 현장학습…

학생 : 놀기

교사 : 너무 쉬웠나? 그래요. 뭐니 뭐니 해도 친구랑 놀기 한거

학생 : 아아.

교사 : 뭐하고 놀았니?, …타고 놀았고요, 친구랑 공차고 놀았고, 축구하고 놀았고요, 또 뭐하고 놀았어요?

학생 : 피구

교사 : 어, 너 얼굴 쪼금 보여줄까?

학생 : 하하

교사 : 그럼 3위. ~이 어렵지 않아요. 그런데 선생님이 좀 의외였어요. 3위, 살짝 오 이런 게 재미있었구나. 그럼요 힌트를 좀 주자면, 현장학습에 가서 우리가…네 ~이

학생 : 친구들과 함께 장기 자랑 한 거요.

교사 : 장기자랑한 일, 아니에요. (하하), 아니에요.

학생 : 친구들이랑 같이…

교사 : 친구들이랑 같이

학생 : 다닌 일

교사 : 같이 다닌 일? 같이 다닌 거 아니에요. 여러분이 얼마나 인상

깊었으면 그림에다가 전부다 그 그림만 그렸어요.
학생 : 아아,
학생 : 현장체험 갔을 때, 미션이요.
교사 : 아니요, 미션 아니에요. ~야 현장체험 갔을 때, 친구랑 같이 지낸 일…
학생 : ???
교사 : 그래요. 같이 친구와 하룻밤을 보냈던 게 너무너무 재미있었다고 여러분이 썼어요. 친구와 함께 목욕탕을 갔던 게…
학생 : 하하 (웅성)
교사 : 자, 그러면 이렇게 여러분 즐겁고 기뻤던 기억을 자꾸 떠올려 봤는데 이번에는 슬프고 힘들었던…힘 빠질까? 자, 친구랑 자, 준비 친구랑 슬펐던 일 worst
학생 : 쓰리
교사 : 자, ~아
학생 : 친구가 전학 갔을 때
교사 : 전학 갈 때, 친구가 전학 갈 때, 친구가 전학 갔던 일, 바로 여기 나와 있고요, ~야.
학생 : 친구가 못논다고 했을 때
교사 : 친구가 못논다고 했을 때, 맞아요. 친구가 못논다고 한 것을 이렇게 받아들였습니다. 친구가 못논다고 한 걸 나를 무시했다. 나를 왕따 시켰다고 여러분이 생각했어요. 친구가 나를 ….뭐야, 왕따 시킨 거…마지막 ~
학생 : 친구가 아팠을 때,
교사 : 친구가 아팠던 거 친구가 아팠던 일이 3위인데요, 공동으로 3위가 또 있어요. 하나가 더 있어요.
학생 : 완전 무시당했을 때
교사 : 무시, 무시당했을 때
학생 : 친구랑 싸웠을 때
교사 : 그래요. 친구랑 싸웠을 때가 너무너무 슬프고 힘들었어요.쨘, 여기다가 아팠던 일 써야 되는데 힘들었어요. 요렇게 여러분 친구들이 무시했을 때 나 친구가 전학을 갔을 때, 싸웠을 때, 힘들고 슬펐다고 이야기를 했습니다. 그렇게 여태까지 판을 들고 있는 ~이 (하하), ~이 박수 좀 쳐주세요. (짝짝), 그러면 여러분 다시 교과서 3번 볼게요. 선생님이 이시는 무엇에 관한 시였죠? 우리 worst 3등이 있었어요. 친구의 무엇에 관한 시입니까?
학생 : 친구가 전학 간 일…

교사 : 네 친구가 전학 간 일에 대해서 썼습니다. 이거는 선생님이 이 시를 조금 바꿔 본거에요. 여태까지 시를 바꿔 보는 것은 했었잖아요. 선생님이 이거 조금 바꿔 볼 건데 선생님은 항상 얘기하지만 너희가 나보다 낫다. 너희는 시인이다. 선생님은 여러분이 도와주셔야 됩니다. 선생님이 등나무라는 이 부분을 바꿔보고 싶어요. 등나무를 다른 단어로 바꿔보고 싶어요. 대체 하고 싶어요. 어떤 단어로…

학생 : 제가 발표하겠습니다. 포도나무

교사 : 포도나무, 포도나무로 바꿔보면 좋을 것 같아요. 또 앉아서 바로바로 얘기해 봅시다.

학생 : 오동나무

교사 : 오동나무(하하), 오동나무 또,

학생 : 전봇대

교사 : 전봇대, 전봇대, 쓸쓸한 전봇대에서 ~.

학생 : 골대

교사 : 골대 아, 축구골대, 축구골대, 초등학교니까 오동나무로 바꿔―예. 오동나무에 기대서서 신발코로 오래 파다가 어, 운동장 너무 많이 봤어요. 텅 빈 어디로? (웅성)

학생 : 잔디밭

교사 : 잔디밭으로 어, 텅 빈 잔디밭으로

학생 : 공터

교사 : 빈터, 공터, 텅 빈 공터 ~아?

학생 : 평범한 골목

교사 : 골목으로 텅 빈 골목으로 어, 골목으로 ~아?

학생 : 친구 집 마당

교사 : 친구 집 마당으로 (하하) 이사 간 집 친구의 마당으로 어, 친구 집, 텅 빈 마당으로, 친구 집 아, 자리가 모자라네요. 마당, 마당으로, 마당으로, 친구의 집 마당으로 힘 빠진 공을 차 넣는다. 내 짝꿍 왕방울 울보가 오늘…전학 간거 너무 식상해요. 오늘 무엇을 할까?

학생 : 제가 발표하겠습니다. 오늘 여행을 갔다. (하하)

교사 : 여행(하하)…여행을 갔어요. 친구와 놀고 싶은데 없어, 여행을 갔어. 알았습니다. 여행을 갔습니다. 여행을 …오동나무에 기대서서 신발코로 모래 파다가 텅 빈 친구의 집 마당으로 힘 빠진 공을 차본다. 내 짝꿍 왕방울 울보가 오늘 여행

을 갔다. 훌륭한 시가 만들어졌어요. 선생님은 항상 얘기하지만 선생님보다 너희가 낫다. 선생님은 이렇게 작게 바꾸어서 시를 창작해보았지만, 여러분은 오늘 시 전체를 모두 바꾸어보는 활동을 하겠습니다. 그러면 학습지 꺼내보세요. 여러분 잠시 학습지를 놓고 선생님을 향하여

학생 : 집중(짝짝)

교사 : 여러분 아까 기뻤던 일, 즐거웠던 일, 슬펐던 일, 힘들었던 일 떠올려 봤는데요, 그러면 그중에 내가 시로 잡아서 쓸 재료, 소재를 딱 한개만 정해서 마음속에 …자, 그리고 눈을 감아요. 자 이제부터 여러분은 그때로 돌아갑니다. 그때로 다시 돌아가서 어떤 일이 있었는지 한번 바꿔봅니다. 나는 그때 어떤 일이었더라? 그때 느낌은 어땠더라? 내 친구는 어땠지? 친구의 마음은 어땠을까? 그때 감정을 충분히 적어보고 바꿔보십시오.

교사 : 조용히 눈을 뜨시고요, 이제 그 재료를 가지고 여러분 자신이…(쓰는 시간)

교사 : 조용히 눈을 뜨시고요 이제 그 재료를 가지고 여러분 자신이…

교사 : 혹시 시를 다 쓴 친구가 있으면 네임 펜이나 플러스 팬으로 확대해 주실래요? 선생님이 나중에 뒤에다가 전시해 둘께요. 자, 다 쓰셨으면요, 모둠원들끼리 한번 돌려 읽어보도록 하겠습니다. -(웅성)…선생님을 향하여

학생 : 집중

교사 : 자, 그러면 여러분의 시를 모둠별로 돌려서 읽고요, 읽으면서 내 친구의 시의 어느 부분이 내 마음에 드는지 시 표현 중에 어, 이 부분은 나의 마음을 춤추게 한다. 이건 너무 감동적이야, 또는 이건 너무 재미있는 표현이야. 라고 생각되는 부분에 형광펜으로 밑줄을 긋거나 여러분이 가지고 있는 싸인펜으로 밑줄을 그어서 생각을 해보세요. 그래서 모둠원들끼리 모두 돌려 읽읍시다. 지금 돌려 읽어보십시오. 먼저 짝끼리 돌려 읽어. 다 못 썼더라도요, 쓴 것까지만 돌려 읽어보세요. 네임 펜으로 쓰는 거는

나중에 끝나고 난 다음에 하고 일단 돌려 읽어봅시다. 자, 돌려 한번 읽어봅시다. 자 이제 정리하고 선생님을 보세요. 발표하는 시간을 한번 가져봅시다. 여러분 쓰는데 그치지 않고 한번 친구들에게 내가 창작시를 발표해보겠다. 다시 한번 5학년

학생 : ~반 (짝짝)
교사 : 선생님을 향하여.
학생 : 집중
교사 : 자, 내가 이제 한번 발표를 해보겠습니다. 나와 보세요. ~는 어느반 친구입니까?
학생 : ~반
교사 : ~반 친구지요? 들어봅시다.
학생 : 동시 발표
교사 : 아, 어제 학원을 끊었대요. 박수 (짝짝) 자, 나도 발표할래요. 자, 선생님이 봤는데 오늘은 ~가… 자, 우리 반의 얼짱, 꽃미남, 선생님이…
학생 : 동시발표
교사 : 이거 정말 재미있다. 이거 안 들어주면 오늘 잠 못 잔다. 그래, 그러면 ~랑 ~랑 같이 해보자. ~하고 마지막으로 하겠습니다. 제목을 친구와의…

학생 : 동시발표
교사 : 여러분 모두 시인이에요. 너무 너무 자기의 솔직한 마음을 잘 표현했어요. 그러면 우리 이번 시간에 무엇을 배웠는지 한번 확인을 해보고, 자, 오늘 무엇을 배웠을까요? 같이 얘기해봐요. 뭐했어요?
학생 : 시를…
교사 : 시를 써보았습니다. 그럼 여러분이 시를 쓸 때 주의할 점 우리 수업 시작할 때, 몇 가지 얘기했었는데, 어떤 점이 있을까요? 그런 걸 얘기해보자.
학생 : 경험을 살려서요,
교사 : 경험을 살려서 말해야 합니다. 또
학생 : 솔직…
교사 : 솔직해야합니다.
학생 : 감동적…
교사 : 감동적이다. 그렇습니다. 솔직하게 쓰고, 재미있게 쓰고, 감동적으로 쓰고 경험을…오늘 공부 너무너무 잘했고요, 다음 시간에는 이야기를 …(?) 수업을 하겠습니다. 그럼 여기서 마치겠습니다. (짝짝)

⟨61-고2008⟩

(웅성웅성)
교사 : 자, 시간 됐습니다. 6학년
학생 : ~반, 짝짝짝 쉬
교사 : 다시 한 번, 6학년!
학생 : 짝짝짝 쉬!
교사 : 자, 쉬는 시간 끝났습니다.
(따르릉)
교사 : 자, 반갑습니다. 오늘아침 에는요, 여러분 오늘 일찍 시작하게 되었어요.
학생 : 예
교사 : 자, 먼저 읽기 책을 먼저 그냥 꺼내놓기만해요. 읽기 책을 먼저 꺼내 놓을 거야.
교사 : 자, 이제 TV화면 보겠습니다.
학생 : 전원 다같이 TV화면 봅니다.
교사 : 자 동영상이 나가요.
TV : (내 뒤를 따르라, 장군님! 저기 고지가 보입니다. 에잉 여기가 아닌 가비여 저기 저쪽입니다. 모두 전력을 다해 총공격을 퍼부어라. 어이, 어이, 장군님 드디어 적의 격렬한 저항을 이겨내고 적진을 탈환하였습니다. 아니, 그런데 아무래도 아까 거기가 맞는 가비여.)
교사 : 자, 동영상 하나 보여주었는데요, 여러분 어떤 인물에 대한 이야기인가요?
학생 : 나폴레옹이요.
교사 : 나폴레옹이요? 자, TV 화면에 있는 사진 누구일까요?
학생 : 나폴레옹이요,
교사 : 그럼요, 오늘 공부해야할 사람은 누구일까요?
학생 : 나폴레옹이요.
교사 : 그래요, 나폴레옹이요, 그래서 나폴레옹을 보여주었고요.
교사 : 자, 그럼은요, 우리는 지난시간까지 나폴레옹에 관련된 책을 읽었지요.
학생 : 네
교사 : 여러분 읽기 책을 꺼냈어요.
학생 : 네
교사 : 자, 읽기책 몇쪽할 차례인가요.
학생 : 176쪽 할 차례에요.
교사 : 책은 다 이미 읽었고, 오늘은 책을 다 읽고 어떤 활동을 할지 176쪽을 펴봅시다.
교사 : 자 176쪽을 보면, 176쪽 뒤쪽을 보면 여러분들하고 무엇을 하게 되어있지요?
학생 : 토론이요.
교사 : 네 토론을 하도록 되어 있습니다. 그럼 나폴레옹 책을 읽고 무슨 활동을 한다고요?

학생 : 토론이요.
교사 : 그래요. 그렇습니다.
교사 : 자 그럼은요, 나폴레옹을 읽고 오늘은요 학습목표에 보면 토론할 수 있다고 되어있지요?
학생 : 예
교사 : 다 같이 한번 읽어 보겠습니다. 시작
학생 : 주장에 대한 적절한 근거를 들어가며 토론을 할 수 있다.
교사 : 그래요, 오늘은 이 주제를 가지고 같이 공부를 하도록 하고, 처음 에는요 여러분들 주장을 먼저 정하고, 그다음에는 모둠별로 적절한 토론을 만든 후에 여러분들하고, 직접 여러분들끼리 토론을 한번 해보도록 하겠습니다.
교사 : 먼저요, 여러분 PMI학습지 받았었지요?
학생 : 예
교사 : 기억나시죠, 받았고요, PMI학습지 꺼내보시죠.
교사 : 자, 제일 처음 PMI학습지 보면은 1번의 질문이 뭐죠?
학생 : 성장배경이요.
교사 : 성장배경 말고, 질문 밑에요.
교사 : 조사해온거 말고
학생 : 나폴레옹은 영웅인가 침략자인가?
교사 : 침략자인가, 그분에 대해 먼저 본받을 점은 무엇인가 조사했지요. 자, 어떤 친구가 얘기해 볼까요? 나폴레옹의 본받을 점, 조사해왔던 친구들 많이 있을 것 같습니다. 자, ~이, 발표해보겠습니다.
학생 : 식민지를 해방시키고 프랑스 경제와 민심을 안정시키고—
교사 : 에, 저렇게 조사를 해왔군요. 민심을 안정시키고, 식민지를 해방시켰다는 이야기, 또, 여러 가지 본받을 점이 많이 있는 것으로 보이는데요, 예, ~이
학생 : 침착하고 끈기 있는 모습이요.
교사 : 예, 침착하고 끈기 있는 모습이 본받을 점, 또, ~!
학생 : 리더십요.
교사 : 예, 리더십이 뛰어났습니다. 하나 또 우리 책에서 읽었던 내용- ~이
학생 : 열렬한 애국심이요.
교사 : 예, 열렬한 애국심은 본받을만한 그런 점이였지요. 여러 친구들 더 있습니까? 혹시 더 있다. 예, 포기하지 않는 점, 애국심, 그 다음에, 영리한 전략가 요런 부분들이었습니다. 여

러분이 의견은 다 비슷하지요? 자, 그 밑에 여러분이 나폴레옹에 아쉬웠던 점, 있지요? 잘못된 점도 있었지요? 잘못된 점을 더 살펴보겠습니다. 여러분 어떻게 생각할까 나폴레옹이 잘못된 점, 예, ~.

학생 : 계속되는 전쟁으로 국민들과 백성들을 지치게 했습니다.

교사 : 예, 계속되는 전쟁으로 국민들과 백성들을 지치게 했다.

학생 : 한번 식민지 국민이 시민이요 얼마나 가슴 아픈지 아는데 똑같이 다른 나라의 시민들을—

교사 : 예, 다른 나라의 식민지 아픔은 그대로 전달했다. 또, 또 있지요, 우리 책을 읽었던 내용을 잘 생각해보세요. 172쪽에부터 있었던, 책에 있는 내용, 지난시간에 했었는데—

교사 : 어떤 게 있어?

학생 : 나폴레옹이 욕심이 지나쳤다.

교사 : 예, 잘 안 들립니다. 크게

학생 : 욕심이 너무 지나쳤다.

교사 : 예, 욕심이 너무 지나쳤다는 내용이 있었지요. 네, 좋습니다. 여러분이 발표했던 내용들이 다 나왔습니다. 이제요, 여러분들이 집에서 한번 생각해보게 금 했었습니다. 생각하는 진정한 영웅의 모습, 참 여러 가지 의견이 있을 수 있겠지요. 다 정답은 아니고요, 여러분이 생각하는 영웅의 모습은 어떤 모습일까요? 예,

학생 : 전쟁을 일으키지 않고 평화롭게 일을 해나가는 사람.

교사 : 예, 전쟁은 하지 않고 평화롭게 다툼을 해결하는 그런 사람. 또 어떤 사람이 있을까요? 나폴레옹의 모습과 조금 다르게 생각해 보면 되겠죠.

학생 : 자신보다는 나라와 국민을 더 걱정하고 나라를 지키는 사람.

교사 : 예, 국민을 더 생각하는 그런 사람이라고 얘기를 했네요. 혹시 다른 게 있습니까? 다른 의견.

학생 : (조용)

교사 : 이 정도! 자, 여러 친구들이 말했던 내용하고 비슷한 그런 모습이었어요. 자, 이제 요렇게 여러분들이 생각해 본 나폴레옹의 영웅의 모습을, 또 그런 모습들인데요. 우선 여러분들의 의견을 주장을 정해야 되겠지요. 자, 우선 나폴레옹을 영

웅이라고 생각하는 의견이 있고, 침략자라고 생각하는 의견이 있어요. 그렇지요. 그럼 여러분들은 어떤 의견을 결정을 할까? 지금 생각해 보고요. 그래서 바로 토론을 시작해 볼까 합니다. 먼저 손을 한 번 들어 볼게요. 나폴레옹을 영웅이라고 생각하는 사람 손들어 봐. 자유롭게 손드는 겁니다.

학생 : (손을 든다.)

교사 : 예, 영웅이라고 생각하는 친구들이 있었고요. 이번에는요, 나폴레옹이 침략자이다.

학생 : (손을 든다.)

교사 : 예, 이렇게 여러 친구들이 있네요. 손 내리고요.

교사 : 자, 각 모둠별로 많이 흩어져 있는데, 사실은 우리가 토론을 하려고 그러면 영웅이다, 침략자다 이렇게 나누어서 토론을 하게 되지요. 그런데 지금 모둠별로 되어 있지. 모둠별로 되어 있는데, 나는 우리 모둠이 영웅이라는 의견을 할 건지, 나는 침략자로 생각합니다. 라는 친구도 있을 수 있겠지요. 하지만 우리 토론하다 보면 그 의견들이 다 반영이 돼요, 안 돼요?

학생 : 반영 돼요.

교사 : 다 되지요. 그걸 생각해서 한 번 해보도록 합니다. 이제 여러분 음악을 선생님이 하나 틀 텐데요. 우리 사전에 대 토론할 그런 좌석으로 옮기는 거 알지요. 미리 얘기 했었지요. 자, 의자는 올리고, 의자는 올리고.

학생 : (의자를 올림)

교사 : 자, 각 모둠 앞에 있는 사람은 자, 줄 좀 맞춰보자. 자, 줄 좀 맞춰보자.

교사 : 자, 우리 친구들이 아주 질서를 잘 지켜줘서 금방 자리가 바뀐 것 같아요. 자, 서로 대결 구도로 앉아 있지요. 같이 싸우는 시간이에요, 아니에요?

학생 : 아니에요.

교사 : 같이 싸우는 시간 아닙니다. 자, 먼저요. 우리 아까 얘기했지만 이제 모둠 별로 여러분 각자 자료도 조사해온 거, 사진 자료도 갖고 오고 또 여러 가지 기사 자료도 가져온 것 같은데. 모둠 별로 근거를 만들어 보는 거예요. 우선, 5모둠, 6모둠, 2모둠은 어떤 주장

이지요?
학생 : 침략자이다.
교사 : 결론을 보여요.
학생 : 나폴레옹은 침략자이다.
교사 : 예, 나폴레옹은 침략자이다. 라는 주장으로 됐고.
교사 : 3모둠하고 4모둠하고 몇 모둠이죠? 1모둠은 어떤 주장이지요?
학생 : 나폴레옹은 영웅이다.
교사 : 이 시간을 10분 줄 텐데요, 여러 모둠별로 준비해 온 토론 자료라든가 근거를 한 번 모아서 어떻게 우리는 제시하고, 의견을 제시할 것인지 의논해 보겠습니다. 시작하세요.
교사 : 그 동안 선생님은 나폴레옹에 관련된 동영상을 몇 개 준비하겠습니다. 그래서 띄워드리겠습니다. 선생님이 볼게.
학생 : (웅성웅성)
교사 : (동영상 준비)
학생 : (웅성웅성)
*종소리
학생 : 광개토대왕은 제가 보기에는 침략자 맞습니다. 어쨌던간에 광개토대왕은 한편으로는 주변에 있는 다른 나라들에게 구호 물품을 보내고 또, 신라와 백제도 통일하지 않았다는 이유가 같은 민족의 성의를 보아서입니다. 반면에 나폴레옹은 식민지 국민의 아픔을 잘 알면서도 다른 나라를 똑같이 식민지를 만들어 제3자에게 더 아픔을 그대로 맛보게 했습니다.
학생 : 영웅이라고 불렀어요.
교사 : 자, 지금 2모둠의 관민이 의견이었는데요, 자 여기에 자꾸 광개토대왕에 한정되는 것 같은데요, 좀 다른 영웅의 모습을 듣겠습니다. 어떻습니까? 혹시 다른 영웅의 모습을 제시할 수 있는 모둠이라든가―다른 의견을 제시할 수 있는
교사 : 예, 1모둠, 3모둠도 좋습니다.
학생 : 아킬레스라고해요. 그리스영웅인데요, 예, 아킬레스는 생각해 보면은요, 그 어머니가―수많은 전쟁에서 승리했는데요, 트로이전쟁에서 혁혁한 승리를 했는데요, 트로이―입장에서 보면 침략전쟁이고 나폴레옹―근데요 아킬레스―가요 침략자로 불리지 않고 영웅만 불리는데 나폴레옹이 침략자라는 말이 자체가 안맞는것같아요.
교사 : 예, 이미 나폴레옹보다 훨씬 전

에 살았던 트로이전쟁에서 영웅 아킬레스라는 사람이 있었군요. 3모둠에서는요, 하지만 그 사람도 똑같은 역할을 했지만 사실 영웅으로 불리고 있지 않느냐, 그런 의견입니다. 어떤, ―어떻습니까? 6모둠의 관민이 의견 말고 혹시 2모둠이나 5모둠.

학생 : 하하
교사 : 은지처럼 멍하니 있지 말고, 다른 의견 한번 제시해보세요.
학생 : 3모둠에서 반박 하겠습니다.
교사 : 예
학생 : 그렇다면 아킬레스―아킬레스는 원래 있었던 얘기니까
학생 : 웅성
교사 : 역사에 매우 관심이 있던―미안한 것 같죠.
학생 : 웅성
교사 : 자료조가 준비를
학생 : …많은 피해를 추었지 않은가요?
교사 : 자, 지금의견을 정리하자면요―사회자니까요. 지금 5모둠에 있는 자료들, 얼른 자료를 받아서 이야기하는 게 아킬레스도 많은 사람에게 피해를 주지 않았느냐, 지금 그런 주장 이에요. 그래서 그게 영웅이 맞느냐, 물론 전쟁영웅인거 같기도 하지만 피해를 줬으니까 어떤지냐, 진짜로 영웅으로 생각하는거 혹시 다른 근거가 있을까요? 우리나라 예를 들어도 좋겠고요, 서양이나 일본의 예를 들어도 좋습니다. 여러 친구들이 많이 조사를 한거같은데, 자 논의를 좀더 확대해 보겠습니다. 나폴레옹은 지금 전쟁영웅이나 군주의 모습으로 많이 사랑하는데 인간 나폴레옹은 어떠했을까요? 인간 나폴레옹!

학생 : 인간 나폴레옹
교사 : 그냥 사람 하나로 봤을 때, 나폴레옹이라는 사람은 어떴을까요? 누가 얘기해볼까? 개인적인 그냥 인간 하나의 나폴레옹, 어떻습니까? 다음 부분, 나폴레옹. 어떤사람이었습니까? 예.
학생 : 나폴레옹 말고도 영국이나 오스트리아도 나라들 또한 다른 나라를 침략하고 식민지로 삼지 않았습니까?
교사 : 아, 꼭 나폴레옹 아니더라도 다른 나라들도 침략전쟁 많이 했다. 왜 군이 나폴레옹만 침략

갖고 그러느냐, 그런 의견인데요, 다른 친구 혹시 없어요? ~ 이 말고!

학생 : 질문

교사 : 예,이, ---또 할려고 하는데. 좋습니다. 먼저 6모둠의 질문 받겠습니다.

학생 : 광개토대왕, 근초고왕, 징기스칸, 오고타이 그런사람들이 다 침략자같습니다. 그들은 무식한 전쟁광이었습니다.

교사 : 예, 무식한 전쟁광이었다고 평가가 나왔다고요, 질문 받겠습니다. 6모둠이니까, 질문

학생 : 6모둠에게 질문하겠습니다. 나폴레옹은 다른나라를 점령해서 그나라를 식민지화 시키는 것이 아니라 핍박받는, 핍박받는 그나라의 국민들을 해방시켜주었습니다. 이것은 침략자의 모습이…입니까?

교사 : 아, 이건 논리정연한 질문입니다. 침략전쟁한건 맞지만 식민지 받은 그런나라에게 핍박받지 않고, 해방시켜줬다는 얘기에요. 거기에 대한 근거, 좋습니다. 5모둠, 5모둠

학생 : 웅성

교사 : 과열 양상이 보이고 있습니다. 여러분

학생 : 나폴레옹은 식민지의 식민지로된 나라들에게 전쟁의 후회를 남겨주었습니다. 그러면은 어, 전쟁이 피해가 갔으니까 저는 나폴레옹이 침략전쟁이라고, 아니 어쨌든 식민지가 된 나라들도 피해를 받았다고 생각합니다.

교사 : 식민지 나라를 해방시키는 게 아니라 피해를 주었다는 주장이고요, 혹시 구체적인 근거를 제시할 친구, 사진 자료라든가 2모둠 사진자료를 제시할 생각이 없습니까? 너무 조용해서 누구, 똑같습니까? 잠자는 친구 말고, 2모둠장 어떻게 생각해요. 사진자료라든가 여러 자료를 준비해 온 것 같은데, 반박이나 사진자료를 준비한 모둠있어요. 보여주면 좋겠습니다. 손들어보세요.

학생 : 손듦

교사 : 좋습니다. 2모둠요. 2모둠에서 어떤 친구가 발표할까요. 앞에 친구들에 대해서 보여주세요. 자, 어떤 사진자료에요. 설명해주세요. 보여줘요.

학생 : 웅성

교사 : 잘 보여 주세요.
학생 : 나폴레옹이 너무 많은 사람들을
교사 : 예. 여기 1,4,5 모둠 모두 봤어요? 한 번 보기 바랍니다. 사진자료. 전쟁하는 모습인데 많은 사람들이 죽고, 시체 있는 모습이지요. 시체가 보입니다. 널브러진 모습. 그런 모습이네요. 어떻습니까? 저 사진보고 1,4,3 모둠. 어쩔 수 없는 거예요. 반박 의견. 아, 동영상 볼 차례. 잠깐만요. 동영상 이따 보여드리겠습니다. 예. 3모둠
학생 : 나폴레옹. 그것을 어 나폴레옹
교사 : 자. 이광민 어린이 보충해 보세요. 선생님이 5모둠에서 준비한 동영상을 준비하겠습니다. 발표해 보세요.
학생 : 전쟁에 커다란 공을 세운 것은 사실이지만 그 때문에 수많은 병사들은 총알 맞아 죽이고, 굶겨 죽이고, 얼려 죽였습니다.
교사 : 예. 러시아 원정을 말하는 것 같아요. 자, 6모둠, 5모둠에서도 준비한 동영상 자료예요. TV 화면 들어왔나요. 자, 내용이 전에 보니까 10분 정도 되는 것 같아 다는 못 보겠고요. 렉이 걸린 건가요. 잘 보고요.
교사 : 자, 영화 워털루라는 장면의 일부인 것 같아요. 여기 보면 선생님도 한 번 봤거든요. 5모둠 어디 장면을 제시해 줄까요. 시간은 많지 않고요. 뒤로 좀 넘기겠습니다. 자. 프랑스 군대의 모습이고요. 안 보여요? 자, 회의 모습, 회의 모습이 될 것 같습니다. 자, 이 장면을 보는 게 좋은 것 같아요. 나폴레옹이 입장하는 장면인데요, 일부만 보여주겠습니다. (동영상) 자, 누구죠? 등장인물이요. 나폴레옹이죠. (동영상) 뭘 하는 장면이에요. 워털루 전쟁인가요. (동영상) 무슨 뜻인지 알아요? 학생 : 몰라요. 교사 : 9시 전에 공격할 모양이죠?
교사 : 자, 여기까지 보겠습니다. 더 많지만. 자, 이제요 여러분 열띤 토론을 벌였는데, 실제로 여러분이 의견이 아까는 반반씩 있었던데, 이제는 전자 투표를 해서 실제로 어떻게 의견이 많이 바꿨는지 직접 알아보겠어요. 전자투표 해 봤지요?
학생 : 예.
교사 : 전자투표 해보겠습니다. 먼저

번호 순으로 와서 않고, 그냥 2,6,5 순으로 이렇게 투표 돌아가겠습니다. 저기 3번 뒤로 좀 비켜주세요.

*음악

교사 : 1번이 나폴레옹이 영웅이다. 이라는 내용이지요. 나폴레옹을 나오세요.

학생 : 영웅이 몇 번이에요?

교사 : 2번은 나폴레옹은 침략자이다.

학생 : 1번이 영웅, 2번이 침략자.

교사 : 2번이 침략자이다 예요. 항목은 두 개고요, 투표인수는 37장입니다.

교사 : 자, 2모둠부터 나오세요. 들어가세요. 다음 번 대기하세요.

학생 : 투표

교사 : 자기 의견에 관계없이 개인적인 의견입니다. 예. 1,2번 중에 아무거나 선택하면 돼. 자, 3모둠 뒤로.

학생 : 투표

*종소리

교사 : 4모둠 나오세요. 자, 마지막 1모둠 준비합니다. 자, 마지막 두 명 남았습니다. 오세요, 마지막. 자, 투표가 모두 끝났지요.

학생 : 예.

교사 : 자, 아까 우리 사전 투표에서는 반반씩 아주 균등했던 것 같은데 결과는 어떻게 나왔나 보겠습니다. 자, 모둠의 숫자표의 숫자 나오겠지요. 자, 투표수. 기권표도 있고요. 올라가네요. 졌을 것 같아요? 계속 올라가는데요.

교사 : 아!

학생 : 아!

교사 : 5모둠이 되겠습니다. 박수.

학생 : 짝짝. 중립이 너무 많았어.

교사 : 중립이었던 사람이 기권했던 모양이에요. 예. 자, 여러분. 오늘 토론을 정해놓고 끝까지 투표까지 해봤는데. 자, 정리하겠습니다. 일단 (기합)

학생 : 짝짝짝, 쉬.

교사 : 토론해 보니까, 여러분 느낌 어떻습니까?

학생 : 재미있었어요.

교사 : 재미있었습니까? 다음에 또 해보고 싶어요. 자, 이제 마지막으로 O, X 퀴즈하고. O, X 퀴즈하고 수업 마치겠습니다.

학생 : 예.

교사 : 문제는 많지 않고요. 3문제에요.

교사 : 1번 문제. 자, 1번 문제 가요.

자, O면 O, X면 X. 손으로 표시합니다. 정답은?
학생 : X
교사 : 왜 X에요?
학생 : (웅성)
교사 : 정답은요, X였고요. 주장은 어떤 걸 주장한다고 하지요?
학생 : 의견을 제시하는 것.

교사 : 예. 의견을 말하는 거지요. 하자고 주장하는 것은 아니에요. 그렇지요. 자, 2번. 어려울 수도 있습니다. 정답은 뭐예요? O에요, X에요.
학생 : X요.
교사 : X요. 왜요. 왜요. 이유는 얘기 못 하네. 손 내리세요. 충분히 들어보고 타당한 주장은 인정해야겠지요.
학생 : 예.
교사 : 마지막 문제가 되겠습니다. 정답은 뭘까요.
학생 : O
교사 : 자, 정답은 O였습니다. 자, 이렇게 오늘 시간 다 끝났고요. 다음 시간에는 우리 못 했던 아이들의 옷차림 있지요. 앞에다가 아이들의 옷차림에 대한 우리 어린이들의 옷차림에 대한 그런 토론을 다시 한 번 진행해 보도록 하겠습니다. 다음 주에 또 토론하겠습니다. 오늘 수고했습니다. 의자 올리고 자리 원위치로

〈62-고2009〉

교사 : 오늘 선생님이 수업을 위해서 여러분한테 보여줄게 있어요. 지금 TV 화면을 보세요. (말-지시화행)

학생 : TV 시청-임금님의 음식투정, 옛날에 임금님이 사셨어요. 임금님은 항상 좋은 음식만 드시고 걱정 없이 사셨어요. 그렇게 살다보니 맛있는 음식을 먹어도, 맛있는 줄 모르고 불평만 하며 신하들에게 심술을 부렸어요. 그래서 공주와 신하들은 걱정을 했지요. 공주가 슬픈 표정으로 시녀에게 물었어요. 아바마마는 왜 날마다 화만 내실까요? 시녀는 풀이 죽은 모습으로 말했지요. 음식 맛이 없으시데요. 어제 저녁도 안 드시고 오늘 아침도 안 잡수셨어요. 이런 이야기를 나누고 있을 때 임금님이 공주에게로 걸어오며 밥이 맛없다고 화를 내시지 뭐에요. 그러고는 야단을 치려는 듯 신하를 불렀답니다. (TV 시청-동화제시)

교사 : 자, 들어봤지요? (질문-확인질문)이번에 우리 반 학생들이 다 같이 연극을 만들어볼거에요. TV를 봐보세요.(말-지시화행)

학생 : TV 시청----------(TV 시청-연극)

교사 : 자, 선생님이 들려준 이야기랑 방금 여러분이 본 친구들이 한 연극이랑 공통점과 차이점이 있을까? (질문-단답형) 어떤 차이점이 있을까? 차이점이 있을까?

학생 : 사건이―안 들림

교사 : 어, 사건이 조금 달라요? 어, 또 누구 해볼까? 어, 찬우가 얘기해봐. 거의 줄글로 나올게 아니라 말로 표현해요.

교사 : 어, 줄글이 아니라 말로 표현되어 있다. 자, 처음에 선생님이 들려준 건 어떤 형식의 글이었죠?

학생 : 이야기

교사 : 맞아. 이야기들이었지, 자, 두 번째 친구들이 연극을 한건 어떤 글이었을까?

학생 : 극본

교사 : 맞았어요. 극본이었어요. 그럼, 자, 이야기와 극본 사이에는 차이점이 있다는 것을 우리 지난 시간에 배웠을 거야. 이야기는

무엇을 위한 글이었지?
학생 : 연극
교사 : 어, 이야기가 연극이었을까?
학생 : 이야기는 사람들에게
교사 : 어, 이야기는 사람들에게 이야기를 들려주거나 읽게 하기 위해서 만든 글이에요. 그러면 극본은 무엇을 위한 글이었을까?
학생 : 연극을 하기 위한 글입니다.
교사 : 어, 맞아요. 극본은 연극을 하기 위해서 준비된 글이에요. 자, 그러면 자, 극본은 어떤 형식으로 되어 있는지 기억이 날까? 자, 극본은 어떤 형식으로 이루어졌을까? 크게 3가지로 선생님이 얘기했지.
학생 : 대사, 해설, 지문입니다.
교사 : 어, 맞아요. 해설과 질문과 대사로 이루어졌다고 얘기했어요. 그리고 지난 시간에 우리가 이야기를 극본으로, 극본을 이야기로 바꾸는 방법에 대해서 공부했습니다. 이야기를 극본으로 바꿀 때 어떤 점을 주의해야 할까? 기억나는 게 없을까? 자, 이야기를 극본으로 ~가 해봐.
학생 : 재미있는 표현을 넣고서, 쓸 수 있다. 사건을 사건의 자연스러움을 살리고 이야기나 극본의 형식을 살려서 씁니다.
교사 : 어, 맞아요. 자, 이야기와 극본은 아까도 얘기했듯이 서로 형식이 달라요. 그 형식이 다르기 때문에 각 글의 형식에 알맞게 고쳐서 써야 해요. 그리고 이야기나 극본은 그대로 바꿔서 쓰는 것보다 여러분의 창의적인 생각이 들어갈 수 있도록 재미있는 표현을 넣어서 쓰면 되는거에요. 그리고 마지막으로 전체이야기의 표현을 맞춰서 쓰면 될 거 같아요. 어. ~가 할 얘기가 있는가. 같은데 ~가 얘기해봐.
학생 : 이야기를 극본으로 바꿀 때는 인물의 표정이나 몸짓을 집어넣어서
교사 : 어, 맞아요. 그런 것을 마지막에 공부해. 오늘 선생님이랑 어떤 공부를 해보면 좋을까? 자, 선생님이랑 무슨 공부를 할 거 같아?
학생 : 이야기를 극본으로—
교사 : 어. 선생님이 오늘 공부할 내용을 붙여볼테니까 다같이, 다같이 한번 읽어봅시다. 시작

학생 : 이야기를 극본으로 바꾸어 써 봅시다.

교사 : 예. 맞아요. 오늘 선생님이랑 이야기를 극본으로 바꾸어 써 보는 공부를 해 볼 거야. 자 이 공부를 하기위해서 먼저는 자 이야기를 극본으로 바꾸어 보는 방법에 대해서 알아 볼 거에요. 자. 이야기를 극본으로 바꾸어 써보는 대해서 알아 볼 거에요. 자 이 방법을 안 다음에 여러분이 직접 이야기를 극본으로 바꾸어 써 볼 거예요. 그리고 마지막으로 여러분이 바꾸어 쓴 극본을 발표하는 활동까지 해 볼 거야. 자 우리아까 수업 시작할 때 어떤 이야기를 들었었지? 화면 중에서

학생 : 임금님의 반찬

교사 : 임금님의 반찬. 음식투정이라는 이야기를 들었었죠. 그걸 선생님이 자 이야기와 극본으로 나누어서 준비를 했어요. 우리 칠판에 있는 내용을 잘 살펴보고 이야기가 주본으로 구체적으로 어떻게 바뀌었는지 한번 생각해 봅시다. 먼저 제일 첫줄에 옛날 아주 먼 나라에 임금님이 사셨어요. 라는 내용이 있어요. 이 이야기가 극본에서는 어떻게 표현 되었을까?

학생 : (웅성)

교사 : 큰 소리로. 하나도 안 들려

학생 : 때 곳

교사 : 어 때 곳. 이런 것들로 표현 되었지요. 자 극본에 나오는 때 나 곳 같은 것들을 우리가 뭐라고 부르지?

학생 : 해설

교사 : 어 맞아요. 자 여기 첫줄에 나오는 글이 극본에서는 해설로 되어 있어요. 자 그러면 화살표를 붙이자. 공주와 해설로 되어 있어요. 공주와 시녀가 임금이 음식을 먹지 않고 투정만 부리니까 걱정을 하기 시작했어요. 자. 걱정했다는 부분을 극본에서는 어떻게 표현했을까?

학생 : 지문

교사 : 어 맞아요. 표정을 지문 안에 표현 했어요. 그리고 자 공주와 시녀가 이야기를 나누고 있다는 부분이 있었지요. 자 그걸 앞에 설명한 부분이 어딜까?

학생: 공주와 시녀가 걱정하며 이야기를 나누고 있다.
교사: 맞아요. 이 부분에 때, 곳, 나오는 사람들 외에도 자 이 부분을 우리가 해설이라고 불러요. 공주와 시녀가 이야기를 나누고 있다는 부분을 극본에서 해설로 설명을 해줘요.
교사: 또 살펴볼까? 자, 여기 큰 따옴표로 표시된 자, 공주와 시녀의 대화 부분이 있어요. 자, 아바마마는 왜 날마다 화를 내실까? 그리고 음식이 맛이 없으시데요. 어제 저녁도 안 드시고 오늘 아침도 안 잡수셨어요. 이렇게 대화를 하는 부분을 극본에서 나타낼 때, 어떻게 나타내면 될까?
학생: 대사
교사: 어 맞아. 여기 공주와 시녀의 대사 부분이 이 대화부분과 일치하죠?
학생: 예.
교사: 이야기의 대화 형태로 표현된 부분은 대사로 표현을 할 수가 있어요. 자, 그리고 마지막으로 임금님이 공주에게로 걸어오시면서 밥이 맛이 없다고 화를 내셨어요. 이렇게 화를 내시면서 걸으시는 부분을 극본에서 어떻게 표현했지
학생: 지문
교사: 큰소리로 얘기해 봐
학생: 지문
교사: 자 지문이라고 얘기했어요. 지문이 어디 있지?
학생: (안 들림)
교사: 어 맞아요. 화를 내셨다는 부분을 여기 화가 난듯 걸어오며 라고 지문으로 표현했죠. 그리고 자 여기에서 자 임금님의 생각을 어떻게 표현했을까?
학생: 대사
교사: 어 맞아요. 대사로 표현 했어요. 이렇게 화가 난 듯 걸어오시면서 공주와 시녀에게 한 말은 극본에서 대사로 표현 했어요, 그러면 아까 영우도 선생님한테 얘기했었는데 구체적으로 어떻게 우리가 이야기를 극본으로 나타낼 수 있는지 살펴볼 거예요. 인물의 모습이나 배경 같은 것들은 극본에서 어떻게 나타냈지? 무엇으로 나타냈을까?
학생: 해설 지문
교사: 해설 지문 대사 그렇죠. 해설로 나타내었어요. 자 그러면 자

인물의 표정 다음
학생 : 지문
교사 : 공주가 슬픈 표정으로 얘기했어요. 그치 몸짓 화가 난 듯 걸어왔어요. 이런 거들은?
학생 : 지문
교사 : 맞아요. 지문으로 나타냈어요. 그럼 임금님의 음식투정 이라는 이야기 음식을 좋은 것만 먹어서 음식이 좋다는 것을 알지 못하는 임금님이 음식 투정을 하고 그래서 공주와 시녀가 걱정을 말한 내용이라는 이런 사건의 흐름을 이 극본에서는 어떤 것들을 통해서 나타냈을까?
학생 : 대사 지문
교사 : 어 대상과?
학생 : 지문!
교사 : 맞아요. 지문을 통해서 나타냈어요.
교사 : 어제 선생님이 여러분한테 미리 읽어오라는 글이 있어요. 그 이야기를 가지고 오늘 선생님이랑 이야기를 극본으로 바꾸어 볼 거예요. 글의 제목이 뭐였지?
학생 : 김 선달과 닭 장수
교사 : 어 맞아요. 김 선달과 닭장수라는 이야기를 여러분이 집에서 다 읽어 왔을 거예요. 그러면 김 선달과 닭장수라는 이야기를 극본으로 바꾸려고 해요. 그런데 우리가 이야기를 극본으로 바꾸기 전에는 먼저 이야기의 내용을 정확이 알고 있어야 해요. 자 이야기의 내용을 정확히 알기 위해서는 우리가 주로 세 가지 부분으로 나누어서 이야기를 살펴볼 거예요. 자 이 세 가지가 뭘까
학생 : …….
교사 : 어 ~가 손을 들었네? ~가 얘기해 보자
학생 : 배경, 인물, 사건입니다
교사 : 어 배경이나 사건, 그리고 인물에 대해서 알아보면 우리가 이 이야기의 내용을 구체적으로 알아볼 수 있을 거야. 그럼 먼저 인물에 대해서 알아볼까? 자 이 김 선달과 닭장수의 이야기에는 어떤 인물들이 나오지요? 어 ~가 얘기해 봅시다.
학생 : 김 선달과 닭장수, 사또
교사 : 어 맞아요. 자 김 선달과 사또와 그리고 닭장수라는 인물들이 나와요. 그러면 자 각자의 인물들이 어떤 성격을 가지고

있었는지 여러분 집에서 생각을 해 왔지요? 누가 한번 발표해 봅시다. 자 먼저 여기에 주인공인 김 선달은 어떤 성격을 가진 사람이었지? 어 ~가 얘기해보자

학생 : 꾀가 많아요.

교사 : 어 꾀가 많은 것 같아요. 또 있을까? 자 김 선달은 자신을 속이려는 닭장수를 오히려 자기가 오히려 꾀를 내서 속여서 더 큰 이득을 얻게 되요. 그렇죠. 그러니까 아마 꾀가 많은 사람이라 생각할 수 있을 것 같아. 자 그러면 여기에 나오는 닭장수는 어떤 인물일까? 어떤 성격을 가진 사람일까? 어 ~가 발표해봐

학생 : 욕심이 많습니다.

교사 : 어 욕심이 많아요. 또 다르게 이야기 해 볼 수 있나?

학생 : 교활해요.

교사 : 어 ~가 교활하다는 얘기를 했어. 맞아 사람을 속여서 이득을 취하려고 하니까 교활하다고 표현할 수 있어. 자 사또는 어떤 성격을 가진 사람일까? 사또의 성격은 어 ~이!

학생 : 성격이 급합니다.

교사 : 어 성격이 급해. 왜 급하다고 행각을 했을까? 어 ~가 대답해봐

학생 : 김 선달의 말을 듣지도 않고 바로 매를…….

학생 : 볼기를 때렸기 때문입니다.

교사 : 어 맞아. 자 김 선달의 이야기의 설명을 듣지도 않고 바로 자신을 속인다고 해서 김 선달의 볼기를 때려요. 그래서 급한 성격인거 같아요. 하지만 또 닭장수의 이야기를 다 듣고 난 후에는 어떤 판결을 내렸어요?

학생 : 닭 장수에게 벌을 내렸습니다.

교사 : 어 닭 장수에게 잘못한 닭 장수에게 벌을 내렸죠. 그렇죠. 그런 면에서는 또 공정하다고 얘기할 수 있을 거 같아요. 그러면 자 이 이야기가 일어난 배경을 살펴봅시다. 우리가 첫째마당에서 사건의 배경을 알아볼 때는 두 가지로 나누어서 알아볼 수 있다고 그랬어요. 무엇과 무엇이지? 어 ~가 앉아서 이야기해봐

학생 : 시간적 배경, 공간적 배경

교사 : 어 맞아 시간적 배경과 공간적 배경을 살펴볼 수 있다 그랬지

그러면 이 사건이 일어난 시간적 배경은 어떨까?
학생 : 옛날
교사 : 옛날 맞아요. 조선시대 그런데 조선시대 중에서도 특별한 날이야
학생 : 장이 서던 날
교사 : 맞아 장이 서던 날이었어요. 그래서 김 선달이 장에 갔다가 닭 장수를 만나게 된 거지. 자 그러면 이 일이 일어난 공간적 배경은 언제일까?
학생 : 대동강 북문……. 관가
교사 : 자 대동강 북문 쪽에 있는 장에서 일어난 일이 하나있었지요 그리고 사또를 만난 지역은?
학생 : 관가
교사 : 맞아요. 관가가 되겠어요. 자 그러면 우리가 인물이랑 배경을 살펴보면서 전체적인 사건이 무엇인지도 들었어요. 자 이일이 일어난 이이야기의 중심 되는 사건을 짧게 발표해 줄 사람? 어 ~가 얘기해봐. 어, ~이! 손 든 거 아니었어? 김 선달과 닭 장수에게서는 자 김 선달이 장에 갔다가 아주 예쁘게 생긴 닭을 봤어요. 그래서 닭을 사려고 할 때 닭장수가 큰 이익을 남기기 위해서 김 선달에게 닭을 뭐라고 속였어?
학생 : 봉황
교사 : 봉황이라고 속였어. 그런데 김 선달은 자기가 속는다는 것을 알고 있었기 때문에 오히려 이 닭장수를 골탕 먹이고 싶었던 거야. 그래서 그 닭을 들고 어디로 갔어요?
학생 : 관가
교사 : 어 맞아. 관가로 가서 사또에게 그 닭을 봉황이라고 바쳤지요? 그랬더니 어떤 일이 벌어졌어?
학생 : 볼기를 맞았어요.
교사 : 어 사또가 화가 나서 김 선달을 벌을 준거야. 그 때 김 선달이 자신에게 일어났던 일을 어 사또에게 이야기를 했어. 그랬더니 그 이야기를 들은 사또가 어떤 판결을 내렸어?
학생 : 닭장수를 데려와라
교사 : 어 닭장수를 데려와서 어떻게 했어
학생 : 벌을 내렸어요.
교사 : 어 벌을 내렸어요.
학생 : 볼기맞은 값과 닭 값을…….
교사 : 어 볼기 맞은 값과 닭값을 김

선달에게 배상하라고 닭 장수에게 명령을 했어요. 그래서 김 선달은 이 이후로 별명을 얻게 됐어요. 어떤 김 선달이라고 했어요.

학생 : 봉이 김 선달

교사 : 어 맞아 봉이 김 선달이라는 이름을 얻게 되었죠. 그러면 지금부터 선생님이랑 이 이야기를 극본으로 바꾸어 봅시다, 그런데 자 지난시간에 우리가 극본은 이야기로 바꾸는 공부를 했었지? 자 "잃어버린 돼지" 기억나?

학생 : 네

교사 : 자 이야기를 바꿀 때 (?) 스캠퍼 중에 네 가지 기법은 선생님이랑 같이 사용했어요. 자 뭐였지?

학생 : 수정하기, 교체하기, 확대하기, 축소하기

교사 : 맞아요. 자 선생님이랑 이야기를 극본으로 바꿀 때 한 가지 방법은 모두 사용하게 될 거예요, 그게 뭐였지?

학생 : 수정하기

교사 : 수정하기 예요 자 글의 형식을 이야기에서 극본으로 바꾸는 건 수정하기 기법에 해당된 거예요. 그 외에도 삭제하기, 축소하기, 교체하기를 배웠습니다. 아까 우리가 처음에 본 임금님의 음식투정에는 확대하기 기법이 사용되었어요. 어떻게 확대되었지요.

학생 : (안 들림)

교사 : 어 맞아 (?) 의 이야기를 첨가해서 이야기를 이야기의 뒷부분을 더 만들었어요. 그 외에도 사건의 일부분을 또는 닭 장수와 김 선달의 대화 부분을 더 구체적으로 이야기한다면 그것을 극본으로 바꾼다면 그것도 확대하기가 되지요. 자 대체하기는 어떤 방법에 사용한 거죠?

학생 : 등장인물

교사 : 어 등장인물을 바꾼다. 어, 변경을 바꿔 또?

학생 : 사건

교사 : 그렇죠. 사건의 변화를 줄 수 있죠 자 그 외에 축소하기를 할 수 있지.

학생 : 이야기 내용을

교사 : 어 이야기 내용을 줄일 수도 있어. 선생님이 지금 학습지를 나눠줄테니까 본인이 확대하기와 대체하기와 축소하기 중

에서 어떤 기법을 사용할 것인 가에 동그라미를 치고 그리고 어떻게 바꿀 것인지 짧게 적어 보시기 바랍니다. 자 제일 윗면에 조그마한 표가 있을 거예요. 표에 자기가 이런 기법을 사용하겠다고 동그라미를 치고 밑에 어떻게 바꿀 것인지 간단히 적어봅시다.
교사 : 자 다 적은 사람들은 밑에 김선달 이야기를 극본으로 바꾸어 써보세요.
교사 : 자 제목도 원래제목대로 그대로 쓸 필요가 없어요. 여러분이 내가 바꾼 이야기를 이건 제목이 더 어울리겠다 싶은 것으로 바꾸어봅시다.
교사 : 여러분, 이야기 전체를 바꾸기가 힘든 것 같으면 여기 장면이 두 가지 나오지요 그렇지요 첫 번째 자 대동강 북문에 여러 장에서 일어난 일이 있고, 두 번째는 관가에서 일어난 일이 있어요. 두 가지 중에 한 장면을 골라서 바꾸세요.
교사 : 여러분 조금 더 시간을 줄 테니까 빨리 마무리를 해 주세요
교사 : 다 완성된 사람만 손들어 보세요? 어 ~이, 아직 시간 필요해? 1분만 더 드릴게요.
교사 : 6학년
학생 : ~반 (짝짝짝)
교사 : 자 선생님이 시간을 더 주고 싶은데 수업시간이 다 되 가서 일단 먼저 다한 친구들이 어떻게 이야기를 극본으로 바꿔　는지 봤으면 좋겠어요. 이야기를 극본으로 다 바꾼 사람들만 손들어 보세요. 어 ~ 이, ~이, ~이도 다 바꿨고, ~이도 다 바꿨고, 자 그러면 자 앞에 나와서 친구들한테 극본을 얘기해 볼까? 선생님이 지나다 보니까 ~가 극본을 참 잘바꾼 것 같아요. ~이 나와서 발표하세요. 혜선이가 바꾼걸 발표해 보도록 하겠습니다. 6학년
학생 : ~반 (짝짝짝)
교사 : 자 ~이가 발표하는 거 잘 보세요. 앞으로 나와…….
교사 : 자 여러분 ~가 한걸 보면 또 여러분이 더 힌트를 얻을수도 있을거예요. 자 ~가 하는 거 잘 들어봅시다.
학생 : 제목 : 김 선달은 고자질쟁이
때 : 옛날 조선시대 장이 서던 날 곳 : 대동강 북문 나오는 사람들 : 닭 장수, 김 선달, 사또,

김 선달 친구,
닭 장수 : 닭 사시오! 닭 사시오!
김 선달 : (친구에게 속삭인다) 저기 저 닭 봉황을 닮은 것 같지 않은가? (친구 김 선달의 귀에 속삭인다.) 이 친구 또 무슨 일을 하려고
닭 장수 : (가만히 듣고 있다가) 음흉하게 웃으며 보는 눈이 정확하시네요. 이게 바로 봉황입니다.
김 선달 : 친구에게 잡혀 속은 겁니다. 내가 나중에 사례는 할 테니 (지금 봉을 살까 말까 고민하는 척하며) 시간을 끌어주게. 나는 잠깐 관가에 다녀오겠네. 뛰어갔다.
친구 : 저 친구 정말 여보게 이 닭이 봉이 맞는가?
닭 장수 : 예 특별이 500냥에 팔지요.
친구 : 너무 비싸지 않은가?
김 선달 : 사또와 같이 온다.
친구 : 나왔네. 봉을 판다기에 사또께 보여드리고 그래 몇 냥이라든가?
친구 : 500냥이라고 하고 있다네. 사또? (닭을 보며)
사또 : 속여 팔려 하다니 네놈을 엄벌에 처하겠다.
닭 장수 : (손을 모아 싹싹 빌며) 아이고 사또 한번만 봐주십시오.
교사 : 어 ~이 너무 잘 바꾼 것 같아요
학생 : 짝짝
교사 : 등장인물을 한사람 추가했어. 자 누가 더 들어 들어갔을까?
학생 : 김 선달 친구
교사 : 맞아 친구를 넣어서 자 있었던 사건을 약간 축소하면서 굉장히 잘 만든 것 같아. 자 또 다른 친구? 누가 발표해 볼까? 아까 ~도 다 했고, ~도 다 했어. 자 ~가 나와서 발표해 보세요. 자 6학년
학생 : ~반 (짝짝짝)
교사 : 목소리가 너무 힘이 없네. 6학년
학생 : ~반 (짝짝짝)
교사 : 자 ~가 발표하는 거 잘 들어봅시다.
학생 : 제목 : 순진한 김 선달 때 : 조선시대 장이 서는 날 곳 : 대동강 북문 나오는 사람들 : 김 선달, 말장수 김 선달이 장에 가서 흥정을 하고 있다
김 선달 : (말을 보며) 저 말은 생긴 것이 천마를 닮았구나.
말 장수 : (웃으며) 맞습니다. 이게 바

로 천마입니다.
김 선달 : (놀라며) 오 이것이 하늘을 날 수 있는 천마요? 그런데 한 번 하늘을 나는 것을 보고 싶소.
말 장수 : (당황하며) 아 아직은 새끼라 날지는 못합니다. 그 대신 싸게 드리지요
김 선달 : (웃으며) 고맙소. 그럼 빨리 주시오. 말 장수는 비싼 값에 말을 팔았습니다. 김 선달은 자신이 말 장수에게 당한지 모르고 말을 타고 갑니다.
교사 : 어 자 ~는 닭을 뭐로 바꿨어요?
학생 : 말
교사 : 말로 바뀌지 그리고 김 선달의 성격도 바꾼 것 같아. 어떤 사람으로 바꿨어요?
학생 : 순진한 사람
교사 : 맞아 꾀가 많은 김 선달을 아주 순진한 사람으로 바꾼 것 같아. ~가 했으니까 뒷부분의 이야기를 굉장히 잘 바꾼 것 같아요. 선생님이 여러분이 바꾼걸. 더 많이 읽어보고 싶었는데 아마 선생님이 준 시간이 좀 짧았나봐요. 나머지는 다음 시간에 또 마무리 할 수 있을 거야. 그러면 오늘 공부한 걸 다시 한 번 정리해 봅시다. 자 극본은 어떤 형식으로 이루어 졌어요? 세 가지 다같이

학생 : 지문, 해설, 대사

교사 : 맞아 자 근데 아까 선생님이 여러분 바꾸는걸. 들어보니까 해설부분은 굉장히 잘했어요. 그런데 대사를 쓸 때 아직 큰 따옴표를 쓰는 사람들이 있었어. 그리고 어 인물의 표정이나 몸짓을 지문으로 설명하면 참 좋을 텐데 해설로 쓴 사람도 있었어요. 자 그런 것들 조금씩 바꾸어 봅시다. 자 이야기를 극본으로 바꾸는데 우리 어떤 점이 쓰일지 자 뭐가 있었을까? 주의해야 될 점이 / 동영상 파일이 끝남

-끝-

저자 | 윤영숙(尹暎淑)

의정부 여자고등학교 졸업
경인교육대학교 국어교육과 졸업
한국외국어대학교 국어교육과 석사과정 졸업
한국외국어대학교 국어국문학과 박사과정 졸업
전 수석교사
현 연구년교사(양주 칠봉초등학교 소속)
현 학습자중심교과교육학회 회원
현 한국화법학회 회원

* 주요논문
초등학교 언어지식 영역 학습지도 방법 연구
국어과 수업 대화 전략 연구 외 다수

교사 화법 교육론

초판 인쇄/ 2012년 8월 31일
초판 발행/ 2012년 9월 10일

저 자	윤영숙
책임편집	김민경, 윤예미
발 행 처	도서출판 지식과 교양
등 록	제2010-19호
주 소	132-908 서울시 도봉구 창5동 262-3번지
전 화	02-900-4520 / 02-900-4521
팩 스	02-900-1541
전자우편	kncbook@hanmail.net

ⓒ 윤영숙 2012 All rights reserved. Printed in KOREA

ISBN 978-89-94955-98-8 93370   정가 22,000원

저자와 협의하여 인지는 생략합니다. 잘못된 책은 바꾸어 드립니다.
이 책의 무단 전재나 복제 행위는 저작권법 제98조에 따라 처벌 받게 됩니다.

이 도서의 국립중앙도서관 출판도서목록(CIP)은 e-CIP홈페이지(http://www.nl.go.kr/ecip)에서 이용하실 수 있습니다. (CIP제어번호: CIP2012003991)